신채호의 민족주의와
역사철학적 인식

신채호의 민족주의와 역사철학적 인식
— 신채호의 민족 아나키즘

2021년 10월 21일 초판 1쇄 인쇄
2021년 10월 28일 초판 1쇄 발행

지은이 | 황보윤식
펴낸이 | 김영호
펴낸곳 | 도서출판 동연
편   집 | 김구 박연숙 전영수 정인영 김율 디자인 | 황경실
등   록 | 제1-1383호(1992. 6. 12.)
주   소 | 서울시 마포구 월드컵로 163-3
전   화 | (02) 335-2630
팩   스 | (02) 335-2640
이메일 | yh4321@gmail.com
블로그 | https://blog.naver.com/dong-yeon-press

ISBN 978-89-6447-732-8 93910

신채호의 민족주의와
역사철학적 인식

— 신채호의 민족 아나키즘

황보윤식 지음

동연

추천사

　　이 책『신채호의 민족주의와 역사철학적 인식』의 저자 황보윤 식을 알게 된 것은 오래전 민족문제연구소에서였다. "만주지역 친 일단체"라는 주제로 3년을 함께 연구한 바가 있다(2002~2004). 그리 고 2010년 함석헌학회가 창립되면서 추천인은 학회장, 저자는 총 무이사로 만났다. 4년을 함께 학회 일을 보았다. 민족문제연구소와 함석헌학회에서 저자를 지켜보았을 때 늘 성실하고 매사 빈틈없이 연구하면서 동시에 학회 일을 처리하는 모습을 보였다. 이런 인연 이 이제까지 이어지고 있다. 저자는 역사학을 전공하기도 했지만 어떤 모임이든 깔끔하게 기록을 남긴다. 기록은 후대 사람들에게 당대의 역사자료가 된다. 저자의 기록 습관은 본받을만한 일이다.

　　황보윤식은 젊어서 고생을 많이 했다. 민주화운동으로 두 차례 옥고를 치렀다. 공부가 늦은 이유도 여기에 있다. 저자는 지금 농촌 에서 농사일을 하면서 공부를 게을리하지 않고 있는 학자 농부다. 저자가 농사를 짓는 이유에는 두 가지가 있다고 한다. 하나는 평소 에 생명 운동을 하면서 환경과 생명의 중요성을 깨달았기 때문이 고, 다른 하나는 젊어서 공부를 제대로 못했기 때문이라고 한다. 그래서 농사를 지으면서 책도 읽고, 글도 쓰고자 하는 욕구에서 삶 의 말년을 농촌에서 보낸다고 한다.

　　이 책의 주인공 신채호는 추천인의 학위논문 주제이기도 하다. 1970년대 신채호를 보는 시각과 2020년대에 신채호를 인식하는 시각은 많은 차이가 있다는 생각이다. 더구나 신채호를 '역사철학'으로 분석한 글은 이제까지 없었던 것으로 안다. 역사 사실을 역사철학적으로 바라본다는 것은 그만큼 어렵다는 뜻이다. 그런데 저자는 과감하게 역사철학적으로 신채호를 분석하였다. 이 책의 또 하나의 특징은 일반 독자를 의식하여 일제강점기 역사 일반의 지식을 저자 나름의 시각으로 함께 기술하여 독자들의 이해를 돕는다는 점이다. 곧 신채호의 언행에 대한 역사적 배경을 이해시키고 있다. 특히 우리 학계에서는 신채호 사상의 양태를 놓고 아직도 '민족주의자냐 아나키스트냐'라는 논쟁이 그치지 않고 있다. 저자는 역사철학적인 분석을 통하여 신채호가 이 두 사상을 죽는 그 날까지 함께 가지고 갔다고 결론을 짓고 있다. 새로운 역사해석이라고 생각한다.

신채호는 사회주의, 공산주의, 자본주의를 모두 반대하고 아나키즘으로 방향을 돌렸다. 그 이유는 신채호가 일제강점기의 일제의 파쇼적 권력에 의한 민중의 고통을 경험했기 때문이다. 저자는 신채호의 글 중 『천고』 간행사(1921), 「조선혁명선언」(1923), 『조선상고사 총론』(1924), 「북경회의선언」(1928. 4.) 등은 신채호의 아나키즘 사상이 잘 묘사되어 있는 글이라고 주장한다.

이 책의 특징 몇 가지를 들어본다.

첫째, 저자는 아나키즘을 무정부주의라고 번역·유통시킨 것은 분명한 잘못이라고 주장한다. 20세기 초 제국주의 시대, 아나키즘을 무정부주의로 유통시킨 것은 엘리트 권력자들의 음해였다고 주장한다. "무정부주의라는 말은 아나키즘의 원뜻을 곡해한 타당성과 합리성, 모두를 결여한 말이다. 아나키즘을 굳이 번역한다면, 인간 개개인의 절대 자유를 바탕으로 한 '상호부조주의'라고 해야 맞다"고 주장한다.

둘째, 저자는 신채호의 역사철학적 인식의 변화에 과정에서 아나키즘을 수용하는 시기를 1918년 초 경으로 보았다. 그리고 신채호가 아나키즘을 받아들이되, '자주'를 생명으로 하는 민족정신에 기초하여 수용하였다고 보았다. 때문에 그의 아나키즘은 '민족 아나키즘'의 성격을 강하게 가지고 있다고 주장한다.

셋째, 저자는 신채호를 우리 역사에서 진정한 선비였다고 평가하였다. 저자는 선비에 대한 개념을 역사학도의 입장에서 재정립하고 있다. 선비는 "역사의 잘못, 시대의 잘못에 대하여 비판할 줄 알아야 한다. 비판은 창조를 전제로 한 파괴를 의미한다. 파괴가 있어야 새로운 문명의 진화가 나올 수 있다"라고 개념을 정립하고 있다. 그래서 신채호가 우리 과거 역사의 잘못에 대하여 철저하게 비판하고 파괴한 것도 그의 선비정신 때문이라고 보았다. 이어서 저자는 선비 신채호에 대하여 다음과 같이 평가하였다. "신채호는 그냥 선비가 아니라, 역사 속에서 민중을 발견한 선비, 민중을 역사의 주체로 본 선비, 강도 일제를 타도하기 위한 합당한 수단으로 대응폭력(비타협적 폭력 혁명)을 주장한 선비였다."

넷째, 폭력에 대한 개념도 새롭게 정의하고 있다. 폭력을 좋은 폭력과 나쁜 폭력으로 구분하였다. 공권력을 빙자한 국가 폭력, 국가 권력과 결합된 자본 권력의 횡포, 정치 권력과 결탁한 사법 폭력·사법 살인을 나쁜 폭력이라 하였다. 그리고 나쁜 폭력에 저항하는 대응폭력(민중에 의한 폭력 혁명)은 좋은 폭력으로, 합당한 권리요, 민중의 용기라고 주장하였다.

끝으로 저자의 다음과 같은 말에 동감을 하면서 추천의 글을 마친다.

"신채호가 일제의 사법 폭력으로 비록 뤼순감옥의 차가운 시멘트 바닥에서 쓸쓸한 죽음을 맞이했지만, 그는 '지조지킴의 역설적 행복' 속에서 죽음을 맞이했다."

신채호를 적절하게 표현한 말이라고 생각한다. 독자 여러분의 일독을 권한다.

이만열
(문학박사, 전 국사편찬위원회 위원장, 함석헌학회 학회장)

自序

더 나은 세상을 위하여
— 죽을 때까지 이 걸음으로

　　먼저, 글쓴이는 6·25 전쟁(국제이념전쟁) 전에 태어나 전쟁 통에 살아온 탓도 있거니와 당시 어느 가정이나 마찬가지였지만 글쓴이의 가정은 돈이 시급했습니다. 그래서 제대로 공부다운 공부, 인간 공부를 하지 못하였습니다. 공부를 해야겠다는 생각한 것은 중학교 때 역사 선생님을 만나서입니다. 이때 우리나라 역사의 소중함을 알게 되었습니다. 이때껏 역사를 공부하고 있는 동기이기도 합니다. 그리고 고등학교 때는 좋은 국어 선생님(충남대 사재동 교수)을 만났습니다. 우리말, 우리글의 아름다움도 알게 되었습니다. 그리고 대학과 대학원에서는 한국의 사회경제와 중국 역사에 대한 깊이 있는 공부를 하게 됩니다. 이 세 가지 요건들이 지금까지 글쓴이의 공부 바탕을 이루고 있다는 생각입니다.

　　그렇지만 글쓴이는 공부가 늦었습니다. 우리가 대학을 다닐 때는 박정희 군사독재로 나라 전체가 병영국가(유신 권력, 학도호국단, 반공독재, 공포적 완장정치 등)의 상태였습니다. 이런 사회 분위기에서 학생들은 두 부류로 나뉘게 됩니다. 하나는 데모대에 합류하는 부류였고, 다른 하나는 도서관에서 미래를 꿈꾸는 부류입니다. 글쓴이는 데모대에 합류하는 부류에 속하여 매일 데모, 도망 등으로 학창 생활을 보내게 됩니다. 군대(공군 장교) 생활 중에 긴급조치 9호에 연루되어 영어囹圄의 몸이 된 것도 이 탓입니다. 이러한 인연은 또다시 전두환 찬탈 권력이 들어서면서 글쓴이를 '국가변란죄'로 조작합니다. 오랜 세월 사회와 단절되어 있었습니다. 옥살이를 마치고 나오니, 가정경제가 급했습니다. 가족을 위하여 분주하게 살아왔습니다. 그러던 중, 아내 초이 여사가 뒤늦게나마 공부할 수 있는 길을 열어주었습니다. 덕분에 학교 공부를 마저 마칠 수 있었습니다. 늘 고맙게 생각합니다. 이후 잠시 대학에 있다가, 지금은 소백산 자락에서 사과 농사를 짓는 범부凡夫로 살아가고 있습니다.

둘째, 글쓴이는 세상에 내놓을 게 하나도 없는 사람입니다. 이 세상은 유명하고 저명한 사람들이 쓴 글과 책들만 알아줍니다. 이름이 없는 사람의 글은 아무리 훌륭해도 그 값을 인정해 주지 않습니다. 자본주의사회가 그렇게 길들여왔기 때문이라는 생각입니다. 느지막에 하여 자연과 더불어 살면서 깨달은 게 있다면, 그것은 "인간은 자연 속에서 자연스럽게 탄생한다. 그리고 인간은 독립된 개체로서 자유로운 존재로 살아간다. 그런데 우리 사회는 엘리트 중심의 권력·권력자들이 만들어놓은 법치에 의하여 인간의 자유로움이 억압·제한되고 있다"라는 자연의 가르침입니다. 자연은 늘 글쓴이에게 속삭입니다. 요즘 일고 있는 코로나염병은 인간이 환경을 파괴했기 때문이라고. 또 하나 자연이 글쓴이에게 가르침을 준 것이 있다면 그것은 "그저 먹고 살면 된다"는 이치입니다. 그래서 이러한 무소유·반물욕의 실천정신을 가지려고 노력합니다. "추위가 오면 입고 더위가 오면 벗고", "살고 있는 동안은 욕심 없이 먹고 사는" 자연의 가르침을 배우고자 합니다. 이러한 가운데 지지난해,

글쓴이가 몸담고 있는 함석헌평화연구소에서 김대식 철학박사가 신채호와 관련하여 책을 내보자는 제안을 했습니다. 이리하여 "단재 신채호 전집"(해제 포함 총 10권)을 오랜 시간 읽으면서 신채호를 통하여 너무나 많은 것을 알게 되었습니다. 신채호의 '역사철학'과 지조를 지닌 '선비정신'입니다. 이 글의 일부는 함석헌평화연구소에서 발간한 『절대자유를 사랑하는 사람들』(대장간, 2021)에 게재한 바 있습니다.

셋째, 이 책은 신채호의 역사철학적 인식과 선비정신에 초점을 맞추어 글을 써나갔습니다. 신채호는 당신이 살아가던 당대에 파도처럼 밀려오는 시대사조를 합리적으로 조화시켜가며 무지개 사상으로 창출해 냅니다. 그리고 초지일관의 지조를 지닌 선비정신으로 '반제 · 반일민족해방운동'을 벌이게 됩니다.

이 책을 마치면서 신채호를 연구하게 되었다는데 큰 고마움을 느낍니다. 이 자리에서 꼭 감사를 드려야 할 두 분이 계십니다. 한 분은 이만열 선생님이시고, 다른 한 분은 성남 구미도서관 사서 김미숙 선생님입니다. 추천의 글을 써 주신 이만열 선생님은 불초 글쓴이에게는 스승과 같은 분입니다. 추천의 글에서 너무 과찬을 해주셔서 몸 둘 바를 모르겠습니다. 감사를 드립니다. 그리고 김미숙 선생님은 찾기 어려운 엄청난 분량의 자료와 책이 필요할 때마다 찾아 보내주었기에 이 책에서 쓰고자 하는 내용을 마칠 수 있었습니다. 감사를 드립니다.

오늘날 각종 전자기구로 종이책의 선호도가 하락세를 겪고 있는 이 시대에 기꺼이 글쓴이의 원고를 받아 준 도서출판 동연 김영호 대표님과 워낙 까다롭게 쓴 글의 조판과 교정을 보느냐 밤낮으로 수고를 아끼지 않은 동연의 김율 선생, 동연 가족들께 감사를 드립니다. 또 바쁜 가운데서도 아비의 책이라고 표지디자인에 신경을 써준 아들 황보형호 교수에게도 고마움을 전합니다. 이 책을 선비정신을 사랑하는 지조 있는 이들과 우리 민족의 평화통일과 자유정신을 사랑하는 모든 이에게 바칩니다.

2021년 8월 국치일에
취래원 풍사당에서 씀

차 례

말들임: 신채호 고난의 역사[歷史]

신채호(申采浩/申寀浩, 1880~1936)는 많은 필명을 가지고 있다. 단재丹齋·한놈·연단생鍊丹生·열혈생熱血生·무애생無涯生 등이다. 글을 혼자서 많이 썼다는 의미다. 또 일제의 감시망을 혼란시키기 위함도 있었다. 신채호는 조국의 풍전등화 같은 운명과 함께 고난의 삶을 살았다. 민족해방운동을 하다가 일제 경찰에 강제 체포되어 죽는 그 날까지 한 점 부끄러움 없이 흔들리지 않는 지조志操를 지니고 용기 있게 살다 간 비타협적 성격의 인물이었다.

신채호가 일제에 의해 강제 사법 피살을 당하고 10년 후에, 그의 희망과 달리, 비극의 '분단형 해방'이 온다. 그리고 분단된 땅, 남과 북에 각각 '이념적 분단 권력'이 들어섰다. 남쪽 땅에는 자본주의 분단국가 대한민국大韓民國(Republic of Korea, 1948. 8. 15.)이, 북쪽 땅에는 공산주의 분단국가 조선민주주의인민공화국朝鮮民主主義人民共和國(Democratic People's Republic of Korea, 1948. 9. 9.)이 들어선다. 그리고 이념에 편승하여, 각각 남에는 자본주의 권력 이승만(1875~1965)이, 북에는 공산주의 권력 김일성(1912~1994)이 분단 현실을 장악하였다. 북과는 달리, 남에서는 이승만에 반대하였던 신채호 관련 연구가 거의 이루어지지 않았다. 신채호는 임시정부 수립 초기부터 굴욕적인 외교론·위임통치론을 주장하는 이승만에 반대하였다. 해외에서 신채호는 항일운동 내내 이승만과 대립 관계에 있었다. 따라서 친미반공 독재자 이승만이 권력을 쥐고 있는 남한에서 신채호 관련 연구를 하였다가는 혹여 곤혹을 치루지는 않을까 하는 학자들의 노파심이 있었다. 그러다가 이승만이 4·19 민중기의民衆起義(역사에서는 이를 4·19 혁명이라 한다. 1960년)에 의해 미국으로 쫓겨나게 된다. 4·19 혁명으로 이승만과 자유당 정권이 무너지고 혁신 세력(혁신동지총연맹)의 정치활동이 가능해졌다. 이에 남북통일론이 제기되고 민족주의적 분위기가 되살아오기 시작하였다. 이러한 분위기에 편승하여 역사학 연구자들도 식민주의 사학에 대한 반성과 함께 민족주의 사관이 활기를 띠면서 그 원류로써 신채호가 거론되기 시작하였다(이만열, 1990, 13).

글쓴이가 이 분야에 미천하여 많은 연구물을 섭렵하지 못한 탓으로 신채호 연구의 시발점을 정확히 알 수는 없다. 다만 박태원이 의열단을 연구하면서 김원봉과 신채호의 관계를 언급한 것이 처음이 아닌가 싶다(박태원, 1947. 104-106). 신채호에 대한 연구는 홍이섭 (1914~1974)에 의해 1960년에 처음 시작한 것으로 본다(홍이섭, 『丹齋史學의 理念』, 1960). 이어 외솔회(이사장 홍이섭)에서 펴내는 「나라 사랑」 3집(단재 신채호선생 특집호, 1971)이 나온다. 그리고 이선근 (1905~1983)을 대표로 하는 "단재 신채호전집편찬위원회"가 설립 (1970)되면서, 신채호 전집들이 발간되어 나온다. 『신채호전집』 上, 下권(형설출판사, 1970)이 전집의 시작을 알린다. 이어 『단재 신채호 전집』(전 3권, 을유문화사, 1972)도 간행되어 나온다. 계속하여 단재 신채호전집편찬위원회에서 『단재 신채호전집』 보유편(상 · 중 · 하, 형설출판사, 1975)를 출판하기에 이른다.

한편, 이전에 단재 신채호선생기념사업회가 설립(1952. 2.)은 되었으나 별다른 활동을 못하고 있었다. 그러다가 1973년부터 활동을 본격적으로 재개하면서 단재 신채호전집편찬위원회와 함께 『단재 신채호 전집 개정판』 총 4권을 내놓게 된다(형설출판사, 1977). 이러한 가운데 신채호와 관련하여 연구물을 처음 낸 사람은 이만열이다. "17, 18세기의 사서와 고대사 인식"이라는 연구물에서 신채호를 언급하였다(「韓國史研究」 10집, 1974, 97-124). 이를 계기로 신채호를 주제로 한 연구물들이 본격적으로 나오기 시작한다. 박사학위 연구논문(이만열, "단재 신채호의 역사학 연구", 1977)과 일반 연구논문(신일철, "신채호의 무정부주의사상 ─ 단재 신채호의 역사사상연구의 제삼부로서", 1977)이다. 이를 시작하여 신채호 관련 연구물들이 하루가 멀다하고 이어지게 된다.

최근에는 이 책 맨 뒤에 첨부된 참고자료에서 보는 바와 같이 엄청난 신채호 관련 연구물들이 이어져 나오고 있다. 신채호 관련 연구자들이 무수히 많다는 뜻이다. 그 연구자들이 논문 · 연구물을 쓸 때마다, 신채호의 이력을 언급하지 않은 학자 · 연구자들이 거의 없을 정도로 신채호의 성장 과정은 너무나 잘 알려져 있다.

따라서 여기서는 이 책의 제목과 관련한 신채호의 삶살이(고난의 여정)만 살펴보기로 한다. 사상의 진화는 어느 시간대를 딱히 정해서 진화되는 게 아니라고 본다. 그래서 글쓴이는 편의상 신채호의 1900년대 사회진화론적 민족주의, 1910년대 민본주의론적 민족주의, 1920년대 민족주의론적 아나키즘이라는 소제목을 붙여 살펴보지만, 딱히 정확성을 갖는 시대 구분은 아니다. 그래서 편의상이라는 단서를 붙여둔다. 많은 신채호 연구자들의 연구물에서 보면, 신채호를 위대한 애국계몽사상가, 불굴의 항일독립운동가, 아나키스트, 민족해방운동가, 그 외 탁월한 낭가사상을 발굴한 역사가, 근대 사학의 선구자, 민족문학가, 민족언론인, 민족주의자로 평가하고 있다. 그런 그가 일제병탄기日帝併呑期(1905~1945)[1] 민족해방운동을 하다가 일제의 가혹한 탄압에 의해, 민족해방의 기쁨도 향유하지 못한 채 안타깝게 짧은 생을 마친다. 그러나 그 짧은 세월 동안 그가 남긴 글글(言)과 행행(行)은 현재를 살아가는 우리에게 지조론적 선비상을 보여주고 있다.

한놈 · 단재 신채호는 일제의 침략 음모에 분노한다. 게다가 일제의 침략이 노골화되고 있는데도 이를 막지 못하고 있는 봉건적 엘리트 권력(왕실과 관료)들의 무능에 구역질이 났다. 그는 일제에 의한 조선 병탄併呑이 올 것이라는 울분을 삼키며 망해가는 조국의 모습을 차마 눈을 뜨고는 볼 수 없었다. 해외 망명을 결심한다. 처음에 러시아의 얼지 않는 항구도시 블라디보스토크(Vladivostok, 해삼위)가 중심을 이루고 있는 프리모르스키(Primorskii, 연해주)로 망명을 떠나게 된다(1910. 4. 8.). 이후 중국의 상하이, 베이징 등지로 전전하며 애처로운 고난의 망명 생활을 하게 된다. 망명 생활의 간난 속에서도 언론을 통하여 민족혼을 살리는 글과 일제 타도를 위한 투쟁 활동을 꾸준히 하게 된다. 그는 1900년대 외세의 침략을 직접

---

1 日帝併呑期: 일제강점기, 일제는 우리 땅을 저들의 행정구역으로 강제 편입하여 '식민지 조선'이라 불렀다. 글쓴이는 신채호식으로 당대(當代)를 대한(大韓) 또는 조선이라 표현하겠다.

경험하면서 그의 정신 속에 처음 받아들인 사상은 제국주의의 반동·침략 민족주의에 대응하는 저항·식민지 민족주의였다. 곧 제국주의의 민족국가론을 사상적으로 지탱해 주는 사회진화론에 바탕을 둔 민족주의였다. 이러한 저항 민족주의를 사상적 바탕으로 하고 신채호는 '고난의 여정'을 걷는 가운데 1910년대 사회주의 사상을 접하게 된다. 그리고 민중·신국민을 발견한다. 여기에다, 러시아의 '러시아 10월 혁명'(1917. 10.)과 3·1 민족기의民族起義(1919. 이를 우리 역사에서 3·1운동이라 부른다)를 통하여 '민인·민중의 힘'을 발견하게 된다. 여기서 1910년대 신채호는 새로운 지식과 삶의 경험을 통하여 그의 정신 속에 새롭게 깃드는 사상이 있었다. 바로 민본주의사상(민본민족주의)이었다.

민중의 발견과 함께 신채호는 사회진화론적 민족자강사상을 탈피한다. 그리고 영웅대망론도 개인 영웅이 아닌 민중 영웅으로 재설정한다. 신채호의 사상적 진화는 항일 운동의 성격을 민족해방운동으로 바꾸어 놓는다. 그래서 1910년대 후반기로 가면, 역사의 무대는 국가가 아닌 민족이 되고, 역사의 주체는 엘리트 계급이 아닌 민중이 된다. 그리고 나라의 정체는 왕정이 아닌 공화정으로 설정한다. 항일운동의 방식도 무력투쟁을 핵심으로 삼는다. 이후 1920년대는 중국의 상하이와 베이징 등지를 오가며 많은 동지를 규합하고 지지를 얻으면서 아나키즘 사상을 반일민족해방투쟁의 핵심으로 삼는다. 역설적이지만 신채호의 아나키즘 사상도 민족주의와 이데올로기적으로 접목을 한다. 이렇게 사상적 진화를 보게 된 신채호는 일제 타도 및 구축하는 무력투쟁론을 구체화한다. 곧 대응폭력이었다. 대응폭력의 수단으로 암살과 파괴, 폭동을 삼았다. 그리고 「조선혁명선언」에서 대응폭력의 마지막 수단으로 '민중에 의한 직접 혁명'을 주장한다.

따라서 신채호는 1910년대의 민본주의적 민족주의를 품은 채 1920년대 이후는 아나키즘적 '반제反帝민족해방이라는 혁명사상'으로 전환하게 된다. 그리고 민중에 의한 직접 혁명을 위하여, 폭탄과 무기를 제조하는 공장시설의 필요성을 갖는다. 그래서 공장시설과 전쟁을 위한 혁명자금이 필요했다. 혁명자금을 마련하는 과정에서 일제에 강제 체포(외국환위조사건外國爲替僞造事件 1929. 4.)되고 만다. 일제로부터 강제 재판을 통해 징역형을 받고 일제의 괴뢰만주국 다롄(대련)에서 뤼순(여순) 감옥으로 옮겨져 옥살이를 하게 된다. 옥살이 8년만에 신채호는 자신에게 주어진 고난의 여정을 마치게 된다 (1936. 2. 21., 57세, 망명 생활 27년째, 감옥살이 8년째).

이렇듯 신채호에게서 발견되는 사상은 민족주의만이 아니다. 민족주의와 접목한 민본주의도, 민족주의와 접목한 아나키즘도 발견되어 나온다. 이는 곧 신채호의 사상적 진화를 말해준다. 이러한 사상의 진화를 바탕으로 신채호의 역사철학적 인식도 진보하게 된다. 1900년대 사회진화론에 바탕한 저항 민족주의에서 나타나는 역사철학적 인식, 1910년대는 민중(신국민)의 발견과 함께 나타나는 민본주의 역사철학적 인식, 1920년대 이후는 자주적 민족주의+민중적 민본주의에 바탕한 아나키즘적 역사철학적 인식을 갖게 된다.

신채호를 연구하는 대다수 연구자가 신채호의 사상적 진화를 민족주의에서 아나키즘으로 발전한다고 보고 있다. 이를 두고 신용하는 신채호의 '아나키즘 비판론'을 제기한다. 그리고 이호룡은 "일제강점기에 민족 해방을 주장하였다고 해서 그 사람을 민족주의자로 규정해서는 곤란하다"는 주장을 한다. 그러나 좀 더 신채호의 글씀과 항일운동 측면을 살펴보았을 때 그의 역사철학적 인식은 시기별로 다양하게 나타난다. 1910년대 신채호의 역사철학적 인식은 분명 신국민=신민을 바탕으로 하는 민본주의를 사상적 기반으로 하고 있다. 그리고 1920년대 역사철학적 인식의 사상적 바탕은 아나키즘이었다. 그러나 신채호의 아나키즘은 '원색적'이 아니었다. 아나키즘이 본질적으로 갖는 반국가주의·반민족주의·비폭력주의 사상에 신채호는 동의하지 않았다. 그는 죽는 그날까지 민족주의를 버리지 않았다. 폭력주의도 버리지 않았다.

이로 보았을 때 신채호는 "시대의 필요에 의하여 전략적으로 아나키즘을 수용하고 전술적으로는 아나키스트의 폭력적 혁명 수단을 활용하지 않았나?"하는 판단이다. 그러는 한편으로, 신채호가 아나키즘으로 사상적 진화를 하게 되는 것은 타고난 그의 체질이었지 싶다. 이와 같이 신채호는 일제병탄기, 한반도에 시시각각으로 불어닥치는 시대 상황에서 당시의 시대 조류時代潮流를 적극 활용하면서 자신의 사상·역사철학적 인식을 진화시켜 나갔다고 본다. 곧 신채호가 '아나키즘적 사회인식'을 수용하는 것 또한 시대변화라는 상황에 따른, 필요에 의한 것이었다고 본다. 당시 세계사상계의 전반적 흐름과 반제민족해방투쟁 과정에서 나타나는 현실적 여건의 변화와 신채호 자신의 적극적인 대응 자세에서 유연한 사고가 나왔다고 본다. 때문에 신채호의 삶 전체를 조명하는 사상을 딱히 잘라서 '이것이다'라고 단언하기는 어렵다고 본다.

신채호의 사상적 진화·역사철학적 인식의 진보는 그의 유연한 사고에서 기인한다. 불굴의 지조·신념(비타협의 반일민족해방전쟁)

을 바탕으로 한 새로운 사상에 대한 체험과 수용이었다. 그의 신념과 사상기저思想基底는 민족의 해방 위업을 달성해야 한다는 불변의 '자주적 민족주의'가 깔려 있었다. 그의 자주적 민족주의는 민족해방의 위업을 민족 독자적으로 해결해야 하는 당위성이 내재되어 있었다. 따라서 신채호 생애 후반기 사상·역사철학적 인식의 바탕을 이루는 자주적 민족주의는 반동민족주의도, 저항 민족주의도 아니었다. 신채호의 자주적 민족주의는 굴곡된 반동·저항 민족주의를 극복한 '자주를 생명으로 하는 주체적인 민족정신'이었다. 이에 따라 그의 후반기 사상에서는 국가 의식보다는 역사공동체로서 '민족공동체'를 강조하였다. 때문에 자주적 민족공동체 수호라는 불변의 신념 위에 아나키즘을 수용하였다고 본다.

그가 죽는 그날까지 가지고 있었던 불변의 신념은 민족공동체의 해방이었다. 노예 상태에 놓여 있는 민족공동체와 민인의 해방을 위한 투쟁 사상으로 아나키즘을 끌어안게 된다. 따라서 1918년 전후로 신채호에게서 나타나는 역사철학적 인식은 민족공동체+아나키즘 사상+아나키스트의 투쟁 전술 = 민중 직접 혁명이었다. 그래서 신채호 삶의 마지막 단계에서 만나는 진보된 사상과 역사철학적 인식은 함석헌의 사상처럼 융합 사상이다. 융합 사상은 곧 무지개 사상이다. 그래서 글쓴이는 신채호의 무지개 사상을 '민족 아나키즘'이라고 이름을 붙여보았다.

이 글에서는 신채호의 사상적 진화·역사철학적 인식의 변화 과정을 그의 글과 행동을 중심으로 살펴보고자 하였다. 이 글에서는 많은 학자·연구자의 글 내용과 중복을 피하면서 주로 신채호가 아나키로 가는 과정을 "신채호의 역사철학적 인식의 진화"라는 측면에서 살펴보기로 한다.

　신채호 자신도 아나키즘을, 당시에 일반적으로 통용되고 있던 '무정부주의'라고 표현하였다. 그러나 글쓴이는 아나키즘을 무정부주의라고 번역·유통시킨 것은 분명히 잘못이라고 본다. 제국주의 시대, 엘리트 권력자들의 음해였다고 본다. 무정부주의란 번역어는 아나키즘의 원뜻을 곡해한 타당성과 합리성, 이 모두를 결여한 말이다. 아나키즘은 결코 무정부주의로 번역될 수 없기에 아나키즘 anarchism이라는 원어를 그대로 사용하였다.

　따라서 이글의 제목을 "신채호의 민족주의와 역사철학적 인식"으로 정하고 세부적으로는, 1장. 신채호, 고난의 역사를 살다. 2장. 1900년대 사회진화론적 민족주의, 3장. 1910년대 민본주의론적 민족주의, 4장. 1920년대 이후, 민족주의론적 아나키즘으로 나누어 살펴보기로 한다. 끝으로 신채호의『천고』간행사,「조선혁명선언」,『조선상고사 총론』,「북경회의선언」(선언草案) 등을 가지고 신채호의 역사철학적 인식도 살펴보기로 한다. 나감말에서는 민족의 수난기에, 민족의 풍전등화 같은 고난의 시기에 이회영(1867~1932), 신채호와 같은 지조를 가진 아나키스트가 거의 없었다는 생각에 '신채호의 지조'를 시론조로 조금 언급하였다.

　이어서 책의 끝부분에 참고로「천고 간행사」,「조선혁명선언」,「조선상고사 총론」,「북경회의선언」의 원문을 가급적 현대 문체로 고쳐서 실어두었다. 책을 정리하는 차원에서 신채호의 고난의 여정 (연보)도 붙여두었다. 그리고 별첨으로 일제강점기에 있었던 고문과 대한민국 독재 권력(이승만, 박정희, 전두환) 시기 고문의 양태도 비교하여 첨부하였다.

한 가지 덧붙일 말은 "1920년대 이후 신채호의 역사철학적 인식" 부분은 함석헌평화연구소(2017. 6. 8. 설립)에서 발간한 『절대 자유를 갈망한 사람들』(대장간, 2020. 12.)에 이미 게재되었다. 이를 부분적으로 수정하여 실었다. 이 책은 전문연구도서도 대중화되어야 한다는 입장에서 썼기에 부연 설명이 많다는 점도 덧붙여 양해 말씀을 드린다.

1장
신채호, 고난의 역사를 살다

1. 신채호의 망명 전 삶살이

신채호申采浩(1880~1936)는 우리 땅·나라가 일제의 핍박과 강제로 '식민지 조선'이라는 나락으로 떨어지기 전 조국의 비참한 운명을 보지 않으려고 망명의 길을 떠난다. 그리하여 신채호의 삶은 망명 전 삶과 망명 후의 삶으로 나뉜다. 그러면 이제부터 신채호의 망명 전 삶살이에 대하여 간략하게 살펴보자.

많은 연구자가 신채호의 이력에 대하여 나름대로, 이야기들을 하고 있기에 여기서는 신채호의 사상적 진화·역사철학적 인식의 진보라는 주제에 맞추어 이야기를 하고자 한다. 신채호의 조상은 조선 시대 기호지방 남인 계열의 고령, 산동 신 씨 혈통이다. 신채호는 당시 충남 대덕군 산내군 어남리 익동에서 태어났다(신광식과 밀양 박씨 어머니 사이 1880. 11. 7.). 지금은 대덕군이 대전광역시에 편입되어 이 지역 대학의 신채호 연구자들과 대전 사람들은 신채호를 대전 출신이라고 한다. 신채호 집안은 단재·한놈이 3세 때 신 씨

집성촌인 충북 청원군 낭성으로 이사가게 된다. 신채호는 어린 시절(5세 때) 그의 할아버지(申星雨, 1829~1907, 申叔舟 후예)가 낭성에 세운 서당에서 한학을 공부하였다. 8세 때는 아버지 신광식을 잃게 된다. 그리고 10세 무렵에는 중국 송나라 사마광(1019~1086)이 지은 『자치통감資治通鑑』과 중국 유가사상의 정수를 담고 있는 『사서삼경四書三經』을 읽어냈다고 한다(12세 때). 또한 시문에도 뛰어났다고 한다. 특히 중국의 진수(233~297)가 지은 『三國志삼국지』(기원전 3세기)와 시내암·나관중이 지은 『水滸志수호지』(1370)도 즐겨 읽었다고 전해진다. 이로 보아 신채호의 정의로운 성정을 읽을 수 있다.

　손孫아들 신채호를 아꼈던 할아버지는 신채호를 풍양 조씨와 혼인시키고(16세) 2년 뒤에 신성우는 신승구申昇求(1850~1932)를 통하여, 충남 천안의 목천에 사는, 대한제국 학부대신(오늘날 교육부)을 지낸 바 있는 신기선(1851~1909)에게 소개한다. 신기선은 한때, 성리학적인 가치관과 질서를 유지하면서 서양의 기술과 기기만을 수용하여 국가의 자강을 이루자고 주장하는 동도서기론의 입장을 가진 온건적 개신 유학자였다. 그리하여 김옥균(1851~1894) 계열의 개화파가 이끄는 갑신정변(1884) 때에는, 오늘날 행정안정부 장관에 해당되는 이조판서와 경서·서적 관리를 하는 종2품의 홍문관 제학을 지낸 바 있다. 그러나 갑신정변의 실패로 한때 유배(전라도 여도) 당한다. 그러다가 다시 갑오개혁(1895)이 있게 되자, 김홍집(1842~1896) 내각의 공부대신(오늘날 산업통상자원부 장관)과 군부대신(오늘날의 국방부 장관) 그리고 중추원(왕의 비서실) 부의장을 역임한 바 있다. 이런 탓으로 신기선은 그의 서재에 당시 실학 관련 서적과 중국과 일본 제국에서 출판된 근대 서적을 더러 가지고 있었을 것으로 본다. 그는 위정척사파들이 의병들을 일으켰을 때 의병해산을 권유하는 남로선유사가 되어 선유활동(제천 의병장 이범직에게)을 한 적도 있다. 또 일제의 조선황무지 개간권 요구에 항의하는 배일 단체인 보안회(1904. 7. 13. 서울) 회장을 지내기도 한다. 그런 그가, 을사늑약(제2차 한일협약: 을사5조약, 1905. 11. 17.)으로 조선이 일제의 반식민지화로 전락하자, 일제에 아유阿諛(손을 비비며 아첨함)한다. 곧 이완용, 조중응이 일제로부터 자금을 받아 유학자들을 친일화시키려는 친일 단체인 대동학회(1907. 12. 창립)의 회장이 된다. 이어 대한제국이 완전히 일제의 식민지 조선으로 전락하게 되자, 신기선은 아예 대동학회를 자발적으로 일제에 부역하는 단체로 변질시킨다.

이러한 경력을 가진 신기선의 집(서재)을 드나들면서 개화 관련 서적을 읽는 가운데, 신채호는 개화 지식인으로 자리매김을 하는 것으로 본다(18세). 신채호의 나이 19세 때(1898 가을) 일이다. 신기선의 추천을 받아 성균관(조선시대 최고학부, 관장 이종원)에 입학 · 수학(경학과, 3년간 수학)하면서 선비 · 유생이 된다. 성균관에서 수학하는 동안 조소앙(1887~1958), 변영만(1889~1954), 유인식(1865~1928) 등 많은 선인 · 의인과도 교분을 쌓게 된다. 그리고 성균관에서 독서회를 조직하고 신학문인 사회과학 · 서양 문물에 대하여 공부도 하였다. 이때 사회진화론을 접하게 되는 것으로 본다(이덕남, 1996, 41). 이런 연유로 독립협회도 참여하고, 만민공동회에도 적극적으로 참여하게 된다(1898). 이렇게 개화운동을 하면서 한때, 투옥되기도 하였다(1898. 11. 5.).

조선개화기, 신채호의 전반기 사상적 성향을 알기 위해, 그의 사회진화론적 자강 사상에 기반한 애국계몽운동에 대한 활동을 간단히 살펴보자. ① 중추원中樞院에 헌의서獻議書를 제출한 일(1901. 2. 9.)이 있다. 헌의서는 성균관 유생 30명과 함께, 대한제국에 걸맞게 나라 법규를 고쳐, 황제의 존엄성을 세워야 한다는 건의서이다. ② 뒤에 한문 무용론을 주장한 일(22세, 1901)이다. 한문무용론 주장으로 유생들로부터 배척을 당하기로 하였다. ③ 단발 종용운동과 함께 스스로 단발 결행(24세, 1903)을 한 일이다. ④ 「抗日聲討文항일성토문」(1904. 6.)을 작성·반포한 일이다. 러일전쟁(1904~1905) 당시 일제가 대한제국 침략의 일환으로, 황무지개간권을 요구해 온다. 이때 나라를 팔아먹을 궁리를 하고 있던 대신(오늘날 장관급) 이하영(1858~1919), 현영운(1868~?) 일당들이 일제의 요구에 동의하여 황무지개간권을 허용하는 계약서(허차약안許借約案)를 작성해 준다. 그러자 신채호, 조소앙(1887~1958) 등이 이에 분노하여 이를 규탄(1904. 6.)하는 항일성토문을 낸다. 이로 볼 때, 이 시기가 신채호에게 '개화 지식인'으로 성장하면서 '가장 진보적 사상'을 갖게 되는 시기로 보인다(이만열, 2010, 5.).

이후(1904. 6월 이후) 신채호는 고향인 낭성으로 내려가 신규식(1879~1922)이 설립한 문동학원에서 잠시 개화·자강사상을 교육하게 된다. 문동학원에 신지식을 배우고자 하는 많은 청년이 모여들어 배움터가 비좁아지는 것도 있었지만. 신교육을 더 많이 하고자 당시 3신동으로 불리던 신규식은 신백우(1888~1962), 신채호 등과 함께 청원의 신충식 집에다, 청주 상당산성 동쪽 마을에 사는 고령·산동 신 씨들이 세운 학교라는 뜻의 山東學院산동학원을 개설하여 운영을 한다. 이러한 계몽주의적 교육활동을 하면서 신채호는 조선 왕실에서 치르는 합시合試(특별한 경우 치르는 과거시험)에도 합격한다(1905. 2.). 그리고 성균관 박사에 임명된다(1905. 4. 4., 26세). 때는 러일전쟁(1904. 2. 8.~1905. 9. 5.) 때여서 조선뿐만 아니라, 세계 정세가 어수선했다. 이러한 나라 정세에다 할아버지가 계시는 가족을 부양해야 하는 상황이었다. 신채호는 공부를 더 이상할 수 없다고 판단하여 곧바로 성균관 박사를 사퇴한다(1905. 4. 6.). 그리고 삭발을 한 다음, 고향으로 내려가 산동학원에서 세계 정세와 신학문을 교수敎授하는 등 교육을 통한 애국계몽활동을 전개하기에 이른다.

신채호가 고향 낭성의 산동학원에서 교육을 통한 계몽 활동을 하고 있을 때다. 마침 1914~1918년 조선총독부의 기관지인 「每日申報매일신보」의 고정 필진이 되어 친일적 시와 산문을 발표하였던 장지연이 낭성마을에 살고 있는 며느리(산동 신 씨)를 보기 위해 들르게 된다. 장지연은 여기서 앞의 '항일성토문'을 쓴 신채호를 알아보고, 그를 「皇城新聞황성신문」(국한문혼용체)[1]의 논객으로 추천한다(1905. 4.). 논객은 사회현상에 대해 자기의 생각과 의견을 언론에 기사로 내보내는 논설 기자를 말한다. 이를 계기로 신채호가 언론지의 논설·시론·사론 등을 통한 본격적인 애국계몽활동을 하게 되는 계기가 된다. 곧이어 황성신문의 편집 방향과 기사 게재 여부를 주관하는 최고 책임자로서 사설을 담당하는 주필이 된다.

신채호는 황성신문 주필로 활동을 하면서, 저항 민족주의를 바탕으로 한 애국 계몽과 관련된 사설을 써나간다. 그런데 신채호가 황성신문 주필로 활동을 한 지 얼마 안 되어 대한나라의 역사에 씻지 못할 불행한 일이 일어났다. 그것은 일제가 러일전쟁 중에 미

---

1 황성신문은 남궁억이 창단한 국한문혼용체 신문, 주 2회 2면 발간. 1898. 9. 5. 창간, 1910. 9. 15. 폐간.

국과 맺은 가쓰라-태프트 밀약(The Katsura-Taft Agreement, 1905. 7. 29.)[2]과 전쟁 막바지에 미국의 주도로 맺은 협상, 곧 포츠머스조약 (Treaty of Portsmouth, 1905. 9. 5.)[3]이다. 이 밀약과 조약으로 러시아, 미국, 영국의 묵인하에 일제의 승리가 사실화되고 일제의 조선에 대한 병탄 음모가 본격화된다. 그 결과 민족 배반자(을사오적)들에 의해 을사늑약이 강제된다(1905. 11. 17.). 그러자 황성신문에서 같은 주필로 있던, 장지연이 그 울분을 참지 못해 황성신문에 "이날이야 말로 목 놓아 통곡할 날이 아니던가"(「是日也放聲大哭시일야방성대곡」)라 는 글과 일본의 강압적인 을사늑약 체결과정, 곧 일제와 강제로 맺은 5가지 조약의 체결 경위를 담은 「5건조약청체전말五件條約請締顚末」 (1905. 11. 20.)[4]이라는 논설을 싣게 된다.

이것이 문제가 되어 일제에 의하여 장지연 등 10여 명이 강제로 구속되고 황성신문은 강제에 의한 무기한 정간(80여 일)을 당하게 된다. 이후 신문은 다시 속간(1906. 1. 24.)이 되었지만, 일제에 의하 여 '뛰어난 문장가'로 불리던 신채호는 퇴사하게 된다. 그리고 수개

---

2 가쓰라-태프트 밀약: 일제는 필리핀을 미국의 지배하에 두는 것을 인정하고, 미국은 일본 제국이 대한제국을 지배하는 것을 상호 인정하는 밀약으로 일제는 이를 계기로 대한제국을 본격적으로 신민화하려는 음모를 꾸민다.

3 포츠머스조약의 내용은 다음과 같다.
  ① 러시아는 한국에 대한 일본의 지도 보호 감리 조치를 승인한다.
  ② 러시아는 중국의 동의를 조건으로 러시아의 관동주 조차지와 장춘 여순간 철도를 일본에 양도한다.
  ③ 러시아는 북위 50도 이남의 사할린섬 남쪽을 일본에 양도한다.
  ④ 러시아는 동해, 오호츠크해 및 베링해 연안의 어업권을 일본에 양도한다. 이로써 일제는 동아시아에서 제1 강국이 되고, 조선과 만주 침략의 교두보를 확보하게 된 셈이다.

4 5건조약청체전말: 『皇城新聞』2,101호.

월 실직과 함께 간난艱難(가난의 고통) 속에 지내게 된다.

그러던 중, 박은식朴殷植(1859~1925)의 소개와 양기탁(1871~1938)의 주선으로 「大韓每日申報대한매일신보」(한영 혼용, 1904. 7. 18. 창간)로 자리를 옮겨 양기탁, 박은식과 함께 정의의 필체로 민족혼을 불러일으켜 나가는 시간을 만난다(1905~1907 논설주간, 1907~1910 주필). 이때 신채호는 뛰어난 문장력과 강인하고 당당한 필체로 남녀불평등, 대한제국의 교육정책 등을 비판하면서 애국 교육을 강조하는 시론時論과 사론史論(독사신론, 1908. 8.)을 써서 항일언론 활동을 함과 동시에 민중들에게 민족의식을 고취 시켜 나갔다.

을사늑약이 강제되면서 이에 분노한 의인들이 뭉쳐, 헌정연구회(1905. 5. 이준 등이 결성)를 확대 개편한 "大韓自强會대한자강회"(1906. 3.)를 설립한다. 이를 계기로 '애국계몽적 자강사상'이 대한제국기 저항 민족주의운동의 기조를 이루게 된다. 이 무렵 비밀결사조직인 신민회(1907. 4. 장소: 서울 상동교회)도 창설된다. 그러나 신채호가 신민회 회원이었는지는 의심이 간다. 그것은 신민회 설립자 명단에 이름이 빠져 있기 때문이다(윤경로, 2012, 246 표). 신채호가 신민회 회원이었다고 착각하는 것은 아마도 대한매일신보가 신민회의 기관지 역할을 한 점 그리고 신채호가 신민회 설립의 본거지인 상동교회의 전덕기(1875~1914) 목사가 설립한 상동청년학원에서 만든 「가뎡잡지」(1907. 7. 창간)를 편집·발행하였던 까닭으로 자연 신채호가 신민회 회원이었을 것으로 착각한 것이 아닌가 싶다. 어찌 되었든 신채호는 1900년대 자강주의와 저항 민족주의를 그의 역사철학적 인식으로 삼게 된다.

2. 1910년대 신채호의 망명 삶살이

신채호는 신민회의 기관지 역할을 하고 있던 대한매일신보의 주필로 있었기에 자연스럽게 신민회의 안창호, 이동녕, 최남선 등과도 인연을 갖게 된다.

앞에서도 밝힌 바와 같이 1900년대 신채호가 살던 조선 사회는 일제의 침략 음모와 함께 통감부가 설치되어 조선 병탄의 수순을 밟고 있었다. 그런데도 조선의 왕실은 속수무책이었고, 엘리트 관료들은 부귀영화의 지속적 세습을 위하여 나라 팔아먹기에 몰두하고 있었다. 그리고 조선사회의 정신적 지주 역할을 하고 있었던 유가 지식인들은 동도서기론적 · 위정척사론적 대응만 하고 있었다. 다만 개화론자들만이 사회진화론에 바탈을 둔 애국계몽운동을 전개하고 있었을 뿐이었다. 이에 신채호는 사회진화론에 바탕을 둔 애국계몽사상을 전개하던 언론 활동과 집필 활동을 잠시 접고 실질적으로 해외에서 항일구국투쟁을 벌일 생각으로 경술국치가 되기 전에 망명길에 나서게 된다(1910. 4.).

신채호가 망명길에 오르게 되는 과정을 간략하게 적어본다. 신민회는 통감부의 감시가 심해지면서 국내에서 구국 활동이 더욱 어렵게 되는 것을 감지하고 긴급 간부회의를 열게 된다(1910. 3., 장소: 이갑과 양기탁집). 이 회의에서 다음과 같은 사항들이 논의가 된다. 하나, 독립군의 국내 진입 작전이 용이한 만주 일대에 독립군 기지와 무관학교를 설립한다. 둘, 이에 필요한 자금을 국내 신민회를 통하여 조달한다. 셋 그리고 전술적으로 독립군 기반 세력의 확보를 위하여 신한인촌을 건설한다. 넷, 신한인촌 내에는 민단, 학교, 문화시설을 건립하여 문무겸비의 사관을 양성한다. 다섯, 무관학교의 교육은 소수의 정병주의에 입각한 현대적 독립군 양성을 목표로 둔다. 여섯, 국내 진입 작전을 전개한다. 이와 같은 결정은 역사적으로 근대 민족운동사에서 있었던 갑신정변, 갑오개혁의 실패에 대한 경험이 바탕이 되었다. 여기에 동학농민기의의 실패와 독립협회와 만민공동회운동의 실패 경험 그리고 1900년대 민족주의적 애국계몽운동의 실패, 위정척사론자들의 의병운동 경험 등 개화기에 있었던 국권회복운동을 비판적으로 계승한 민족주의 세력의 자강적 전략이었다고 볼 수 있다.

바로 이즈음에 안중근(1879~1910)이 이토 히로부미(伊藤博文이등박문)를 격살하는 쾌거를 일으킨다. 이 일(1909. 10. 26.)로 국내 신민회 간부들(안창호, 이갑, 유동열, 이종호, 김희선 등)이 일제 통감부에 체포되어 조사를 받게 되는 일이 생긴다. 몇 달 후, 이들이 무혐의로 석방되었지만(1910. 2.) 신민회 간부들은 더 이상 일제 통감부의 매눈 같은 감시를 피할 수 없다고 판단하고, 국내에서 국권 회복을 위한 활동이 어렵다는 결론을 내리게 된다. 그리고 해외 망명을 결정하게 된다(윤경로, 2012, 277-278.). 이러한 전략과 세부지침을 확립한 신민회는 목적(독립운동기지와 무관학교의 설립) 달성을 위하여 분산·가장하여 망명길에 오른다.

일단 안창호(1878~1938)가 이끄는 선발대가 만주를 향해 비밀리에 출국하기로 한다. 선발대로 이갑(1877~1917), 이동녕(1869~1940), 이동휘(1872~1935), 유동열(1877~?), 김희선(1875~1925), 이종호(1885~1932), 이시영(1869~1953), 조성환(1875~1948) 등도 포함이 된다. 이에 대한매일신보 소속이었던 신채호도 이들과 함께 국외 망명을

결심하게 된다(1910.4.).5

　이렇게 해서 신채호의 삶살이는 1900년대 국내에서의 사회진화론적 애국계몽운동기를 마치고 1910년대, 망명 생활기로 접어든다(1910. 4. 8. 망명, 31세). 그는 첫 부인(풍양 조씨)을 고생시키지 않으려고 이혼을 청한다. 그리고는 책 보따리(『東史綱目동사강목』 등)를 싸들고 첫 망명지 러시아로 들어간다.

　그 경위는 이렇다. 신채호는 처음에 중국 베이징으로 가려 했다. 그런데 신민회 간부들이 중국 칭다오에서 해외 국권 회복 운동을 하는 인사들과 함께 국권 회복·진보적 민족항쟁을 위한 방략을 논의하기로 결정해 놓고 있었다. 이에 신채호도 칭다오회의에 참여하기로 한다. 신민회 지도부 일행 중 안창호 등이 김포 행주산성의 행주나루터를 거쳐 강화도 교동(인천)에서 배편으로 칭다오로 가기로 한다. 그러나 신채호는 배멀미를 피하기 위해 기차 편을 이용하기로 한다. 신채호 일행은 평안북도 정주에서 내렸다. 그리고 신채호 일행은 안창호 일행이 배편으로 칭다오에 도착하는 시간을 감안하여 오산학교를 들르기로 했다. 오산학교는 신민회의 평북 총관인 이승훈(1864~1930)이 교장으로 있었다. 그리고 여준(1862~1932)이 교사로 있었다.

　신채호 일행이 오산학교에 도착하자, 이승훈 등 교사와 학생들로부터 대대적인 환영을 받는다. 그리고 약 20일간 머물면서 이승훈의 가르침도 받게 된다. 오산학교에서 뒤에 수양동우회사건修養同友會事件(1937. 6.~ 1938. 3.)6으로 사상전향서를 쓰고, 6개월만에 병보석으

---

5 李光秀, 『島山 安昌浩』(도산기념사업회, 1947, 42).

로 출소한 이광수(가야마 미츠로, 1892~?)를 만난다. 변절자 이광수는 '사상전향회의'(1938. 11.)를 소집해 변절전향서를 각 언론지에 발표하고 남산의 조선신궁 참배, 일왕이 있는 도쿄 궁전을 향해 허리를 굽혀 90도 절하는 황궁요배, 일본 국가 제창, 황군전몰장병을 위한 묵념도 거리낌 없이 하면서 친일 작가가 된다. 신채호는 이광수를 보자 바람으로 그의 인간 됨됨이를 이때 알아보았다고 한다. 그런 탓인지, 이광수는 나중에 "脫出途中탈출도중의 丹齋印象단재인상"(1936. 4.,『단재 신채호전집 9』, 77-81)에서 단재를 비꼬는 글을 쓰게 된다. 글 제목에서도 단재가 죄를 짓고 일제 경찰에 쫓겨 탈출한다는 인상을 주는 제목을 달고, "단재는 결코 뉘 말을 들어서 제 소신을 고치는 인물이 아니었다. 남의 사정을 보아서 남의 감정을 꺼려서 자신이 하고 싶은 것을 아니 하는 인물이 아니었다"라는 글을 쓴다. 이것은 단재의 지조志操(=義=정직성=선비정신)를 고집불통(利=억지)으로 묘사하고 있는 장면이다.

신채호는 20여 일 머물고 있던 정주 오산학교를 떠나 김지간과 함께 칭다오로 향한다. 정주에서 기차 편으로 중국 랴오닝성에 있는 지금의 단둥으로 간다. 여기서 다시 배편으로 중국 산둥반도의 엔타이를 거쳐 독일의 조차지 칭다오로 가서, 안창호 일행과 합류하여 칭다오회담에 참여하게 된다(1910. 9.). 칭다오회의에는 신민회 일행들과 중국, 러시아 등 여러 지역에서 조국을 떠나 망명 생활을 하면서 국권회복운동을 하는 의인과 지사들이 참석하였다. 이들은 국권회복운동 방략에 대하여 1주일 동안 논의를 계속하였다. 그러

---

6 수양동우회: 안창호가 중심이 되어 결성한 교육·계몽 등 사회운동단체.

나 즉각적 국권 회복 투쟁을 하자는 급진파(이동휘 등 무력급진론자)와 국내 진공 작전을 하기 위한 무장세력 양성기지를 먼저 세우자는 온건 세력(안창호 등 실력양성론자)의 대립으로 의견일치를 이루지 못하게 된다. 의견대립을 해소하기 위한 방안으로 이들 망명인사는 먼저 칭다오에서 신문을 발간하기로 하고, 칭다오 독일 총독에 발간 허가를 요청하였으나 독일 총독의 반대로 무산된다.

뒤에 칭다오회담은 다음과 같은 내용을 결정하기에 이른다. 첫째, 만주 지린성 미산(북간도 밀산密山)에 농토를 매입하여 토지개간 사업을 행한다. 둘째, 미산에 무관학교를 설립하고 독립운동의 중심지를 만든다. 셋째, 이의 추진을 위해 군사교관, 일반과학 교수 및 농사전문가를 초빙한다. 이런 사항들에 합의하였다(주요한, 1964, 51.). 그리고 교관으로 신채호, 유동열, 이갑, 김지간 등을 선정하였다. 이에 따라 신채호도 이들과 함께 영국 국적의 배를 타고 러시아의 시베리아 땅의 연해주, 흑룡주 일대로 이동하였다(1910. 9.).

연해주 지역은 우리 역사의 옛 발해의 땅이다. 두만강에 인접한 연해주에는 항만도시인 블라디보스토크Vladivostok가 있는 곳이다. 연해주 지역의 한인촌은 조선 후기 말 1863년경(철종) 13가구가 조선 후기 봉건 권력들의 수탈에 못 이겨 이곳으로 도망을 와서 벼 등 농사를 지으며 마을을 건설한 지역이다. 1870년대는 당시 조선의 전정田政, 군정軍政, 환곡還穀 등 삼정三政의 문란으로 지방관의 가렴주구가 극에 당하고 있었던 때다. 함경도 지역의 주민들은 살던 고향을 등지고 이곳으로 도망해 온다(신용하, 2001, 313.). 그리하여 조선 민족이 형성한 이 촌락을 '신한인촌'이라고 부른다(개척리, 고려거리). 이후 연해주는 국내에서 일제 통치에 반발하여 조국을 떠나온 조선인들이 늘어나면서 조선인 80만 인구의 큰 도시로 발전하게 된다 (이훈구, 1932, 89.).

신민회 일행들이 이곳으로 이동해 왔을 때는, 이미 최재형(1858~1920), 최봉준(1859~1917), 문창범(1872~?), 김학만(1884~1931) 등이 항일계몽단체인 한인민회를 설립하고 의식교육을 통하여 항일투쟁을 하고 있었다. 이러한 연해주에 해외 망명 세력들도 모여들었다. 대표적으로, 먼저 의병 출신인 이범윤(1863~?), 홍범도(1868~1943), 유인석(1842~1915), 이진룡(?~?) 등이 이동해 왔다. 그리고 이상설(1870~1917), 이위종(1887~?), 이동녕(1869~1940), 정순만(1873~1911), 정재관(1880~1930), 김성무(1891~1967), 이강(1878~1964), 이종호(1885~1932) 등의 신민회 회원들도 모여들었다. 모여든 사람들이 많아지면서 자연스럽게 지역 출신별로 계파가 형성되었다. 기호 세력(서울·경기·충청 출신), 북파 세력(함경도 출신), 서도파 세력(평안·황해 출신) 그리고 19세기부터 이주해 와 사는 2세대의 청년 세력(청년근업회)이 있었다. 이들은 나중에 신채호와 씨줄 날줄로 연결되면서 신채호와 함께 반일민족해방투쟁을 하는 의인, 지사들이다. 특히 신채호는 그의 활동과 연관하여 보았을 때 진보적 성향을 띠었던 서도파(충청도 평안도 출신)와 신민회의 급진적 사람들과 가깝게 지낸 것으로 보인다.

신채호 일행들이 밀산으로 불렸던, 북간도 미산에 도착할 무렵에 일제에 의해 자기 조국이 변탄#呑(國恥국치, 1910. 8. 29.)되었다는 청천벽력과도 같은 비보를 듣게 된다. 신채호는 비통한 나머지 통곡을 한다. 그리고 몇 날을 보낸다. 미산은 현재 중화인민공화국 헤이룽장성 지시시의 행정구역에 해당된다. 미산에 한인촌(한흥동· 대한제국 부흥의 뜻, 1909)이 건설된 것은 일찍이 연해주로 탈출해와 살고 있던 조선 농민들이 미산으로 건너와 벼농사를 개발하면서부터이다(이훈구는 1870년대로 보고 있다. 94).[7]

이후, 한흥동은 독립운동, 민족해방운동기지로 발전하게 된다. 이에 신민회도 연해주와 미산지역으로 국내 동포들을 대거 이주시키는 일을 하였다. 우리가 흔히 북간도=북만주라고 부르는 지역이 바로 미산 일대 지역이다. 신채호도 연해주 신한촌에 머물다가 때로는 미산 한흥동으로 건너갔다, 왔다 하면서 국권 회복 투쟁을 위한 준비를 하던 때가 이 무렵이다. 여기서 신채호는 항일언론투쟁에만 머무는 지식인으로 살기보다는 지식을 실천하는 지성인으로서 반일 민족 해방 투쟁을 통한 일제 타도에 뛰어들기로 작정을 한다.

이 시기에 신민회 사람들 사이에 칭다오회담 이전부터 있었던 갈등이 재연되었다. 그것은 구한국군 장교 출신인 유동열과 뒤에 일제의 회유에 말려들어 친일 분자로 변신하는 김희선 등은 장기적인 독립운동기지 건설과 무관학교 설립 후 독립군을 양성하자는 것은 시간 낭비라고 주장하였다. 그래서 당장 중국지역의 간도와 러시아지역의 연해주로 모여든 조선인을 모아 독립군을 조직하여 국내로 진격하자는 의견이었다. 이렇게 대한제국 장교 출신들과 신민회 회원(안창호 중심) 사이의 주장이 대립하면서 의견일치를 보지 못하고 있었다. 그러자 대한제국 장교 출신인 두 사람은 자신들의 주장대로 중국 산둥성 옌타이에서 독립군을 모으는 일을 암암리에 추진하다가 일경에 체포되어 독립군 모집 운동은 무산되고 만다. 이

---

7 세계에서 최북방 한계선까지 벼농사를 지은 민족은 조선 민족이다.

러한 상황에서 신채호는 미산과 연해주를 오가며 3년여 머물게 된다.

한편 칭다오회담에서 결정된 북간도 미산에 군사학교를 설립한다는 계획은 자금줄이었던 이종호의 변심으로 결정을 보지 못하고 있었다. 그러나 신민회 간부 출신 이동녕, 주진수(1878~1936), 이회영(1867~1932) 등은 백두산지구에 있는 서간도(지린성) 류허현 산위안푸(유하현 삼원보) 신한민촌에 무관학교 건설을 착수하기에 이른다. 그러나 국내에서 일제 총독부에 의한 '데라우치 총독 암살음모사건'(105인 조작사건, 1910. 12.)이 조작되면서 무관학교 건립이 잠시 주춤했지만, 나중에 산위안푸(통화 삼원보通化 三源浦)에 신흥무관학교를 세우는 데 성공하였다(1919. 5. 3.).

이 무관학교는 만주 군벌의 탄압을 피하기 위해 처음에는 신흥강습소로 불렀다가 뒤에 신흥무관학교로 이름을 바꾸었다. '신민회'가 나라를 새로(新) 일으킨다(興)는 흥국興國의 뜻에서 신흥新興이라 이름을 붙였다. 신흥무관학교에서는 4년제 본과 외에 6개월·3개월의 속성과를 두어 찾아오는 모든 애국 청년들과 의병들에게 철저한 현대식 군사교육과 군사 훈련을 시켰다. 이럴 즈음에 신채호는 미산에서 연해주 블라디보스토크로 되돌아가 이곳에서 윤세복(1881~1960), 이동휘, 이갑 등과 함께 광복회를 조직하고 부회장에 선출된다(회장: 윤세복). 그리고 광복회 「告示고시」를 작성한다.

이어 연해주 한인 2세대인 최재형 그리고 신민회 간부(이상설, 정재관, 이동휘) 등과 勸業會권업회(1911. 12. 19.)를 조직한다. 일제의 서시베리아 주재 일제 총영사관의 첩보 자료에 의하면, 권업회 창립 당시 신채호는 평의원으로 서적부장에 선출했다(『단재 신채호 전집 8』, 201). 그리고 권업회는 이듬해에 기관지 「勸業新聞권업신문」(1912.

5. 5.)을 발간한다.[8] 신채호는 이 신문의 주필을 맡게 된다. 권업회는 겉으로 순수 경제단체로 위장하였지만, 한인촌 사회의 권익 옹호와 일제 타도를 목적으로 하는 민족운동 단체였다. 때문에 권업신문 또한 한인촌의 한인들에게 일제 타도를 위한 민족의식 고취와 한인 사회의 권익 옹호를 위한 기사들을 주로 내보냈다.

이와 별도로 연해주에는 권업회가 창립하기 얼마 전에 안창호 주도로 연해주의 2세대를 중심으로 설립된 靑年勤業會청년근업회가 활동하고 있었다(1911 초 창립). 연해주에서는 이곳 한인들에게 항일 의식을 고취하고 이들의 권익을 위해 발간되고 있던 「海朝新聞해조신문」(1908. 2. 26. 창간, 1908. 5. 26. 폐간), 「大東公報대동공보」(1908. 6. 창간, 1910. 9. 10. 폐간)도 있었다. 그러나 경술국치를 전후하여 일제의 간악한 요청을 받아들인 러시아의 폐간 압력으로 종간되고 만다.

그러자 청년권업회는 이 두 신문사의 활판을 인수받아 「大洋報대양보」(1911. 6. 18. 창간)를 발행하게 된다. 대양보는 신채호를 주필로 초빙하였다. 신채호는 대양보 주필로 들어가기 전, 안창호(1911. 9. 2. 미국으로 감)로부터 미국으로 건너와서 미국 본토와 하와이에서 발간되고 있던 신문[9]의 주간을 맡아줄 것을 요청받는다. 그러나 신채호는 이에 응하지 않고, 대양보 주필을 맡기로 한다(『단재 신채호

---

8 권업 신문의 창간은 러시아력으로 4. 22. 이종호가 자금을 댐. 『단재 신채호 전집 9』에서는 권업신문 창간호가 4월 22일자로 되어 있다(436). 권업신문은 제1차 세계폭력전쟁이 일어나자(1914. 7.) 일제의 농간과 러시아의 압력으로, 권업회의 해산과 함께 폐간됨.

9 미국 본토는 新韓民報(1909. 2. 10. 창간), 하와이는 國民報가 있었다. 안창호가 신채호에게 이들 신문의 주필을 맡아주기를 바란 적이 있다(백원보가 안창호에 보낸 편지, 『단재 신채호 전집 8』, 149).

전집 8』, 168). 대양보의 주필로서 신채호가 내보낸 논조는 일제의 식
민 통치에 대한 공격성 기사였다. 이외에도 조선, 일본, 청나라, 기
타 조선인에 이해관계를 가지는 구주 제국의 시사 문제 등 타도
일제에 관계되는 종합적인 내용으로 기사를 채웠다.[10] 그런데 러시
아당국이 느닷없이 페스트 전염 방지 명분을 걸어 연해주 한인 거
류지인 개척리를 봉쇄하였다. 이리하여 대양보는 새로운 신한촌으
로 이전하고 새로 간행을 하게 된다(1911. 9. 9.,「권업회 연혁」,『단재
신채호 전집 8』, 177). 대양보는 시간이 갈수록 타도 일제를 고취 시키
는 기사를 내보내는 빈도가 많아졌다. 그러자 블라디보스토크 일본
총영사관에서 비열한 태도를 취해 왔다. 대양보 신문사의 활자
(15,000자 93kg)를 야밤에 훔쳐 간 일이다. 절도질에 앞장을 선 야비
한 자는 이범윤, 안중근 등과 함께 의병을 이끌고 일본수비대와 싸
우면서 충실한 애국지사로 알려져 있던 엄인섭이었다. 악질 밀정
엄인섭은 절도한 활자를 블라디보스토크 일본 총영사관 가토 가츠
미 통역관에게 전달한다(1911. 9. 17.). 이리하여 활판을 할 수 없었던,
대양보는 14호를 끝으로 신문발행에 필요한 활판인쇄기 등을 권업
회로 이관을 하고 휴간을 하게 된다. 이러한 상황에서 권업회는 대
양보를 인수하면서 청년근업회와 단체통합도 하게 된다(1911. 7. 16.).

대양보를 흡수한 권업신문은 재정난 및 일제와 외교관계를 맺
고 있는 러시아의 탄압으로 폐간될 때까지(제1차 세계대전과 함께 폐
간, 1914. 8. 30., 126호로 종간) 연해주와 젠다오(간도)의 해외 동포들에

---

10 일제의 '서시베리아주재 일본총영사관'이 한국 총독부와 일본 본토에 보고한 첩보보
고서 등(朝鮮人 狀況 報告,『단재 신채호 전집 8』, 205, 197-316)

게 일제 타도의식을 고취시켜 나갔다. 한편 신채호는 대양보의 "청년 노동자에게 바란다"(1911. 8. 대양보 13호)라는 논설에서는 노동의 신성한 가치를 논하고 있다(『단재 신채호 전집 8』, 321-322). 그리고 권업신문의 "是日 이날"(1912. 8. 29.)이라는 글에서는 "일본에서 사회주의가 발생한 원인은 귀족계급이 평민계급의 착취에 있었다"고 인식하였다(이호룡, 2013, 154). 이와 같이 신채호가 노동의 가치와 사회주의 발생 원인을 논했다는 사실은 그가 1919년 '3·1 민족기의'가 일어나기 전부터 사회주의에 대한 지식을 충분히 습지하고 있었다는 말이 된다.

신채호는 연해주에서 망명 여정을 마치고, 중국 본토(베이징)로 돌아가려 했다. 이는 연해주의 해외 망명 세력들 사이 그리고 연해주 이주민 2세들(러시아로 귀화한 한인과 조선인임을 고집한 한인) 사이의 알력과 암투로 이 지역에서 항일투쟁이 어렵다고 보았기 때문이라고 연구자들은 말한다. 그러나 그것보다는 언론 활동으로는 주권 회복과 민족 해방을 위한 직접적 답을 찾을 수 없다고 본 신채호의 심정에 변화가 왔던 것으로 보인다. 이후 그는 민중의 무력투쟁에 의한 민족해방투쟁으로 가야 한다는 생각을 이때부터 가지게 되는 것으로 본다. 이런 마음을 갖게 된 신채호는 딱히 권업신문을 떠나지 못하다가 결단을 내린다(1912. 10 이전). 신채호는 권업신문을 그만두면서 매우 어렵게 살았던 모양이다. 이런 소식을 들은 상하이에 거주하고 있던 신규식은 여비까지 보태주면서 상하이로 불러낸다. 그래서 신채호는 중국 상하이로 이동을 하게 된다(1913. 8. 19, 『단재 신채호 전집 8』, 32). 이제 신채호의 망명 여정은 상하이로 이어진다.

이후 신채호는 상하이와 베이징을 중심으로 '타도 일제 투쟁'에 몰두를 하게 된다. 신채호는 상하이에 머물면서 김규식(1881~1950)에게 1년여 영어를 배운다. 그리고 베이징에 가서는 중국 아나키스트들이 일본 도쿄에서 만든 아나키즘 잡지 「天義報천의보」(1907. 6., 동경에서 창간됨)에 실린 류스페이(劉師培, 1884~1919)의 논설도 읽게 된다. 신채호는 류스페이의 글 속에 담긴 크로폿킨(Peter Kropotkin, 1842~1921)의 상호부조론을 숙지하고 이를 바탕으로 상하이 민족운동가들(문일평, 조소앙, 홍명희 등)[11]과 토론을 할 때도 종종 아나키즘에 대하여 이야기를 나눈 것으로 보인다. 또 천의보 잡지를 통하여, 당시 일제의 아나키즘 원조라 할 수 있는 아나키스트 고토쿠 슈스이(幸德秋水, 1871~1911)를 알게 된다. 이후 신채호는 일제 땅에는 사람다운 사람이 고토쿠밖에 없다고 말하며 다닐 정도였다.

고토쿠 슈스이는 안중근의 이토 살해를 찬양하고 조선의 독립은 당연하다는 논조로, 조선 독립운동에 경의를 표한다는 논문을 쓰기도 했다. 또 천황제도를 비판하는 글을 발표하였다. "천황은 정복자이자 인민의 착취자이며, 인민의 자유를 쟁취하기 위해 혁명이 필요하다"라 하였다. 이것이 문제가 되어 '대역죄인'이 되어(1910. 5.) 사형을 당한 아나키스트였다(1911. 1. 24.). 신채호는 고토쿠가 옥중에서 쓴 『基督教抹殺論기독교말살론』(1911. 2.)[12]의 내용을 읽고 이에 정신적 교감을 하게 된다.

---

11 문일평(1888~1936)은 민족사의 성찰과 반성에 중점을 두고 역사 연구를 함. 조선심(朝鮮心)을 강조. 홍명희(1888~?)는 일제병탄기 『임꺽정』 저술(1928). 분단해방 후, 북에서 공산당 창당에 기여 부총리를 지냄.
12 『基督抹殺論』(岩波書店, 1954)로 출간 됨.

여기서 잠시 기독교말살론의 내용을 대략적으로 살펴보자. "①
그리스도교도들은 성서가 신의 언어라고 말하지만, 오히려 신의 적
인 다윈이즘의 생존경쟁의 이론에 지배되어 수많은 진화의 과정을
거쳐 이루어졌다. ② 성서는 신神의 언어가 아니다. 인간에 의해 쓰
여졌고 조작되었다. ③ 그리스도교는 고대의 태양숭배, 생식기숭배
에 그 기원을 두고 있다. ④ 그리스도교인들이 그리스도교에 의존
해 서 있는 곳의 기초는 무지 때문이다"라는[13] 내용을 담고 있다.
뒤에 신채호는 '기독교말살론'에서 영향을 받아 소설을 내게 된다
(『용과 용의 대격전』, 1928). 이리하여 신채호는 고토쿠에게서 영향을
받고, 이어 천의보와 베이징대학의 아나키스트 교수들과 인연을 맺
으면서, 아나키즘이라는 사상이 배양되었던 것으로 보인다.

3. 조선사/조선상고사를 쓰다

신채호는 상하이에서 망명 민족운동가들이 타도 일제를 부르짖
으며 영국 조계지 서북천로에 설립한 동제사(在上海韓人共濟會, 1912.
7. 4. 설립)에 가입한다[14]. 동제사는 다시 상하이 프랑스 조계지에 일
제 타도 운동을 담당할 중견인中堅人(중심 역할을 담당할 투사)을 양성할
목적으로 교육기관, 박달학원으로 개편한다(1913. 12. 17.).
신채호는 박은식, 홍명희(1888~?), 문일평(1888~1936), 조소앙 등
과 함께 박달학원의 교수로 활약하면서 재중국조선인들에게 민족

---

13 권문경, 2012, 129-130. 글쓴이가 註의 원문을 재번역함.
14 동제사: 同舟共濟의 뜻이다. 在上海韓人共濟會라고도 불린다. 1912. 7. 4.설립.
　이사장: 신규식, 총재: 박은식, 共濟社/同舟社라고도 불림. 신채호는 1913년 가입.

의식과 항일의식을 고취시킨다(민필호, 1978, 78). 어느덧 객지에서 망명 생활 5년째에 들어서는 해다.

신채호는 단군교(1909. 1. 15. 창시, 경술국치 후 대종교로 개칭) 교주 윤세복(1881~1960)의 초청을 받는다. 그리하여 고구려 주몽의 첫 도읍지인 졸본성(우리산성)을 찾는다(1914년경). 졸본성은 지금 중국 둥베이 삼성(東北三省둥북삼성)의 하나인 랴오닝성 만족자치구인 환런현(遼寧省 桓仁縣요령성 환인현) 우리산(五女山오녀산)에 있다. 여기에서(興道川홍도천) 1년여 머물면서 대종교에 입교하고, 대작이자 명작인 『朝鮮史조선사』(『朝鮮上古史조선상고사』)를 쓰기 시작한다(1914).

이때 신채호는 윤세복 형제가 설립한 東昌學校동창학교(1911. 5.)에서 조선사를 가르쳤다(1914).[15] 그러나 일제와 중국 관헌의 압력으로 얼마 안 있어 강제 폐교를 당하는 바람에(1914) 역사 교사를 그만두고 중국 둥베이 지역 지린성(吉林省길림성)의 환런(桓因환인) 주변과 지안(集安집안), 퉁화(通化통화) 지역의 고구려 유적지와 북만주 지역의 발해 유적지들도 답사하게 된다. 이때 광개토대왕비, 장군총, 고구려 퉁거우고분군(通溝古墳群), 국내성 등 고구려 유적지를 둘러본다. 그리고 고구려의 기상을 체험하고 일제가 우리 영산의 이름을 장백산으로 바꾼 민족의 탯줄 백두산에 올라 감격의 심정과 함께 뜨거운 눈물을 흘렸다. 신채호가 백두산을 오르면서 그의 머릿속에는 실지 회복의 욕구가 더욱 강하게 용솟음쳐 나왔다. 신채호는 만주 지역 고구려유적들에 대한 실제 답사를 마치면서 큰 충격과 함께 역사적 안목을 넓혔던 것으로 보인다(이만열 1990, 34).

---

15 동창학교 교장 이원식, 교사에 박은식, 이극로, 김영숙 등.

백두산을 오르고 나서, 신채호는 이회영의 권고로 베이징으로 이동을 하게 된다(1915, 36세). 이곳에서 '3·1 민족기의'가 일어날 때까지 4년간 머물게 된다. 그러면서 만주에 있을 때 고구려 역사 유적지를 답사·체험한 지식과 경험 그리고 그 자신의 타고난 역사적 혜안을 가지고 우리 역사『朝鮮史조선사』(=조선상고사) 서술에 전념을 하게 된다.

조선사를 서술하는 틈틈이 민족해방(투쟁 의식)과 민족의식(혼=낭가사상)을 고취시키는 단편의 우화적·환상적인 미완성의 역사소설『꿈하늘』(1916. 3.)을 집필하게 된다. 꿈하늘의 주인공은 한놈(신채호)이다. 그 대화의 상대는 꿈속에서 만나는 고구려 시대 중국 수나라를 살수(청천강)에서 물리친 영웅 을지문덕과 귀주대첩의 명장 강감찬이다. 그리고 역사 무대는 단군조선에서 시작하여 일제(도추鳥醜, 島國蠻種)에게 침략을 당한 조선의 일제강점기까지 이야기다(『단재 신채호 전집 7』, 513-560.). 꿈하늘은 신채호의 '민족주의사관'(낭가사상의 고취, 외래종교의 비판)과 영웅주의사관(을지문덕, 강감찬, 최영)이 혼재되어 이야기가 전개된다. 1920년대 역사를 '아我(나)와 비아非我(남)의 투쟁기록'으로 정의를 내리는 신채호는 여기서도 변증법적으로 역사철학적 인식을 하면서 역사소설을 쓰고 있다. 꿈하늘에서는 신채호가 이미 사회주의적 사상을 수용하고 있음에도 (1912년) 민족주의(무궁화 노래, 정의의 아들 조선, 문화민족) 사상을 굳게 견지하고 있음을 볼 수 있다. 곧 민족을 배반한 국적(일곱가지 경우)[16]과 망국노亡國奴(12가지 경우)[17]를 들고 있다. 이 국적과 망국노

---

16 신채호가 꿈하늘에서 말하는 國賊(나라를 팔아먹는 도적놈) 7가지 경우

대목에서는 민족주의 사상이 물씬 풍겨 나온다. 그리고 이 소설을 통하여 서서히 애국계몽적 실력양성론을 극복하고 일제 타도에 필요한 수단은 암살(을지문덕 암살단)과 같은 테러가 희망적임을 내 비추고 있다. 곧 신채호의 비타협적 무력투쟁의 신념을 드러낸 미완성의 관념적 역사소설이라고 말할 수 있겠다. 그리고 러시아의 프롤레타리아 계급에 의한 볼셰비키혁명과 민족의 총궐기로 일어나는 3·1 민족기의를 만나기도 전에 신채호는 폭력을 수반하지 않은 어떠한 사상도 생명력이 없다는 주문을 한다. 이러한 내용이 담겨있는 것으로 보아, 신채호가 아나키즘을 본격적으로 수용하기 전부터 본능적으로 아나키적 기질이 있었지 않았나 하는 생각이 든다. 그러나 폭력적 투쟁 방법(무력투쟁론, 암살단 조직)을 주장하였다고 해서 신채호가 벌써 1916년경에 아나키즘을 자신의 사상적 무기로 삼았다고 보기에는 이르다. 아직은 배양단계로 보인다.

　신채호의 망명 생활 8년째에 들어선다. 1917년이다. 국내에서 조카(香蘭향란)의 혼인 문제가 있자. 신채호는 자기 조국을 밀입국해야 했다. 그것은 일제 측 극비의 정보문서에 의하면, 단재는 연해주

---

　① 나라를 팔아먹는 엘리트 관료 ② 私益을 위해 公益을 저버리는 놈 ③ 친일지식인 ④ 밀정 ⑤ 거짓志士 ⑥ 왜놈 문화를 흉내내는 놈 ⑦ 왜놈과 혼인하는 년 등을 들었다. 이 대목에서는 민족주의 사상이 짙게 드러난다.
17 亡國奴 12가지 경우
　① 천당天堂만 찾는 놈들 ② 사감私感을 黨派를 만들어 분파하는 놈들 ③ 모화주의자＝자발적 노예근성을 가진 놈들 ④ 외세에 의존하는 놈들 ⑤ 실력양성만 주장하는 놈들 ⑥ 돈과 여색에 빠진 놈들 ⑦ 깨뿔 없으면서 기만으로 명예만 추구하는 놈들 ⑧ 잔잡이 같은 놈들 ⑨ 실속 없이 약살빠른 놈들 ⑩ 망할려면 망해라하는 망나니같은 놈들 ⑪ 남을 이용해 먹는 아귀餓鬼 같은 놈들 ⑫ 남의 영웅만 알고 제 나라 영웅은 모르는 종아리 같은 놈들.

망명 때부터 늘 일제의 공안당국에 의하여 대표적인 불령선인不逞鮮人 (불쾌한 조선인), 요시찰인要視察人(늘 사찰대상 인물)으로 지목되어 있어서 감시와 체포, 숙청의 위험 속에서 활동하고 있었기 때문이다.18

맏형이 일찍 세상을 떠나자, 신채호는 형의 딸 향란을 거두어 키워 왔던 탓으로 친자식이나 다름없었다. 그런 탓에 어렵사리 밀입국하여 조카의 혼사 문제를 해결하고자 했다. 그런데 단재의 망명 이후 향란을 맡아 길러왔던 평안남도 진남포(현 남포특별시)의 임 아무개라는 사람이 친일파 신랑집에 팔아넘기는(매끽賣喫) 행위에 분노하여 조카의 혼인을 취소시키려 했다. 그러나 조카 향란은 단재의 뜻을 거절하였다. 그러자 신채호는 조카와 의절한다. 그리고 의절의 표시로 손가락 절지하고 다시 평안남도 진남포에서 서울로 들어간다. 그것은 마침 그의 제자 김기수가 죽었기에 조상弔喪하기 위해서였다.

서울에서 다시 일제가 짓밟고 있는 조국의 땅을 뒤로 하고 상하이로 돌아온다(洪命憙, 1960. 『단재 신채호 전집 9』, 82). 상하이로 돌아온 신채호는 계속하여 일제 타도를 위하여 동분서주한다. 그리하여 해외에서 반일민족해방투쟁을 하는 세력의 결집과 임시정부 수립을 촉구하는 「大同團結의 宣言」(대동단결의 선언, 국한문혼용)에 서명을 한다(檀帝紀元 1917기단기 4250l. 7.). 여기에는 신규식, 박은식, 조소앙, 박용만, 윤세복, 신석우, 한진교 등 17인이 서명하였다.

「대동단결의 선언」의 본문과 강령을 보면, 본문에서 조선이 망하게 된 연유를 열거하고 있다. 그리고 강령에서는 행동 지침을 열

---

18 윤병석, "해제 신채호 독립운동", 『단제신채호전집 8』, 8.

거하고 있다. ① "대한제국(마지막 황제 이척李坧: 묘호 순종)이 삼보三寶 (영토, 국민, 주권)를 포기하고 우리 동지들이 삼보를 계승했으므로, 황제권 포기시간(1910. 8. 29.)이 곧 민권의 발생 시간이다. 민권 사수의 무한책임은 우리 동지에게 있다. 이에 따라 경술국치는 대한 국민의 삼보 계승원리에 어긋나는 무효행위다(주권상속론 선언). ② 국민 주권에 의한 임시 공화정부(신한新韓)를 구성하되, 공화정부를 구성하기 위하여 통일적 유기체를 공고히 할 것을 주장하였다. 곧 1단계 국내·외 반일 단체의 통합, 2단계 통일적 임시국가의 수립, 3단계 완전한 법치국가를 수립한다(공화정부론 선언). ③ 대한독립에 유리한 국제환경이 조성되고 있다. 곧 러시아의 3월 혁명, 폴란드·아일랜드·모로코 등 나라의 독립 선언 등과 연결하여 독립선언을 한다(국제환경론 선언). ④ 일제의 동화정책과 자치정부론 배척하고 국제정세에 편승한 국민외교를 한다(국민외교론 선언). 그리고 마지막으로 찬동통지서를 첨부하였다(『단재 신채호 전집 8』, 471-482 참조). 이 주장들은 나라의 '역사불멸론'에 바탕한 것으로, 1900년대 저항 민족주의 사고에서, 보다 승화된 일제 타도 운동의 방식이 나왔음을 보여주고 있다. 이러한 대동단결의 선언에 신채호가 서명했다는 것은 그의 역사철학적 인식 또한 사회진화론에서 탈피하였음을 보여준다.

이후, 신채호가 상하이에서 다시 베이징으로 이동을 하기 전, 신규식은 동제사를 "조선사회당"으로 이름을 바꾼다(1917. 8.). 이러고 있을 때, 러시아에서는 세계 최초 사회주의혁명(1917. 10월 혁명)이 일어난다. 이러한 격변의 분위기 속에서 베이징으로 온(1918) 신채호는 베이징대학의 도서관을 출입하면서 같은 대학의 생물학과 교수이자 아나키스트인 리스쳉(李石曾, 1881~1973)을 만나게 된다. 그리고 그의 주선으로 베이징 근교의 푸챠안(普陀庵보타암)에 자리를 잡고 조선사 집필을 계속한다. 또 생계 수단으로 원고를 써서 중국의『中華報』(중화바오) 등에 논설을 기고하여 근근이 먹거리를 해결하였다. 베이징대학을 출입하면서 베이징대 도서관에 소장된 방대한『四庫全書사고전서』(1781)도 열람하기에 이른다. 당시 베이징대학은 사회주의 사상의 중심지였다. 더구나 총장 차이 위안페이(당시 교장)는 아나키즘 조직인 파리그룹 주主 회원으로 중국 아나키즘의 창시자이자, 중국 5·4운동의 정신적 지주가 된다. 신채호는 1905년경, 황성신문사에 있을 때 읽은 일제 사회주의자 고토쿠 슈스이의『長廣舌장광설』(1900)과 중국 아나키스트의 잡지인 천의보를 통해 아나키스트에 대한 기본 지식을 가지게 되었던 것으로 본다. 그리고 베이징에 머물면서(1918), 아나키즘 사상을 본격적으로 자기화하는 것으로 보인다.

4. 이승만과 대립하다

「대동단결의 선언」의 발표, 러시아의 볼셰비키혁명(1917. 10.) 성공, 제1차 세계대전의 종결(1918. 1. 11.)과 공리주의 승리 등이 같은 시기에 다발적으로 일어나게 된다. 그리고 제1차 세계대전의 뒤처리를 위하여 '파리강화회의'가 개최(1919. 1. 18.~1919. 6. 28.)되고 '민족자결주의'19가 세계 사조를 이끌게 된다. 이러한 세계 정세에 고무

---

19 민족자결주의: 러시아가 먼저 발표(1917년 11월 대외평화선언)하고 미국이 뒤에 발

되어 서서히 우리 땅에서도 침략자 일제를 조속히 타도·구축해야 한다는 움직임이 하늘로부터 그 기운을 내려받고 있었다. 新韓青年團신한청년단(1918. 8.~1922. 1. 2.)의 민본주의와 「평화주의 선언」 (1919. 4. 2., 평화회의에 제출한 독립청원서에서) 그리고 「戊午獨立宣言書무오독립선언서」 (기미년, 1919. 2. 1.)의 발표, 일제의 수도 도쿄 한복판에서의 「2·8 독립선언」 (1919) 발표 등이 그 증거다.

신채호도 참여하는 신규식 주도의 신한청년단은 망명지에서 대한민국임시정부 수립의 토대를 만드는 계기가 된다. 곧 신한청년단의 활동으로, 만주 지린에서 만주와 연해주 및 중국, 미국 등 해외에서 활동 중인 민족운동가(대한의군부 주도)들 39명(신채호 포함)의 명의로 우리나라 최초의 독립선언서가 발표된다(음력, 무오년 1918. 11. 13., 1919. 2. 1). 이를 「戊午獨立宣言무오독립선언」 (대한독립선언서, 조소앙이 집필)이라 부른다.

그 내용을 보면 경술국치의 무효를 선포하고, 우리 민족운동·주권 회복의 근간이라 할 수 있는 "섬은 섬으로 돌아가고, 반도는 반도로 돌아오게 할 것"이라는 전략 위에 그 전술로 무력투쟁을 항전논리로 설정하였다. 구체적인 내용을 보면, ① 한일병합조약의 무효선언 ② 인류의 평등, 평화, 공의, 자유 등을 보편적 진리로 규정 ③ 강권주의(군국주의, 무력겸병, 전쟁)의 타파 ④ 공리주의(만민 평등의 대동평화사회)의 수립 ⑤ 자주독립 국가 수립의 필요성과 사명성 강조 ⑥ 일제 타도 후 건국의 청사진 제시(평등한 권리, 균등한 소유, 동등한 교육) ⑦ 독립 쟁취의 수단(육탄혈전=무력투쟁) 등의 내

표(1918년 1월)함.

용이 담겨 있다.[20]

　바로 이어 현재 교토의 YMCA 호텔 입구에 2 · 8 독립 선언의 비문이 놓여 있는 바로 그 자리에서 2 · 8 독립 선언의 함성이 울린다. 이러한 일련의 해외에서 독립 선언의 함성은 국내로까지 울려 퍼지면서 우리 역사상 피압박 민인 · 민중이 주체가 된 3 · 1 민족기의(1919, 신채호는 이를 3 · 1운동이라 했다)를 일으킨다. 이를 기미독립선언이라 한다. 그새 신채호는 나이 40이 되었다. 당시 나이로는 지적인 원로에 속하는 나이다.

　3 · 1 민족기의를 계기로 각계각층에서 독립 선언의 함성이 터져 나온다. 3 · 1 민족기의의 행동대장 역할을 하였던 의인 · 지사들(조재은, 함석은=함석헌 육촌 형, 오학수, 지중진, 박영우 등)이 국내에서 빠져 나와 압록강 유역의 현 중국 단둥으로 와서 『大韓獨立靑年團대한독립청년단』을 조직하게 된다(1919. 3., 총재: 안병찬[1854~ 1921], 단장: 함석은). 이와 같은 민족 해방 · 일제 타도를 위한 움직임이 국내와 국외 각처에서 일어나면서 해외 망명지 상하이에서 임시정부가 만들어진다는 소식이 들려왔다.

　드디어 상하이 망명지에서 임시정부가 수립된다. 1910년대는 신채호가 민중/민인을 인식하는 시기다. 따라서 3 · 1 민족기의에서 희망을 본 신채호도 신국민 · 민중/민인을 바탕으로 하는 민본주의 색채를 더욱 분명히 하면서 민중/민인에 의한 즉각 해방 위업의 가능성을 재확인한다.

---

20 민족자결주의: 러시아가 먼저 발표(1917년 11월 대외평화선언)하고 미국이 뒤에 발표(1918년 1월)함.

3·1 민족기의가 일어나자 국내는 물론, 해외 항일독립운동·반일민족해방운동 세력들이 남·북만주, 연해주, 베이징 등지와 미국, 일본 등지에서 곧바로 조선인의 독립을 확신하고 상하이로 달려 갔다. 해외 망명 인사들은 임시정부를 만들기 위해 출신도별로 臨時議政院임시의정원을 구성할 의원들을 뽑았다. 의원의 자격은 대한민국 국민으로, 중등교육을 받은 만 23세 이상의 남녀에 한하고, 인구 30만 명에 의원 1명으로 하여 총 57명으로 하는 의원 수를 배정하였다. 이렇게 해서 임시의정원이 설치되었다. 이에 신채호도 충청도 대표로 참여하게 된다.[21]

당시 임시의정원에 참석하였던 사람들은 민족해방투쟁세력(이동녕, 이시영, 이회영, 이동휘, 신채호 등)과 항일독립운동세력(안창호, 신규식, 김규식, 박용만, 신석우 등)외 단순 부르주아 민족주의 세력(이광수, 현순, 조완구, 조성환, 김동삼, 조영진, 조소앙 등)이었다(윤병석, 『단재 신채호 전집』 총목차, 23). 이들 29인은 상하이 프랑스 조계지 지금의 상하이 진선푸로(金神父路)에서 사무소를 설치하고 임시정부의 출발선을 이루는 임시의정원을 조직하였다. 그리고 제1회 회의를 개최하였다(1919. 4. 10.).

이날 임시의정원은 임시정부를 수립한다는 선언과 함께 나라 이름을 신석우의 제안에 따라 大韓民國대한민국으로 정하였다(1948. 4. 10., 7. 1.).[22] 이를 상하이(上海)임시정부 또는 大韓民國臨時政府

---

21 제1회「臨時議政院紀事錄」: 조지훈, 1964, 663쪽에는 신채호 명단이 빠져 있다.
22 대한민국 제헌국회는 대한민국 임시정부의 국호를 계승한다. 여운형은 대한의 이름에 반대하였다. 처음에 대한민국과 조선민주주의인민공화국의 국기는 다 같이 태극기였다. 뒤에 북조선은 인공기로 교체한다.

대한민국 임시정부라고 한다. 상하이임시정부 외에 7개의 임시정부도 있었다. 이 중 4개의 임시정부, 곧 朝鮮民國臨時政府조선민국 임시정부, 高麗共和國고려 공화국, 間島臨時政府간도 임시정부, 新韓民國政府신한민국 정부는 언제, 어디서, 누가, 어떤 동기로 설립을 하였는지는 자세히 알 수가 없고, 다만 당시 뿌려진 전단지를 통하여 알 뿐이다. 그리고 이어서 서울에서 漢城臨時政府한성 임시정부(일명 大朝鮮共和國, 1919. 4. 23. 선포)도 설립된다. 연해주에서는 대한제국국민의회 주도의 소비에트식 露領政府노령정부(1919. 2., 대통령: 손병희)가 생겨난다(조동걸, 1981, 57).

임시의원정은 회의(제2차)를 계속하였다. 그리고 국체國體를 공화제로, 정체政體를 민주제로 하는 민주공화제民主共和制(제1조)라는 정부의 성격을 처음으로 명시된 大韓民國臨時憲章대한민국 임시 현장도 제정하였다(4. 11.). 그리고 대한민국의 국가구성원을 국민이 아닌 인민人民이라 하였다. 이는 대단히 중요한 용어다. 국민은 피통치자의 개념이지만, 인민은 자주적·주체적 결정권자라는 의미를 갖기 때문이다. 이어 정부 조직에 들어갔다(조각組閣). 회의 결과, 국무총리 중심의 내각책임제를 골자로 하는 정부 조직 기구를 결정하였다. 이어 뒤에 교통총장을 지내는 신석우(갑부 출신, 조선일보 사장)가 이승만(1875~1965)을 국무총리로 추천하였다. 그러자 여기서 신채호와 관련하여 문제가 발생하였다.

신채호는 이승만이 상하이임시정부 국무총리로 추천되는 것에 반대하였다. 이러한 갈등 속에서도 국무총리 후보들이 계속 추천되었다. 조소앙은 박영효를, 김동삼은 이상재를, 여운형은 안창호를, 신석우는 이동녕을 이영근(1910~?)은 김규식을, 현순(1880~1968)은 이회영(1867~1932) 등이 추천되었다. 그리고 신채호는 미국 하와이호놀룰루에서, 뒤에 大朝鮮獨立團대조선독립단(1918. 3.)으로 발전하는 大朝鮮國民軍團대조선국민군단(1914. 6. 10. 발족)을 창설한 바 있는 박용만(1881~1928)을 추천하였다. 그리고 신채호도 현창운에 의해 후보로 추천되었다. 그러나 분위기는 이승만으로 기울고 있었다. 이에 신채호는 계속하여 이승만 후보 추천에 극구 반대하였다. 반대 이유는 3 · 1 민족기의 직전에(1919. 2.) 이승만이 미국 대통령 윌슨에게 "연합국들이 장차 한국독립을 보장한다는 조건에 일본의 현 통치에서 한국을 해방시켜 국제연맹의 위임통치하에 두는 조치를 취할 수 있도록"하는 내용의 '위임통치청원서'를 제출한 일이 있었다. 신채호는 이에 대하여, 대한제국 민족의 자주 독립의 의지를 꺾고 반일민족해방투쟁에 재를 뿌리는 민족 배반적 행위라고 격렬하게 주장하였다. 신채호는 이미 당시 세계 정치 사조인 민족자결주의의 환상에서 빠져나오고 있었다. 그리고 일제의 정치음모를 꿰뚫고 있었다. 부르주아 민족주의자들의 실력양성운동, 이광수 등 나약한 문인들의 민족개량주의, 이승만 등 위탁통치론자들의 자치론 등 타협주의 입장은 일제의 모략에 말려드는 일이라고 확신하였다.

이런 신념을 가지고 있던 신채호로서는 위임통치론 등 타협론자 · 투항주의자가 정부 수반이 된다는 것은 가당치 않다는 생각이었다. 신채호는 "미국에 들어앉아 외국의 위임통치나 청원하는 이승만을 어떻게 수반으로 삼을 수 있단 말이오. 따지고 보면, 이승만은 이완용보다 더 큰 역적이오. 이완용은 존재하는 나라를 팔아먹었지만, 이승만은 아직 나라를 찾기 전에 있지도 않는 나라를 팔아먹었으니 더 큰 역적이란 말이오"(崔洪奎, 1983, 150)라고 강한 비판과 반대 입장을 분명히 하였다.

신채호의 반대 입장에도 불구하고 임시의정원은 무기명 단기식 투표로 결정하기로 했다. 막판 후보에 이승만, 안창호, 이동녕 3명으로 압축되었다. 이에 신채호는 박은식, 김창숙(1879~1962)과 함께 퇴장하였다.[23] 신채호 등이 퇴장한 가운데 밤샘 토론 끝에 무기명 투표로 결정하기로 했다. 그 결과, 이승만이 국무총리로 선출되었다(『단재 신채호 전집 8』, 540- 543). 그러나 이승만은 미국에 있는 바람에 부임하지 않았다. 이동녕이 임시로 국무총리를 대행하였다. 이승만이 국무총리에 부임하지 않는 채, 임시정부는 정식활동을 개시하였다. 신채호는 아마도 이전부터 이미 나라의 독립과 민족의 해방을 위해서는 일제는 말할 것도 없고, 어느 외국과도 타협해서는 안 된다는 타협론에 대하여 상당한 거부감을 갖고 있었던 것으로 보인다. 이로 볼 때, 앞에서도 이야기한 것처럼, 1918년 베이징에서 중국과 일제의 아나키스트들의 영향을 받아 신채호는 민중을 기반으로 하는 혁명을 하여야 한다는 아나키즘으로 사상적 진화를 본격적으로 하고 있었던 것이 아닌가 하는 생각이다.

한편 신채호는 이승만이 국무총리에 선출된 것은 못마땅하였지만, 이동녕이 대행을 하였기에 임시정부에서 활동을 계속하기로 했다. 그리하여 제5회 임시의정원(1919. 7. 9.)에서 각종 위원회가 설치되고 신채호는 자신의 의지와는 달리 전원위원회 위원장(1919. 4~9.)을 맡게 된다.

그러다가 임시의정원 제6회 회의 때(1919. 8. 18.)에 이승만의 요

---

23 어느 기록에는 이승만을 반대하는 신채호를 청년들이 옆방에 가두었다고 한다(朱耀翰, 1971, 227).

청에 의하여 의안으로, ① 국무총리제를 대통령제로 개편하는 정부개혁안, ② 임시정부 헌법개정안 등이 올라왔다. 토의 끝에 원안대로 가결이 되고(1919. 9. 6., 2차 헌법개정) 대통령 선출에 들어갔다. 현 국무총리인 이승만을 대통령으로 승계시키자는 안에, 신채호는 격렬하게 반대하다가 의정원직(충청 대표)에서 해임된다(1919. 9. 6.).

신채호가 없는 임시의정원(17명 출석)은 자연스럽게 만장일치로 이승만을 대통령으로 선출하였다. 그리고 마침내 한성 정부+대한제국민의회+노령 정부+상하이 정부가 통합된 '대한민국 임시정부'의 건국이 공포되었다(1919. 9. 11. 이하, 임정臨政이라 함). 그리고 제2차 헌법개정에서 "조선 황실을 우대한다"라는 조항이 삽입된다. 이는 임정이 봉건적 왕정 체제와 철저하게 결별하지 못했음을 시사해 준다. 신채호는 이 대목에도 불만이었다.

그나저나 이승만이 임시정부 대통령으로 선출되자 신채호는 임시정부와 결별을 선언한다(1919. 9. 11. 이전). 이후 신채호가 빠진 임시정부의 정책 노선을 보면, 뒤에 '제1차 세계대전'의 결과, 세계평화를 보장하기 위해 열린 파리강화회의(베르사유 회의, 김규식, 여운형 파견)와 미국의 워싱턴에서 열리는 태평양회의(워싱턴 회의, 1921.11.)에 대표를 파견하는 등 조선의 독립을 위해 외국에 호소하는 외교 노선을 분명히 하였다.

이에 신채호는 반임시정부의 태도를 확실히 하고 나섰다. 자연 이승만이 대통령에 선출된 것에 반대하는 세력이 형성되면서 점차 임시정부 안에서는 분열 조짐이 나타났다. 곧 신채호, 박은식, 김창숙, 박용만, 문창범, 최재형, 이동휘 등 임시정부를 해체하고 새로 창설하자는 창조파와 이승만, 안창호, 여운형 등을 중심으로 하는 새 정부 구성은 불가하다는 개조파가 그것이다. 신채호는 위임통치론, 외교론, 준비론, 참정권 등, 반무장투쟁론을 주된 전략으로 삼고 있는 임시정부의 외교 노선에 반대하면서 임정과 대립각을 세워 나갔다. 이미 신채호는 애국계몽적 저항 민족주의의 한계를 민중에 의한 무장투쟁론으로 극복하면서 아나키즘과 연결하고 있었다.

이후, 신채호는 무장투쟁론을 신념으로 가지면서 철저하게 반 상하이임시정부·반이승만 노선을 걷게 된다. 그리하여 상하이임시정부의 대변지 「獨立新聞독립신문」(1919. 8. 21. 창간, 사장: 이광수)에 대항하는 주간신문 「新大韓신대한」(1919. 10. 28. 국한문혼용)을 발간하게 된다.24 신대한 창간에는 반임정 활동을 하며 임시의정원 경상도 대표였던 김두봉(1889~?) 그리고 1921년 귀국하여 조선노동공제회의 중앙집행위원이 되는 아나키스트 신백우와 신규식 등의 도움을 받아 창간하게 된다. 신채호는 신대한의 주필을 맡게 된다.

신채호는 신대한 창간호의 창간사에서부터 임정의 독립운동 노선을 비판하기 시작한다. 이에서 보면, ① 민족주의를 가지고 일본과 싸우자(민족전쟁론). ② 자본가와 노동자의 관계 규정과 계급투쟁 강조(계급전쟁론) ③ 민족 해방의 방법론으로 자치론(이완용, 송병준 등이 주장하는), 참정권, 위탁통치론 등 외교론의 한계성 지적(반식민전쟁) ④ 무력 투쟁으로 현실의 일제를 파괴하는 것이 곧 건설임을 강조(破壞卽建設論) ⑤ 결론으로 칼과 붓으로 독립군을 지원하자(무력지원론)라는 말로 끝을 맺는다(『단재 신채호 전집 5』, 5). 이렇게

---

24 신대한신문은 주 2회 발간 목표로 발간되었다. 주필 신채호, 편집장 김두봉이었다. 신대한 사무실은 현 상하이 화이하이루에 있는 바오캉리 54호이다.

신대한이라는 반임정 계통의 신문이 발간되어 나오자, 임정 측과 일제로부터 동시에 방해 공작을 받게 된다.

임정 대변지인 독립신문의 주간主幹 이광수는 "신뢰하라, 용서하라"(1919. 12. 25일자) 등의 논설을 통하여 신채호의 논설을 계속 비난하였다. 신채호가 논리정연하게, 지배와 피지배의 불합리와 사회불평등의 인식과 함께 본격적인 민족 갈등을 강조한 점은 이번 신대한의 창간사에서다. 그리고 창간사 서두에서 "민족주의를 가지고"라는 말의 뜻은 반동·저항 민족주의가 아닌 자주적 민족주의를 뜻한다. 어찌했던 이러한 신대한 창간사에 대하여 독립신문 이광수는 "파괴는 곧 화합을 깨는 일이다"라고 비난하였다.

이를 시작으로 신대한신문은 내우외환에 빠지게 된다. 곧 여운형이 일본의 초청을 받아 일본(도쿄)을 방문하고 온 사실이다(1919. 11. 14.). 이에 상하이에 있던 독립운동가·민족해방운동가들은 상하이(上海=留滬유호)에서 '유호임시국민대회'(이하 국민대회)를 개최·기획한다. 이때 우여곡절이 있었지만, 선전위원인 신채호·원세훈·한위건 등의 주장대로 국민회의 명의의 「선포문」을 작성하여 발표하게 된다(1919. 11. 17.).

선포문에서 "여운형, 최근우(생몰미상), 신상완(1891~1951) 등이 일본을 방문한 것은 대한민국 정부와 일반 국민의 뜻과는 하등 관계가 없다. 이들이 일본에 간 것은 (일제에게) 자치와 동화에 있는 것처럼 착각될 수 있으니 이는 독립의 적이다. 따라서 이들을 사형에 처해야 한다"(『단재 신채호 전집 8』, 536)라고 여운형 등의 일제 방문을 규탄하였다. 그러나 이러한 규탄 선언문은 사실 국민대회의 의사와는 반하는 내용이었다. 그러자 임정 기관지 「독립신문」 측에서[25] 다시 제2회 유호임시국민대회를 개최(1919. 11. 29.)하고 기초위원을 새로 선출하였다(『단재 신채호 전집 8』, 535). 새로 기초위원에 선출된 사람들은 임시정부 사람이었다. 이들은 제3회 유호임시국민대회를 열어서(1919. 12. 2.) 신채호 등이 작성·발표한 선포문을 무효화하고 신채호 등의 사죄를 요구하는 결의를 하였다(『단재 신채호 전집 8』, 536-537). 이런 연유로 신채호는 임시정부와 관계가 더욱 악화되기에 이른다. 이에 임정의 대변지 독립신문과 신대한은 상반된 논리를 가지고 반박하는 등 논쟁이 가열되었다(正과 反).

임시정부 이동휘와 각료들이 적극적으로 나서 독립신문과 신대한 발행인, 주필, 기자들을 초대하여 화합을 도모하고자 했다(『단재 신채호 전집 8』, 539). 이에 대하여 이광수가 쓴, 「탈출 도중의 신채호」(『단재 신채호 전집 9』, 77-81)에서 보면, 당시 임시정부의 국무총리로 있던 이동휘는 신채호를 회유하고자, 이광수를 내세워 독립신문 주필로 초빙하고자 했다. 그러나 이승만을 대통령으로 하는 문제와 타협주의적 외교정책을 문제 삼는 신채호의 단호한 신념과 지조로 두 신문사의 갈등이 봉합되지 못하였다.

신채호가 임정의 외교일변도를 비판하는 의도에는 또 다른 의미가 들어 있었다. 그것은 이승만을 정부 수반으로 추대한 데에 불만을 가지면서 또한 그와 친근한 관계에 있는 교화주의적 준비론을 주장하는 안창호에 대해서도 비판을 함으로써 임정 지도부의 정쟁을 은근히 비난하려는 의도가 숨어있었다(최홍규, 1984, 162).

이렇게 신채호의 버팀으로 화해가 어렵게 되자, 임시정부와 독

---

25 독립신문 총무, 임정 고수파였던 옥관빈(1891~1933)과 신국권의 요구로 이루어졌다.

립신문사 측은 신대한신문을 인쇄하는 인쇄소에 압력을 가하여 신대한신문을 인쇄하지 못하게 하였다. 이 때문에 신대한신문은 18호를 끝으로 발행을 중단하지 않을 수 없게 된다(1920. 2. 18.).[26]

이러한 사실은 일제 측 정보자료에 의해서도 확인이 된다. "「독립」과 「신대한」 신문의 알력 때문에 국민대회를 열었으나 신대한의 발행금지를 하지 못하게 되자, 독립측은 암암리에 간책을 써서 신대한의 인쇄소에 비밀교섭을 하여 이들 조선인은 일본인이므로 배일排日을 결행하는 당공장에서 이를 인쇄할 수 없다는 구실을 만들게 하여 인쇄를 거절케 함으로써 신대한은 그 후 휴간할 수밖에 없게 되었다"[27]라는 자료에서 보는 바와 같이 독립신문과 임정 모두 야비한 짓거리를 했다. 특히 독립신문 사장 이광수의 행동이 이 때부터 졸렬하게 나타났다.

신대한이 폐간되면서 이에 신채호는 더 이상 상하이에 머물 필요가 없게 된다. 하여, 다시 베이징으로 이동하게 된다(1920. 4.). 이래서 신채호의 망명 여정은 1920년대로 접어든다.

여기서 잠시 일제가 신채호와 관련하여 주장하는 정치결사인 신대한동맹단(1919. 10. 설립)에 대하여 살펴보자. 신대한동맹단은 독립을 위한 실천 단체로, 그 실체가 잘 알려져 있지 않다. 다만 북경에서 반임정운동을 전개하고 있는 박용만(1881~1928)과 연관되어 있다는 것과 청년단원은 40명이고, 단장은 임시정부 창조파(임시정

---

26 신채호의 며느리 이덕남의 구두 자료에 의하면 신대한신문 폐간은 1919년 4월이었다고 한다.
27 「朝特報」 第9号(1920年 2月 18日), 金正明, 『朝鮮獨立運動』 II(東京, 原書房, 1967, 104-105).

부를 새로 탄생시키자)였던 남형우(1875~1943)였으며, 부단장은 신채호가 맡았다는 것 이외는 알려진 게 없다. 그러나 신대한이 신대한동맹단의 기관지였다는 주장에는 석연치 않은 점이 있다. 그것은 신대한동맹단의 실천적 실체가 불투명하기 때문이다.

5. 1920년대와 이후 신채호의 삶살이

신채호는 상하이에서 신대한이 폐간되자, 베이징으로 거처를 옮긴다. 그리고 반임시정부 사람들(박용만, 김창숙, 고일청 등 50여 명)과 모임을 갖고, 일제를 우리 땅에서 조속히 몰아내기 위해서는 군사통일 운동이 필요하다는 데 의견일치를 본다. 그래서 군사통일 운동의 실효를 거두기 위해, 베이징(지금의 北京市 西城区 翠花街 5号 일대)에서 第二回普合團제2회 보합단('대한민국 군정'이라는 뜻)을 조직한다(1920. 4.).

普合團보합단이란 명칭은 원래 국내의 평안북도 의주에서 김동식, 백운기, 박초식, 김중량 등이 만든 무력투쟁단체인 大韓青年決死隊대한청년결사대(1920. 3.)에서 나온 말이다. 이 단체는 국내에서와 마찬가지로, 만주 지역의 두만강과 압록강 유역으로까지 들어가 중국군과 합세하여 일제 기관에 대한 파괴, 관헌의 암살, 친일밀정 숙청 등 무력을 통한 민족해방투쟁을 하는 단체였다. 이들은 그해 5월경에 단체 이름을 보합단으로 바꾼다.

박용만, 신채호 등이 제2회 보합단이라는 명칭을 쓴 것은 국내에서 처음으로 무력투쟁을 운동전략으로 세운 보합단과 궤를 같이하는 단체라는 뜻으로 사용하였다고 본다. 국내 보합단은 일제의 탄압과 보합단원들이 대량 체포된다. 그 바람에 본부를 중국 랴오닝성 단둥시 콴뎬 만족자치현(遼寧省 丹東市寬甸滿族自治縣)으로 이전하면서, 무장투쟁을 계속해 나갔다. 신채호는 제2회 보합단의 내임장內任長(내무부장관격)을 맡게 된다.

제2회 보합단의 내면적 목적은 타협적 위임통치론 등 외교노선을 추구하는 상하이임시정부 및 임시의정원을 타도하고 무장투쟁에 바탕을 둔 독립전쟁론을 구현하는 大韓民國軍政府대한민국 군정부 성격으로 수립되었다고 보는 게 맞다.28 하여 보합단이 만주·간도 일대에서 일제 구축 운동을 벌이고 있는 각 무장독립운동 단체들과 연계하여 무력투쟁을 통한 독립전쟁을 수행하는 뜻에서 普合團(제2회 보합단)이라 하였다(『단재 신채호 전집 8』, 848). 제2회 보합단에서는 임정을 타도하는 「聲討文성토문」을 내게 된다(1921. 4. 19.).

신채호는 성토문을 내기 전에 대략 일 년간 무장독립투쟁에 의한 반일민족해방투쟁을 강화하기 위하여 5월경, 박용만, 문창범, 유동열, 김영학, 고창일 등과 함께 연해주 포크라니치니아로 건너간다. 이곳에서 연해주를 중심으로 민족해방운동을 벌이고 있는 지사들과 반일민족해방전쟁의 전개 방향에 대하여 논의를 벌인 적이 있다(1920. 6.). 연해주에 머무는 동안 지금의 중국 헤이룽장성(黑龙江省)에 있는 헤이허(黑河) 근처에 세워진 한인청년무관학교 생도들에게 클라우제비츠의 『전쟁론戰爭論』(1830)에 있는 '전쟁의 본성 － 폭력'을 번역하여 우리 역사와 함께 가르친 일이 있었다. 이 때문에

---

28 이호룡은 상하이 임정을 제1 보합단으로 하고 이에 대응으로 신채호 등이 대한민국 군정부, 곧 제2 보합단을 조직하였다고 본다(이호룡, 2013, 182).

신채호는 일제에게 강제 연행되어 미산으로 끌려가 심한 고문을 강제당하기도 했다.[29]

　일제에 혹독한 치다꺼리를 당한 후 다시 포크라니치니아로 와서 민족해방운동의 방략을 논의했으나 이들 인사들의 의견이 분분하여 연해주에서 민족해방전쟁의 가망성을 찾지 못한 채, 다시 베이징으로 오게 된다(1920. 9.). 베이징으로 돌아온 신채호는 민족해방전쟁의 방향을 잡기 위해 이회영, 신숙, 박용만 등 9명과 함께 군사단체의 통일에 관한 협의회, 곧 軍事統一促成會_{군사통일촉성회}(군사통일준비회, 1920. 9.)를 발기한다. 그리고 무장 전쟁을 하고 있는, 남만주 지역에 배달무를, 북만주·연해주 지역에는 남공선을 교섭대표로 파견하여 국민대표회의를 성립시킬 회합 준비를 모색하였다.

　신채호는 국민대표회의를 준비하는 동안 중국인들과 반일 연합전선을 구축하기 위해 임정 초기 군무부 위원을 지낸 박숭병의 도움으로 순한문체 월간지 「天鼓_{천고}」(뎐고)를 발행하게 된다(1921. 1. 박숭병의 집). 천고는 다음 장에서 다시 이야기하기로 한다.

　신채호는 국민대표회의를 준비하는 가운데 상하이에서 신채호, 김창숙(1879~1962), 박은식, 원세훈(1887~?) 등 임시정부의 요인 15인과 함께 "우리 동포에게 고함"이라는 격문을 발표한다(1921. 2.). 격문의 내용을 보면 "임시정부는 처음부터 잘못되었다. 국민대표회의를 통해서 전 국민의 의사에 기초한 통일적이고 강력한 정부수립이 필요하다"라는 내용과 함께 신채호가 주장한 '국민대표회의'를

29　姜德相, "有力不逞鮮人の動靜", 『現代史資料』 27-朝鮮 Ⅲ(東京 みすず書房 1970, 179.

소집할 필요가 있다는 내용을 담고 있다(『단재 신채호 전집 8』, 806). 이렇게 국민대표회의를 소집하기 위한 노력은 계속되었다. 그리고 제2 보합단의 내무장을 맡은 신채호는 제2 보합단 54인의 명의로, 임정 타도의 성토문을 발표한다(1921. 4. 19.).[30]

그 내용을 보면 ① 이승만, 정한경 등이 미국에 위임통치 청원서를 낸 것(1919. 3.)을 성토한다. 위임통치는 식민지가 되는 것을 뜻함으로 이를 주토誅討(죄를 물어 처벌함), 매장하지 않을 수 없다. 따라서 위임통치 청원은 무효다. ② 민족자결주의를 제창한 미국의 윌슨은 한국의 독립에 냉담하다. ③ 위임통치 청원서는 매국적 이완용, 합방론자 송병준, 자치론자 민원식과 같이 나라를 그르치는 요물이다. ④ 칼과 총, 아니면 적수공권赤手空拳으로 혈전함이 조선 민족의 정신이다. ⑤ 친일, 친미, 친영, 친러는 저들 나라의 노예가 되는 일이다. ⑥ 在美國民會재미국민회 총회장인 안창호도 이승만, 정한경의 위임통치청원을 지지하니, 그 죄책을 용서할 수 없다. ⑦ 위임통치론을 주장하는 이승만을 대통령으로 추대한 것은 그 죄가 무거워, 임시정부와 임시의정원의 철저하지 못한 독립 노선을 극렬하게 반대한다.

이렇게 이승만과 임정을 반대하는 성토문을 발표한 제2회 보합단은 전략적으로 하나, 절대독립론, 둘, 무장투쟁론, 셋, 민족혁명론을 제기하였다. 이러한 성토문은 임정의 항일투쟁노선과 분명한 차별을 두는 일로 국내·외에 큰 파문을 일으켜 나갔다. 이렇게 격문과 성토문을 통해 전달된, 국민대표회의 소집 요구에 대하여 만

---

30 『단재 신채호 전집 8』, 755-757, 성토문에 의열단 간부들도 서명을 한다.

주 지역에서도 김동삼(1878~1937), 이탁(1889~1930), 여준(1862~1932) 등이 이승만 퇴진과 임정의 개조를 요구하며 '대한민국 임시정부 개혁안'을 작성하고 국민대표회의 소집을 요구했다. 이러한 노력 등이 결집 되면서 드디어 북경시 외곽의 산파이즈화원(三牌子=暢觀樓)에서 군사통일준비회(군사통일회의)가 열리게 된다(1921. 4. 20., '준비회'로 줄임). 이 자리에, 하와이의 독립단獨立團(대표: 권승근權承根, 김현구金鉉九, 박건병朴健秉), 북간도국민회北間島國民會(대표: 김구우金九禹), 서간도 군정서西間島軍政署(대표: 송호宋虎), 국내의 대한제국민회大韓國民會(대표: 남공선) · 노동회(靑年勞動會, 대표: 김갑金甲) · 통일회統一會(대표: 신숙, 신성모, 황학수黃學秀), 국내 청년회(대표: 이장호李章浩, 이광동李光東) 그리고 러시아 연해주의 국민의회國民會議 등이 참여하였다.

이 모임에서 중국 동베이 지역의 군사적 통일을 합의하고 무장항쟁을 다음과 같이 하기로 결의하였다. 1) 중국 동북 지역의 무장독립군 부대를 통합한다. 2) 독립운동노선은 무장투쟁(유격전)으로 한다. 3) 상해 임시정부의 독립군 통솔을 인정하지 않는다. 4) 광범위한 지역에서 일제 타도를 위한 항일세력들을 하나로 묶는 '민족연합전선'을 수립하기 위해 국민대표회의를 소집한다 등이 결의되었다. 준비회의 결정에 따라 신성모(1891~1960)를 상하이임시정부에 파견하여 임시정부와 임시의정원 불신임 결의문 전달과 함께 임정의 해산을 요구하였다(대동 4, 1921. 7. 19.: 『단재 신채호 전집 8』, 726-730). 그리고 준비회의 결정대로 국민대표회의 선전 및 촉진을 위해 신채호를 주간으로 하는 국한문체의 주보 「大同대동」지를 발행하기로 했다(1921. 6. 25.).[31] 이렇게 국민대표회의 소집 노력은 적극적이었다.

국민대표회의를 발의한 신채호는 북경군사통일회의 결정에 따

라 국민대표회의 결성을 위하여 만방으로 노력하였다. 뒤에 '한국
독립유일당 베이징촉성회' 조직에 참여하는 김정묵(1739~1799), 의
병장 이범윤(1863~?)이 이끌었던 항일무장단체, 의군부(1919. 4.)에
참가하였던 박봉래(1880~1950)와 함께 '대한민국임시정부'의 개혁을
촉구하기 위해 統一策進會_{통일책진회}(1921. 5. 21.)를 발기하게 된다.

이에 신채호가 쓴 것으로 보이는 대동주보에 실린 「統一策進
會宣言書_{통일책진회선언서}」(1921. 7. 27.)를 보면, 3대 주장을 하고 있다.
곧, "① 진정한 독립정신 아래 통일적 광복 운동을 할 일 ② 정부
문제를 근본적으로 해결하여 시국을 수습할 일 ③ 군사 각 단체를
완전히 통합하여 혈전을 꾀할 일"이라는 방침을 세웠다고 되어 있
다(『단재 신채호 전집 8』, 735).

적은 규모지만 이 단체의 발기와 선언서는 군사통일준비회의
움직임과 함께 이승만에게 큰 타격을 주어, 그를 태평양회의 참가
를 구실로 상하이를 떠나게 만들었다. 그뿐 아니라 임시정부를 개
혁하기 위한 국민대표회의 소집을 촉발시키기도 하였다.

한편 임시정부 내에서도, 국민대표회의 소집 문제를 둘러싸고
기호파와 서북파가 분열하고 서북파도 여운형, 안창호는 국민회의
개최에 동의하고 김구와 이시영은 반대하였다. 여운형, 안창호 등
이 국민대표회의 소집에 동의하는 배경에는 이승만 중심 임시정부
의 핵심 외교 전략임에도 국제 사회에서 인정받지 못하고 있는 실
정을 감안했기 때문으로 보인다. 이는 이승만이 대미 외교를 위해

---

31 대동지 표지는 맨 위에 한글 풀어쓰기체로 「ㄷㅐㄷㅗㅇ」, 그 밑에 한자전서체로 大
同, 밑으로 계속하여 발행일자, 목차 등을 쓰고 그 옆에 단기檀紀로 발행날짜를 썼다.

워싱턴군축회의(태평양회의, 1921. 11. 11.~1922. 2. 6.)에 참석하려다가 개최국인 미국으로부터 문전박대당했던 일이 뒷받침해주고 있다. 당시 한국대표단은 한국 문제를 의제에 포함시켜 줄 것을 간청하는 진정서와 임시정부의 독립요구서 그리고 국내 대표(양기탁, 이상재, 서재필 등, 60개 단체 372명)들이 이름으로 연서된 한국민이 태평양회의에 보내드리는 문서인 「韓國人民致太平洋會議書한국인민치태평양회의서」(1921. 12. 28.)[32]를 접수 시켰으나, 그 요구는 받아들여지지 않았다.

결국 상하이 임정은 이러저러한 일들로 유명무실한 존재가 되고 말았다. 여기에다 1858년 중국과 러시아 간에 맺어진 아이훈조약(愛琿條約애훈조약, 1858. 5.)으로 러시아가 중국으로부터 할양받은 아무르강 유역 아무르주에 있는 자유시自由市(알렉셰프스크)에서 공산주의를 이념으로 하는 한인 민족해방세력 간의 주도권 다툼으로 민족해방세력들이 엄청난 사상자를 낸 자유시참변까지 일어나게 된다(1921. 6. 28.). 이러한 가운데 각 지역의 항일독립운동, 민족해방운동 단체와 인사들로부터 국민대표회의 소집건은 적극적인 호응을 받게 되었다. 마침내 국민대표회의준비회가 결성되었다(1921. 8. 상하이). 그리고 '소집선언서'를 발표하고, 9월 1일에 국민대표회의를 개최한다고 공고하였다. 그러나 몇 차례 회의 소집이 연기되는 등 곡절을 겪은 뒤에 국민대표회의가 개막·개최되었다(1923. 1. 3. 상하이).

이렇게 많은 반일독립운동·반제민족해방운동을 주도하는 인사들에 의하여 국민대표회의는 소집되고 신채호는 창조파(북경파)로 활약하게 된다. 국민대표회의는 상하이 프랑스 조계지 민퀴로

---

32 한국민이 태평양회의에 보내드리는 문서, 국내 1921. 9에 작성, 상하이 임정에 전달됨.

(民國路)에 있는 침례교회당에서 120여 단체, 125여 명이 모인 가운데 개최되었다.

회의는 참석자들이 임시정부 개편안을 논의하는 과정에서 세 파로 갈라져 의견이 분분하였다. 하나는 임시정부를 항일구국투쟁의 최고지휘본부로 두되 조직·기구를 새롭게 개조하자는 개조파이고,[33] 둘은 임시정부를 부정, 혁파하고 민족해방·독립운동 활동을 해온 모든 단체가 참여하는 국민대표회의가 독립·민족해방운동의 새로운 지도조직을 만들어야 한다고 주장하는 창조파[34]로 이들은 朝鮮共和國조선공화국이라는 국호를 새로 제정하였다(1923. 6.). 그리고 국민대표회의를 부정하고 이승만 중심의 임시정부를 지지하는 중도파[35]로 나뉘었다. 이렇게 각 세력의 주장이 첨예하게 대립·갈등하는 가운데, 74차례의 회의가 있었으나 성과 없이 63일 만에 토의는 종료가 되고 만다(1923. 6. 7.).

국민대표회의는 성과 없이 끝났지만, 이 영향(임시정부를 둘러싼 대립과 갈등)으로 임시정부의 존재는 유명무실하게 되었다. 이런 상황에서 상하이임시정부는 임시의정원을 개최한다. 그리고 안건은 수년 동안 독립운동가·민족해방운동가들을 혼란시켜 온 '위임통치 청원'과 기타 실정의 책임을 묻는 '임시 대통령 이승만 탄핵안(이승만대통령유고안李承晩大統領有故案)'이었다. 회의 결과 이승만 탄핵안은

33 안창호가 중심이 되는 서북파 민족주의 세력, 김동삼 중심의 서간도 서로군정서, 김철수가 중심이 되는 상하이파 고려공산당이 해당됨.
34 신채호, 박용만이 중심이 되는 북경 군사통일촉성회, 문창범, 원세훈이 중심이 되는 연해주의 국민의회, 김만겸, 한명세가 중심이 되는 이르쿠츠크파 고려공산당 등.
35 임정 옹호파: 김구, 이시영 및 미주의 교민단과 동지회.

원안대로 통과되었다(1925. 3. 11.). 그리하여 위임통치 청원은 일단 락되었다. 그리고 제2대 임시정부 대통령 겸 국무총리를 선출하였다. 이에 당시 독립신문사 사장을 맡고 있던 박은식朴殷植(1859~1925)이 선출되었다(1925. 3. 23.).

6. 신채호, 「조선혁명선언」을 쓰다

국민대표회의가 항일독립운동 · 민족해방운동을 하는 각 세력 간에 의견들이 분분하여 의견대립이 계속되고 있는 가운데 신채호는 베이징에서 의열단의 김원봉을 만나게 된다.36 국내에서는 우리 항일독립운동 · 반제민족해방투쟁을 하는 지사들에 대한 일제 경찰의 거미줄 같은 검거망 때문에 국내 활동은 거의 불가능하게 된다. 특히 아나키즘 · 사회주의 사상을 지닌 반제민족해방투쟁을 하는 지사 · 협사들은 국외에 투쟁 근거지를 두고 국내로 잠입하여 일제 기관과 관원에 대한 파괴와 테러를 감행하게 된다. 곧 반일 투쟁 전략의 변화다. 이러한 의로운 조직의 하나가 13명이 조직한 의열단이다(1919. 11. 10.).37

의열단은 중국 동베이 지린성 바호면(巴虎門: 현주소 지린시 光華路57 號) 밖 판씨여관潘氏客店에서 결성되었다(초대 단장 황상규[1890~1941]). 나중에 베이징으로 중심활동지를 옮기면서 70여 명의 비밀 단원을 확보한다. 의열단은 민족주의 계열의 大韓獨立義軍府대한독

---

36 신채호가 김원봉을 정식으로 만나기 전에도 만났을 가능성도 있다(朴泰遠, 1947, 188).

37 의열단 창설일을 1919년 11월 9일이라고 보는 연구자도 있다(金昌洙, 1981, 272).

립의군부(1919. 2. 결성)[38]가 관여하여 결성된 단체로 알려져 있다. 대한
독립의군부는 대한독립선언서(무오독립선언서)에서 "육탄혈전으로
독립을 완성"할 것을 결의한 무장단체다. 그리고 아나키즘을 이데
올로기적으로 받아들이고 있었다.

의열단에 아나키즘 사상을 심어준 사람은 유자명柳子明(1894~1985,
일명 柳興湜)으로 알려져 있다. 유자명은 3·1 민족기의 직후, 신의
주를 거쳐 상하이로 건너가(1919. 6.) 여운형을 만나 新韓靑年黨신한
청년당(1918. 8. 상하이에서 설립)과 상하이임시정부의 임시의정원의 의
원으로 활동을 하면서, 신채호의 강연을 듣게 된다. 이것이 계기가
되어 신채호와 친밀한 관계를 유지한다. 또 크로폿킨의 저서『相互
扶助論상호부조론』등을 읽으면서 아나키즘에 공감하고 있었다. 유자
명은 크로폿킨의 상호부조론이 일제 침략을 타도하는 이론적 배경
이 된다고 생각하면서 일제에 의해, 식민지 조선으로 전락한 대한
제국의 당면문제는 '계급적 모순'보다 '민족적 모순'이 먼저라고 생
각하고 있었다. 이러한 아나키즘 사고는 의열단과 관계를 맺는 인
연을 만들어주었다.

김원봉은 유자명의 아나키즘 사고에서 영향을 받았다고 한다.
이후 김원봉은 "일반 민중은 행동으로 나타난 폭력만 보고, 폭력
속에 있는 정신은 이해하지 못하고 있다. 끊임없는 폭력과 함께 꾸
준한 선전, 선동, 계몽이 필요하다"라는 아나키스트식 사고를 하고
있었다. 따라서 의열단은 행동강령으로 "구축왜노驅逐倭奴(왜놈을 쫓아

---

38 대한독립의군부는 중국 지린성에서 여준, 조소앙, 김좌진 등이 중심이 되어 결성하
  였다. 뒤에 조선독립군정사로 개칭(1919. 4.)한다.

내자), 광복조국(조국의 광복을 이루자), 타파계급(계급주의를 타파하자), 평균지권(평등한 토지소유권을 이루자)"이라는 '4대 강령'을 세워 놓고 있었다. 그리고 조선총독부, 동양척식회사, 매일신보사, 각 경찰서, 기타 왜적의 중요 기관 등을 5파괴 대상으로 정해놓았다. 이와 함께 1) 조선 총독 및 고관, 2) 일본군부 수뇌부, 3) 대만 총독, 4) 매국노, 5) 친일파 거두, 6) 적탐(밀정), 7) 반민족적 토호열신, 민족 탄압 세력과 손잡고 인민을 착취하는 대지주나 자본가 등을 반드시 처단해야 할 '적7가살'로 규정하였다. 따라서 의열단은 철저하게 파괴와 테러를 가하는 전술 활동을 그들의 목표로 삼고 있었다(조지훈 1964, 678; 이원규, 2019, 32). 이렇게 의열단에 대하여 핵심적 내용을 설명하는 것은 신채호의 「조선혁명선언」을 이해하는 토대가 되기 때문이다.

　베이징을 찾았던 김원봉은 유자명의 소개로 신채호와 상면하게 된다. 김원봉은 신채호를 만난 자리에서 단재를 상하이로 초대한다. 김원봉과 함께 상하이로 간 신채호는 그곳에서 의열단의 '폭탄 제조소'(이종호 집을 개조한)를 시찰하게 된다. 폭탄은 헝가리 기술자를 고용하여 제조하고 있었다. 신채호는 이를 보고 가슴이 두근거림을 느꼈다. 감동이다. 그런 연후에 김원봉은 단재에게 의열단의 "독립운동이념과 방략을 이론화"하는 「義烈團宣言 의열단선언」의 작성을 부탁한다(1922. 12., 43세). 폭탄의 위력을 목격한 데다, 김원봉으로부터 '의열단선언문'을 집필해 달라는 요청을 받은 신채호는 의열단의 직접적 투쟁방식이 자신의 평소 신념과 일치한다는 생각에서 김원봉의 부탁을 받아들인다. 그리고 1개월 뒤에 '의열단선언문'을 작성하여 김원봉에게 넘긴다(1923. 1.). 신채호는 「의열단선언」의 제목을 「조선혁명선언」이라고 하였다. 이에 「의열단선언」은 「조선혁명선언」이 된다.

의열단은 「조선혁명선언」을 소책자(팸플릿)로 인쇄하는 한편, 일제 조선 총독에게 경고하는 경고 전단, 「조선총독부 관공리에게」도 함께 인쇄하였다(김창수, 1981, 289). 이로 보았을 때, 신채호는 「의열단선언」(「조선혁명선언」)을 쓰면서 자신이 지녀왔던 이제까지의 자주적 민족주의+민중적 민본주의 사상에다 아나키즘을 이데올로기적으로 융합하여 '자기사상화'한 것으로 보인다. 신채호는 그가 황성신문 주필로 있을 때(1905) 고토쿠 슈스이의 장광설을 읽고 사회주의 사상으로서 아나키즘을 인식은 하였지만, 이데올로기적으로 무장을 한 것은 아니었다. 그러다가 북경에서 중국 아나키스트들과 대화를 나누고 또 그들이 만든 잡지 천의보를 통하여 아나키즘 싹을 배양하였던 것으로 본다(1913). 그리고 러시아의 볼셰비키혁명에서 자극되고 국내의 3·1 민족기의를 보면서 역사철학적 인식도 아나키즘으로 하게 되는 것으로 본다. 그의 사상의 결집과 역사철학적 인식이 「조선혁명선언」에서 응집된 것으로 보인다.

일부 연구자들이 「조선혁명선언」이 의열단이라는 단체의 강령과 투쟁방식을 대변한 선언문이라고 말을 하고 있다. 그러나 신채호가 1910년대부터 사상적으로 진화하면서 역사철학적 인식에도 변화가 왔다는 것을 앞에서 보았다. 따라서 「조선혁명선언」은 의열단의 강령과 투쟁방식을 자신의 역사철학적 인식으로 풀어낸 '민족해방선언'이었다고 말할 수 있다. 바꾸어 말하면, 의열단의 투쟁방식을 신채호 자신의 무력투쟁론인 '민중에 의한 직접 혁명론'으로 전환시켰다. 곧, 민중직접혁명론은 신채호의 반일민족해방투쟁의 핵심 사상이다.

어찌했든, 신채호는 「조선혁명선언」을 쓰면서 자신이 이제까지 가지고 있던 단순한 '무력투쟁론'을 보다 적극적이고 구체적인 '대응폭력투쟁' 이론으로 발전시켰다고 볼 수 있다. 대응폭력은 제국주의 침략, 곧 강자의 폭력에 대한 약자가 분출하는 폭력을 의미한다. 강자의 폭력이 없으면, 약자의 폭력도 없다는 이론이다. 이 얼마나 멋진 폭력이론인가. 신채호는 일제의 침략 폭력에 저항하는 대응폭력, 곧 '민중 직접 혁명'을 혁명 투쟁의 핵심 이론으로 승화시켰다. 신채호의 아나키즘과 관련한 역사철학적 인식은 다음 장에서 다시 이야기하기로 한다.

신채호는 상하이에서 「조선혁명선언」을 발표한 후에 두 가지 이유로 베이징 근교의 관인시(觀音寺)39로 들어간다(1924. 3. 11.).

관인시로 들어가게 된 사유를 보자. 하나는 「조선혁명선언」을 집필하고 나서 생활고를 해결하기 위하여 집필에 열중해야 했던 점. 다른 하나는, 신채호의 노력으로 개최된 국민대표회의(1923. 1. 3.~6. 17.)가 결론 없이 끝나면서, 심적 고통과 함께 외부와 연락을 끊고 조용히 있고 싶은 회심이 일면서 잠시 절에 들어갔던 것으로 보인다. 대략 12개월(1924. 3.~1925. 4.)간 머물면서 불교의 깊은 진리도 깨닫게 된다. 그리고 『維摩經유마경』, 『楞嚴經능엄경』, 『大乘起信論대승기신론』 등 불교 서적을 친구들에게 읽어보기를 권한다(이만열, 1990, 44). 이러한 연구지식을 바탕으로 『조선사』, 『조선상고사』의

---

39 관인시, 관음사는 현재 베이징 신화통신사 건물 자리인 베이징시 선무문내상방교에 있었다.

계속 집필과 『前後三韓考전후삼한고』 집필에도 들어간다. 이를 두고, 연구자들이 신채호가 관인시에서 승려 생활을 하였다고 하나, 절에 들어가 집필을 하다 보면 자연스럽게 그곳 승려들의 생활에 따라 생활했을 것으로는 본다. 그 자신이 불교에 귀의한 것 같지는 않다. 신채호가 관인시에 머무는 동안 아나키스트 이회영, 김창숙, 유자명 등을 만나 반일민족해방전쟁의 방략에 대하여 논의를 자주 하였던 것으로 보인다. 이로 보아, 1923년 「조선혁명선언」을 발표한 이후, 신채호가 주로 만나는 의인들은 아나키스트들로 보인다.

한편 항일비밀결사단체인 『多勿團다물단』(1925. 4. 결성)의 선언문을 기초해 주었다는 주장도 있으나, 그 기록은 찾을 수 없다. 후일 다시 살펴보기로 한다.

신채호는 「조선혁명선언」를 발표한 이후 아나키스트로서 사고와 행동을 뚜렷이 보이게 된다. 이 시기에 베이징 관인시에서 허황되고 실속이 없는 사람이 새해에 생각 없이 쓴 글이라는 "浪客의 新年漫筆낭객의 신년만필"(1925. 1. 2. 동아일보)을 발표한다. 이 수필에서 아나키스트의 경향이 뚜렷하게 나타나고 있다. 곧 크로폿킨의 상호부조론에 영향을 받았음을 숨김없이 토로하고 있다. 크로폿킨을 석가, 공자, 예수, 마르크스와 함께 세계 5대 성인으로 묘사한 신채호는 이 수필에서 우리 역사에 대하여 이야기하되, 식민지 조선의 상태를 "環海환해(바다로 둘러친) 삼천리가 일개 大監獄대감옥"상태라고 하였다. 또 "송곳을 박을 땅도 없이 타인에게 빼앗기고"라고 전제를 한 다음, 민족의 자유, 계급의 평등 등, 혁신적 사회혁명을 거론한다. 그리고 소작인의 농민 운동도 있어야 함을 강조하고, 친일화하는 유산계급을 일본과 같은 적으로 규정하였다(『단재 신채호 전집 6』,

585). 또 "상류사회를 그리는 예술지상주의 문예를 장음문학獎淫文學 (독자를 미혹에 빠지게 하는 글)이라고 비탄하고(이광수 문학 등) 글쟁이 의 글은 사회적 비판을 가진 '참여문학'이어야 한다"라고 강조한다 (『단재 신채호 전집 6』, 589). 이와 함께 지배층을 교활한狡猾漢(더럽고 간 사한 놈)으로 표현하고 있다. 이로 보았을 때 「낭객의 신년만필」은 "자주적 민족주의+민본적 자유주의+해방적 아나키즘=혁신적 색 채"를 띤 수필이라 할 수 있다.

이 수필이 자주적 민족주의 색깔을 띠었다는 것은 "우리 조선사 람은 매양 이해 이외에서 진리를 찾으려 하므로, 석가가 들어오면 조선의 석가가 되지 않고, 석가의 조선이 되며, 공자가 들어오면 조선의 공자가 되지 않고, 공자의 조선이 되며, 무슨 주의가 들어와 도 조선의 주의가 되지 않고 주의의 조선이 되려 한다. 그리하여 도덕과 주의를 위하는 조선은 있고 조선을 위하는 도덕과 주의는 없다. 아! 이것이 조선의 특색이냐, 특색이라면 특색이나 노예의 특색이다. 나는 조선의 도덕과 조선의 주의를 위하여 곡하려 한다" (현대 문체로 고쳐 씀,『단재 신채호 전집 6』, 583). 여기서 신채호의 민족 주의는 반동 · 침략 민족주의나 저항 민족주의가 아닌, 식민지 민족 의 해방 차원에서 제기하고 있는 자주적 민족주의임을 알 수 있다.

7. 「용과 용의 대격전」을 쓰다

이어 1926년(47세)에 들어서면 신채호가 아나키즘의 이론에 영 향을 받아 본격적인 아나키로서 실천적 행동을 보인다. 이때부터 아나키즘 단체에도 가입한다. 곧 在中國朝鮮無政府主義者聯盟

재중국조선무정부주의자연맹(1924. 4. 조직)의 가입이 그것이다.

신채호는 국내에서 조직되는 신간회(1927. 2. 창립)에도 국외발기인으로 참여하게 된다. 신간회는 '민족유일당민족협동전선'이라는 표어 아래 민족주의 진영과 사회주의 진영이 제휴하여 창립한 민족운동단체이다. 신채호는 신석우, 안재홍, 문일평, 홍명희, 이관용, 한용운韓龍雲(1879~1944), 권동진, 이상재, 이승훈, 조만식, 한기악, 이갑성 등과 함께 국외 발기인으로 참여하게 된다(『단재 신채호 전집 8』, 927). 신채호는 처음에 안재홍이 신간회 참여를 권유하였으나 거절하다가 홍명희의 간절한 부탁으로 가입을 하게 되는 것으로 보인다.

이어 신채호는 중국 광둥(廣東)에서 중국인 슈지안(黍健)의 발의로 조직되는 『無政府主義東方聯盟무정부주의동방연맹』(1927. 9. 창립)[40] 창립대회에도 아나키스트 이지영李志永(다른 이름: 이필현李弼鉉)과 함께 아나키스트 대한제국 대표로 참석한다. 이로 보았을 때, 1928년은 신채호(49세)의 아나키즘 활동이 가장 활발하였던 시기로 보인다. 「조선혁명선언」을 쓴 이후, 아나키즘에 바탕을 둔 역사철학적 인식도 확고히 하는 것으로 나타난다. 곧 신채호는 1928년을 혁명기원의 해로 보았다. 그래서 「조선혁명선언」을 쓴 이후, 「豫言家가 본 戊辰」(예언가가 보는 새해 무진년, 1928. 1. 1.), 「宣言」(선언, 1928. 4.), 「龍과 龍의 大激戰」(용과 용의 대격전, 1928.) 등 수필과 소설을 쓰게 된다. 이들 글에는 고토쿠 슈스이의 『기독교말살론』에서 영향을 받은 내용들이 많이 들어 있음을 본다.

「예언가가 본 무진」에서는 "우리는 아무 소유가 없다. 소유가

---

40 무정부주의동방연맹: 조선, 중국, 일본, 대만, 안남, 인도 등 6국 민족대표 120명 참석

있다면 오직 고통 그것뿐이다. 고통의 인생도 죽기 전에는 이제나 나을까 하는 미망微望(희미한 작은 바람)이 있음으로 미신이란 동무가 따라다닌다. … 비결가의 예언으로나 신년 무진을 맞이하자. … 무진, 기사 두 해는 역대 조선의 비결가가 조선의 신운명을 개척하는 길한 해라고 하여 대단히 보배처럼 보던 해다. … 진사성인출辰巳聖人出(진사년에 성인이 나온다)에서 진사는 다른 갑자의 진사가 아니요, 오죽 무진기사(무진년은 1928년, 기사년은 성인이 태어나는 길일이다)로 인정하여 온 까닭이다. … 단군 왕검의 조선 건국이 무진기사에서 시작하였다. … 궁예의 후고구려도, 신라의 삼국 통합도 무진기사에서 시작하였다. 조선의 건국도 무진기사다. 금년이 무진기사다"(현대문체로 고쳤음, 『단재 신채호 전집 6』, 596)라고 함으로써, 역사를 통해 무진년의 의미를 추적하면서 1928년이 '조선 성년의 해'가 될 것으로 믿었다.

'조선 성년의 해'를 「선언」이라는 글에서는 "우리의 세계 무산대중을 물고 깨물어 먹어온 자본주의 강도 제국의 야수군(짐승 무리)들은 배가 터지려 한다. … 동방 식민지 민중은 음참(어둡고 비참한) '불생존의 생존不生存의 生存(살 수 없는 환경에서 겨우 버티어 살고 있다는 뜻)을 가지고 있다. … 저들은 수천년 묵은 괴동물(도깨비 같은 짐승)이다. … 강도적 야수다. … 우리 민중은 깨달았다. … 혁명의 북소리가 … 포화를 개시하였다(선전宣戰) … 우리 무산민중의 최후 승리는 확정 필연의 사실이다. 우리 동방 민중의 혁명이 만일 급속도로 진행되지 않으면 동방 민중은 그 존재를 잃어버리게 된다"(『단재 신채호 전집 7』, 393-395)와 같이 (일제의 의해 만들어진 현실의) 모든 것을 부인하고 모든 것을 파괴하라는 대계(온천지)를 울리는 혁명의 북소리가 울리는 해라고 단언하였다.

「용과 용의 대격전」은 우화 형태의 혁명소설이자, 역사 소설이다. 여기서 드래곤(민족의 용)에 의한 정체적 건설이 이뤄지는 날은 「선언」의 "무산계급의 진정한 해방을 일구는 날"이라고 하였다. 무산민중의 최후 승리는 확정·필연의 사실이라고 단정하였다. 이렇듯 1928년은 일제에 대한 파괴와 민족혁명을 통해 민중이 진정한 해방을 찾는 첫해라고 하였다. 이어 1928년에는 드래곤이 나타나 기의(정의로움을 일으킴)와 혁명을 꾀함으로써 허망한 천국天國(일제)은 멸망할 것이라 예언을 하였다. 신채호는 하늘의 세계를 상상의 개념으로 이해하고 인간이 하늘을 절대적으로 인식하는 태도를 비판하였다. 신채호는 이 글에서 하늘을 상제(하나님)가 있는 천국의 상징으로 나타냈다. 상제와 천국은 인간과 지국의 상대개념으로 그렸지만, 하늘의 존재는 땅의 존재를 억압하는 폭력의 상징으로 그렸다. 그리고 허상적 상제와 대적하면서, 지국(조선 땅)에 존재하는 민중을 대변하는 용(미리)의 존재를 주인공으로 내보냈다. 그리고 용을 민중의 희망으로 그렸다. "나리신다, 나리신다, 미리(龍) 님이 나리신다. 新年신년이 왔다고, 新年 戊辰무진이 왔다고, 미리 님이 東方동방 亞細亞아시아에 나리신다"와 같이, 미리 님(용)은 민중의 염원을 대변하는 존재다. 그래서 민중의 개념을 부자와 귀한 자들과 대비되는 헐벗고 굶주린 빈민으로 그렸다. 곧 무산계급이다. 무산계급이 혁명을 통하여 최후의 승리를 거둔다고 예언하는 내용을 담고 있다.

신채호는 종교적인 상상의 천당을 현실의 일제와 비견하여 허망한 천당과 함께 일제가 멸망할 것을 예언하기도 하였다. 이 소설에서 신채호는 그리스도교를 다음과 같이 비판한다. "그리스도교가

예수를 이용하여 부활 신앙으로 몰고 가면서 인간을 구원하는 것처럼 보여주고 있다. 그렇지만 실상은 종교적 깃발을 중심으로 망국 민중과 무산민중을 일시적으로 속여 천국에 대한 허망한 기복신앙만을 강조하고 현실의 모순을 자각하지 못하는 데 일조한다." 결국 "기독교 정신은 강권자와 지배자의 편의를 보호하기 위한 이념의 일환인 셈이다"라고 말함으로써, 그리스도교 무용론을 이야기한다.

이러한 그의 소설 내용은 고토쿠 슈스이의 기독말살론에서 영향을 받은 것으로 보인다. 신채호에게 있어서 예수교(그리스도교)와 천당 운운은 늘 진화 · 진보해 나가는 '인간 정신의 혁명성'을 마비시키는 정신세계로 보았다. 이는 신채호가 고토쿠 슈스이처럼 아나키즘의 관점에서 종교 · 신앙적 정신세계를 부정하는 태도였지 싶다.

한편 신채호는 여기서도 아나키스트식 혁명을 강조하였다. 민중 직접혁명론이다. 혁명을 통하여 무권력의 상태를 만든 다음, 드래곤에 의한 정체적 건설이 이루어지면 무산민중의 최후 승리가 오는 것은 확정 · 필연의 사실이라고 단정하였다(『단재 신채호 전집 7』, 6-20).

이 세 가지 글들에서 나오는 공통된 주제어는 '무산대중', '무소유', '혁명', '파괴', '건설', '세계(동방)' 등이다. 이러한 용어들을 거침없이 쓰고 있는 신채호는 분명 아나키즘으로 사상적 무장을 하고 있다는 것을 알 수 있다. 「용과 용의 대격전」의 무대는 대한나라다. 곧, 소설의 무대는 우리 민족이다. 따라서 신채호는 민족의 자주적 생존을 핵심으로 인식하고 있었다. 이는 '자주적 민족주의'를 사상적 기저로 삼고 있음을 말해준다.

그런데 신채호는 1925년부터 우리 민족만을 강조하지 않는다. "세계무산대중"이라는 용어를 함께 쓰고 있다. 이는 신채호가 지협

적 저항 민족주의에서, 보편적 자주민족주의로 사상적 진보를 했다
는 것을 말해준다. 한편, 그는 『道德도덕』이라는 글에서도 '국수적
도덕주의'를 강조하고 있다(『단재 신채호 전집 7』, 167). 이는 신도덕을
말한다. 전통적 유가사상에 바탕을 둔 낡은 도덕이 아니라 신국민
이 갖는 신도덕주의로 무장된 새로운 민족의 국수주의를 말한다.
이로 보았을 때, 1920년대 진화된 신채호의 역사철학적 인식은 '자
주를 생명'으로 하는 민족정신 · 민족주의에다 아나키즘의 권력무용론
을 융합한 '민족주의+아나키즘(시대적 한계성을 지닌)'이 나오게 된다.

8. 아나키스트로서 최후의 삶

신채호의 아나키스트 길을 찾아가기 전에 여기서 잠시 민족의
개념에 대하여 생각해 보자.

우리가 일반적으로 말하는 민족이라는 개념은 유럽의 자본주의
와 연결되어 나온 개념이다. 곧 자본주의와 함께 나타나는 민족국
가의 민족 개념이다. 그러나 자본주의의 사주를 받은 제국주의에서
나타나는 부르주아적 '반동민족주의'에서 보이는 민족의 개념은 식
민지 사회의 '저항 민족주의'에 부딪히면서 자주성 · 주체성을 생명
으로 하는 새로운 철학적 원리로 자리매김을 하게 된다. 하여 어느
사회이건 같은 역사, 같은 언어, 같은 문화를 지닌 사회적 집단을
나타내는 개념으로써 민족이 새로 탄생하게 된다. 제국주의적 민족
국가의 민족이 아닌 '자주성을 생명으로 하는 민족'이다. 따라서 한
민족을 이루는 일정 지역의 사람들은 자주성을 가진 사회적 존재로
승화된다.

자주성을 가진 민족 구성원은 다른 억압자가 와서 자기 민족을 유린하고 억압하면, 즉시 항거하고 저항한다. 곧 자주 민족을 수호하려는 본능이다. 신채호는 이러한 자주를 생명으로 하는 민족 개념에다 아나키즘을 이데올로기적으로 접목한다. 곧 '민족 아나키즘'이다. 신채호는 자신의 사상을 딱히 민족 아나키즘이라고 말한 적은 없지만, 글쓴이 입장에서 신채호의 1920년대 이후 역사철학적 인식은 분명 민족주의와 아나키즘이 융합되어 나온다고 보아서 글쓴이 나름으로 신채호에게 붙여보는 용어이다.

민족 아나키즘에서는 민족국가는 존재하지 않는다. 민족공동체 사회만이 존재한다.[41] 이렇게 보편적 '민족 아나키즘'으로 역사철학적 인식을 확고히 하게 된 신채호는 1924년부터 교류하고 있던 타이완 출신 청년 아나키스트 린빙원 그리고 일제 본토의 아나키스트 단체인 흑우회에서 활동을 하였던 대한나라의 유학생 이필현李弼鉉(일명 李志永, 1902~1930)과 함께 텐진에서 열리는 無政府主義東方聯盟무정부주의동방연맹 창립대회에 한인 대표로 참석한다(1928. 4.). 이때 신채호가 재중국조선무정부주의자연맹(無聯), 베이징회의에서 작성·발표한 「宣言선언」을 채택한다(無政府主義運動史編纂委員會, 1978, 310).

그리고 다시 무정부주의동방연맹 조직을 국제적으로 확대하기 위하여 신채호는 난징에서 한국, 중국, 일본, 필리핀, 대만, 베트남 등 각국의 아나키스트들을 모아서 東方無政府主義者聯盟동방무정부주의자연맹을 결성한다(1928. 7.,『단재 신채호 전집 8』, 918). 이렇게 국제적인 아나키스트 단체가 만들어지자, 이들은 ① 폭탄·총기공장의

---

41 신채호는 아나키즘을 수용한 이후, 국가란 개념보다는 사회 공동체 용어를 많이 썼다.

설치, 독일 기술자의 고용 ② 일제 고관의 암살과 시설 및 기관의 파괴 ③ 항일선전문(1928. 4.)의 발송과 기관지(『東方동방』)의 발행을 결의하였다.

신채호는 이 사업에 소요될 자금(당시 돈 6만 4천 원)의 조달계획을 세운다. 외국환을 위조하여 자금을 마련하기로 했다. 그리하여 베이징 교통부 소속 우편사무관리국郵務管理局에서 외환업무계外國爲替係에 근무하던 대만인 린빙원과 비밀리 계획하여 화베이물산공사(華北物産公司)가 발행하는 외국환(린빙원이劉文祥, 일명 劉孟源 앞으로 보내는 위조 외국환) 200장을 위조 인쇄한다. 그리고 북경우편관리국을 통해 타이완의 타이베이 지룽(基隆)과 타이중(臺中), 타이난(臺南), 가오슝(高雄), 뤼순(旅順), 다이렌(大連), 일제국 내륙, 연변의 관동조선주(關東朝鮮州: 중국 연변조선족자치주지역) 등 32개 우체국으로 유치위체留置爲替로 나누어 보냈다(『단재 신채호 전집 8』, 918). 그리고 위조 외국환의 현금화를 위해 린빙원은 관동조선주 지역을, 이필현은 일본 지역을, 신채호는 대만 지역을 담당키로 하였다. 그리고 실행을 위해 세 명이 베이징을 떠나 맡은 지역으로 출발하였다(1928. 4. 25.). 만주관동지역을 담당한 린빙원은 다렌의 뤼순우체국에서 위조 외국환을 현금화하여 나오다가 쥐도 새도 모르게 일경에 체포되었다(1928. 4. 27., 1928. 8월 옥사). 이러한 사실을 모르는 채, 대만 지역을 담당한 신채호는 중국인 차림으로 베이징에서 배편으로 텐진 → 일제 본토(큐슈 지역의 모지코)로 갔다가 다시 배편으로 타이완에서 내려 타이베이 지룽 우체국으로 가서 위조 외국환을 현금화하는 과정에서 잠복하고 있던 일제의 지룽 경찰에 억울하게 붙잡힌다(1928. 5. 8., 『단재 신채호 전집 8』, 919). 이리해서 신채호는 현재 타이베이 지룽시 방재대루가 들어서 있는 당시 지룽경찰서로 강제로 연행된다. 그리고 가혹한 심문을 당하게 된다(허원, 2019, 205-236).

이 사건으로 강제 연행된 사람은 린빙원과 신채호(49) 외에 이필현(28), 의열단원 이종원(26), 중국 상인 양지칭(29) 등 5명이다(『단재 신채호 전집 9』, 918-919). 이들은 만주괴뢰국 다롄의 일제 경찰서에 수감되어 심문을 받고 다롄 지방법원에서 재판을 받게 된다(1929. 2. 12., 『단재 신채호 전집 8』, 912). 재판에서 중국인 양지칭은 석방되고, 이필현은 일제 밀정(김천우)의 살해 및 시체유기 혐의로 사형을 받게 된다. 그리고 신채호는 10년형 선고를 받는다(『단재 신채호 전집 8』, 925). 제2차 공판 때 일이다. 재판장이 신채호에게 "사기행각이 나쁘다고 생각하지 않느냐"는 질문에 "우리 동포가 나라를 찾기 위해 취하는 수단은 모두 정당한 것이니 사기가 아니며, 민족을 위하여 도둑질을 할지라도 부끄러움이나 거리낌이 없다"라고 답변하기도 했다(『단재 신채호 전집 9』, 444).

'10년 징역형'을 받은 신채호는 지금 중국 랴오닝성 뤼순시 뤼순커우구의 『旅順日俄監獄舊地博物館뤼순일아감옥구지박물관』으로 변해버린 뤼순감옥에 강제 수감이 된다(1929. 2. 12., 『단재 신채호 전집 8』, 912). 뤼순감옥은 차디찬 시멘트 바닥에 깔고 자는 요도 형편없었고 덮는 이불도 아주 얇았다. 게다가 일제 감옥의 식사라고는 상상하기 어려울 정도로 열악하였다. 신채호는 이러한 식음과 취침 환경에서 영하 20도를 오르내리는 혹독한 추위를 견뎌야 했다. 더구나 낮에는 추운 날씨에도 불구하고 노역이라는 중노동에 강제로 끌려나가야 했다.

신채호는 이러한 영어囹圄의 환경에서도 많은 글을 남긴다. 그중, 동아일보에 연재(1924. 10. 20.)된 것이 "三國史記中東西兩字相換考證삼국사기중동서양자상환고증", "三國志東夷列傳校正삼국지동이열전교정", "前後三韓考전후삼한고", "朝鮮歷史上一千來第一事件조선역사상일천래사건"등 총 6편이다. 이를 한데 모아 뤼순감옥에서 『朝鮮史硏究艸』라는 단행본으로 묶어 조선도서주식회사에 맡겨 단행본 논문집 『朝鮮史硏究艸조선사연구초』를 세상에 내놓는다(1929. 6.).

신채호는 옥살이 기간 중에 안재홍과 연락이 되어 자신이 체포되기 전에 지인(1888~1938)에게 맡겨두었던 원고를 받아 朝鮮日報조선일보(1931. 6. 10.~10. 14.)에 이를 연재하도록 한다. 이것이 『朝鮮上古史조선상고사』다.

조선상고사는 원래 제목이 베이징 관인시에 거주하기 전부터 써온 『朝鮮史조선사』다. 조선사는 나중에 안재홍이 자신의 서문과 함께 종로서원에서 『조선상고사』로 고쳐 미완성의 단행본으로 출판하였다(1948). 『朝鮮上古文化史조선상고문화사』도 조선일보에 연재되나(1931. 10. 15.~12. 3., 1932. 5. 27.~31.) 옥사하는 바람에 미완성에 그치고 만다.

뤼순감옥에서 신채호의 건강 악화가 계속되자, 감옥소 측에서는 보증인(친구 1인+친일파 부호 1인)을 세우면 보석 출감을 시키겠다고 통보해 온다. 이에 신채호는 친일파 보증인으로 보석 석방은 하지 않겠다고 거절을 한다(신채호의 변함없는 지조를 본다). 결국은 추위와 건강 악화로 뇌일혈(뇌출혈과 같은 말로 뇌 안에서 피가 흐르는 병세)이 일어나(1936. 2. 18.) 의식불명의 상태가 되었다.

일제 감옥소 측은 국내에 있는 아내 박자혜에게 "신채호 뇌일혈, 의식불명, 생명 위독"이라는 전보를 쳤다(『단재 신채호 전집 8』, 935). 이 전보를 받아든 박자혜는 강하디 강한 성격임에도 혼절을 하고 만다. 박자혜는 정신을 수습하고 급히 서둘러 아들(신수범, 당시 16세), 윤세복, 김동삼 등과 함께 대동청년단을 조직한 바 있고 신흥무관학교에서 교관을 지낸 바 있는 서세충(1888~1957)과 함께 험난한 통행 끝에 뤼순감옥소를 찾았다(뤼순 도착 20일 오후 3시 20분). 그러나 신채호의 의식불명으로 면회가 안 되었다. 이튿날(21일) 오전 9시경 면회를 신청하였으나 역시 신채호가 의식불명에서 깨어나지 못하여 면회를 또 할 수가 없었다. 결국, 신채호는 그날 오후 4시경, 고난의 여정으로 생긴 독을 풀지 못하고 부인과 아들(신수범)의 얼굴조차 보지 못한 채 4년 전 이회영이 애달픈 삶살이를 마감했던(1932. 11. 17.), 그 얼음장 같이 차가운 감옥소의 철창 안에서 고난의 삶에 오메가 포인트를 찍고 말았다(1936. 2. 21., 향년 57세).

박자혜는 감옥소 측에서 넘겨주는 유품을 받아들었다. 판결문 1통, 상아도장(유맹원이라 새겨진), 수첩 2권, 크로폿킨사상집 1권, 안재홍의 백두산등척기 1권, 이선근의 『조선최근세사』 1권, 중국 돈 1원, 10통의 편지 등 반복이다. 민족해방투쟁가의 아내 박자혜는 비통한 울음을 터트리며 감옥소 밖으로 나왔다. 박자혜의 울음은 남편의 죽음에 대한 설움보다도 노예살이를 하는 우리 민족의 비애가 가슴 깊이 파고 들어오는 고통의 눈물이었다. 부창부수다.

신채호의 주검은 뤼순 화장터에서 불꽃이 되어 괴물 일제의 핍박이 없는 자유의 하늘로 날아올랐다. 얼음장 같은 괴물 뤼순감옥을 뒤로 하고 그는 하얀 연기가 되어 그리운 조국을 향해 구름을 타고 먼저 조국 하늘로 향하였다(1936. 2. 22. 오전 11시). 민족혼이 빠져나간 신채호의 주검, 한 줌의 재는 박자혜, 신수범, 서세충에 의해 서울로 운구가 되었다. 그들은 기차편으로 서울역에 도착을 하였다(1936. 2. 24.).

　서울역에 도착하자 바람으로 지체할 틈도 없이 단재가 살아온 고향 청주로 향하였다. 한밤에 도착하였다. 밤이 늦어 신백우네 집에서 일박하고 이튿날 그가 망명 전 어린 시절 자라온 터요, 할아버지와 아버지가 묻혀계신 고두미로 향하였다. 그러나 일제 관할 행정부서는 조선민사령[42] 공포 이전에 망명하여 식민지 조선인의 호적에 등재된 사람이 아니라는 이유로 매장을 못하게 하였다. 오호, 애통하도다. 이런 슬픔이 또 있나. 그가 「고시문」에서 "일신의 몸을 누일 땅이 없다"라고 말한 것처럼 "내 땅 내 조국에서도 묻히지를 못하다니. 원통하도다"하여 박자혜는 남편의 유골을 몰래 암장을 할 수밖에 없었다. 이 때문에 낭성면장(산동 신 씨)은 파면되고 만다.

　일제의 방해로 여러 해 민둥묘로 지내야 했다. 그러다가 1941년 한용운, 오세창(비문을 씀), 신백우 등 3인의 주선으로 묘비를 제작하여 묘 앞에 세우니 비로소 묘다워진다. 죽은 신채호는 그렇다고 하더라도 남아있는 아들 신수범은 「조선혁명선언」을 쓴 빨갱이의 아들이라는 낙인이 찍히어 남한의 반공독재 권력(이승만, 박정희)들에 의해 온갖 정신·물리적 고통을 받으며 살아가야 했다. 오호 애통하도다.

---

42 조선민사령: 制令 제7호. 1912. 3. 18., 「관습호족에 관한 법률」

2장

1900년대 사회진화론적 민족주의

1. 1900년대 국내·외 역사 상황

　신채호가 처해 있던 1900년대 조선의 모습은 처참 그 자체였다. 일제의 한·조선반도에 대한 야만·강도적 침략이라는 급박한 상황에서 유가 집단의 지식인들과 관료들은 나약한 생각과 일신의 영달만을 꿈꾸며 부일·친일하는 자세로, 부귀의 지속적 향유라는 야욕을 갖고 나라 팔아먹기에 급급하였다. 이에 개화 지식인들은 사회진화론적 침략·반동민족주의로 무장한 열강들이 조선의 영토를 노리고 들어오는 시점에서 역시 사회진화론에 바탕한 저항 민족주의로 사상적 무장을 하고 생존 경쟁·우승 열패적 국권 회복을 위한 애국계몽운동을 전개하게 된다. 그리하여 을사늑약 체결 시기(1905~1910), 애국계몽운동의 기본 성격은 내적으로 나라·민족의 위기의식에서 출발하고 외적으로는 사회진화론의 영향을 받게 된다(이광린, 1979, 255). 신채호도 일신의 영달을 버린 채, 나라와 민족을 구하고자 제국주의를 타도하는 대열에 끼게 된다.

19세기 말부터 20세기 초는 ① 일본 제국주의의 우리 땅에 대한 침략 정책의 노골화 ② 반민중적 봉건 통치 계급의 반민족적 매국 행위의 잔악화가 이루어지는 상황이었다. 그렇지만 '선한 의지'를 가진 지식·지성인들은 나라의 근대화와 나라 지킴을 위해 애국계몽운동(국권 회복과 내수외학內修外學)을 전개해 나갔다. 애국계몽운동의 사상적 바탕은 '사회진화론에 바탈을 둔 민족주의 사상'이었다. 곧 민족적 각성(애국애족)의 고양+자유민권사상을 통한 민족주의 사회 확립이었다. 그래서 당시 설립되는 문화계몽 단체들은 애국 계몽을 위한 교육개발과 식산흥업, 저항 민족주의에 기반한 외세 배격과 주권 회복·자주 독립의 쟁취에 힘을 쏟았고, 민족과 민인에 대한 계몽에 이바지하였다. 그 가운데 서 있던 사람 중 한 사람이 단재 신채호였다.

조선·대한제국이 일제에 의한 식민지에 처할 위기가 닥쳐왔을 시기에는 침략국이든 침략을 당하는 나라이든 다 같이 침략과 반침략의 사상적 근거는 사회진화론이었다. 그래서 신채호도 이 당시 개화 지식인들이 그랬듯이 사회진화론적 민족주의 사상에 바탕을 둔 애국계몽 운동을 하게 된다. 그러면 이해를 돕기 위하여, 모두가 알고는 있겠지만, 사회진화론의 일반성에 대하여 간략하게 이야기를 나누어 보기로 한다.

사회진화론은 영국 출신 찰스 다윈Darwin(1809~1882)이 생존경쟁+우승열패=자연도태와 진화라는 등식의 생물진화론에서 주장한 *The Origin of Species*(『종의 기원』, 1859)에서 영향을 받는다. 다윈은 자연계의 생물(특히 동물)은 환경에 적응하는 과정을 겪게 되는데 이 과정에서 환경에 잘 적응하지 못한 종(씨앗, 혈통)은 자연도태를,

환경에 잘 적응한 종은 환경에 맞게 진화한다는 이론이다. 이러한 다윈의 진화론을 영국의 스펜서Spencer(1820~ 1903)와 헉슬리Huxley(1825~ 1895) 등이 인간 사회에 적용하여 사회진화론으로 발전시킨다.

사회진화론은 생물의 종족 간 경쟁을 국가, 민족, 인종 간 경쟁으로 확대 적용한 잘못이다. 이들에 의하면 "인간 사회에도 동·식물 세계와 마찬가지로 환경에 적응하기 위해 생존경쟁을 한다고 주장한다. 이러한 생존경쟁에서 살아남는 인간·민족만이 새로운 사회를 발전시켜 나간다"는 주장이다. 곧 우승열패의 법칙을 통해 인간은 진화하며 우수한 문명과 열등한 문명이 충돌하면서 인간의 문명 세계는 발전한다는 이론이다.

이러한 잘못된 인식을 바탕으로 나온 사회진화론은 당시 자본주의와 결탁하면서 반동적 민족주의를 낳게 된다. "우월한 민족·나라"가 "열등한 민족·나라"를 침략하여 문명을 지도하는 것을 '자연의 법칙'이라고 주장하면서 반동·침략 민족주의를 낳게 된다. 그리하여 반동민족주의는 남의 나라를 침략하면서 강제로, 억지로 피침국과 수호조약을 맺는다. 수호조약이라는 말은 문명국이 미개국을 개화시킨다는 뜻이다. 그러나 수호라는 말과 달리 그 실은 강대국의 자본시장을 조약국에 확장하고 나아가 영토침략을 정당화하는, 침략주의를 합리화하는 말이다. 이를 일컬어 제국주의라고 한다. 이렇게 해서 제국주의 침략은 당연한 자연법칙이 되고, 피침국은 영토 침탈, 주권 강탈, 인권 유린을 당하는 반인도·반인륜적 상태에 놓이게 된다.

또한 사회진화론은 백인우월주의를 낳으면서 인종진화론으로까지 확대되었다. 이리하여 20세기 초 제국주의로 무장한 유럽 백인들은 유색인종이 사는 아시아(황인종)와 아프리카(흑인종)에 대한 대대적인 영토 침략을 통한 식민지 개발과 후진국 착취를 정당화해 나갔다. 이와 같이 반인도주의적이고 반사회적인 제국주의 침략을 뒷받침해준 사상적 이론이 사회진화론이다. 이러한 동물적 침략이론이 아시아 사회에도 안타깝게 유입이 된다. 그중 아시아에서 근대화에 가장 빨리 열을 올렸던 민족이 왜족이다. 따라서 일제는 사회진화론을 동아시아에서 가장 먼저 수용하고 그 자신도 제국주의 민족국가로 나간다. 이를 일제, 일본 제국주의라고 부른다.

일제에서 사회진화론을 수용 및 전파시킨 학자들은 19세기 후반 근대 계몽사상가로 불리는 가토 인고네(加藤引之), 도야마 마사카즈(外山正一), 후쿠자와 유키치(福澤諭吉) 등이다. 그리고 중국의 경우는 청일전쟁(1894~1895) 패배 이후 중체서용론中體西用論을 반성하는 분위기 속에서 옌푸(嚴復, 1854~1927), 캉유웨이(康有爲, 1858~1927), 량치차오(梁啓超, 1873~ 1929) 등에 의해 적극적으로 수용된다. 그리하여 사회진화론의 핵심 이론들이 일본과 중국에서 각각 자기네 나라의 환경에 맞는 말로 번역되었다. 곧 'Survival of the Fittest'(환경에 적응하는 자가 살아남는다)라는 말은 일본의 경우, '適者生存적자생존'으로, 중국의 경우는 '物競天擇물경천택'(자연에 적응하기 위한 생물체의 경쟁)으로, 'Struggle for Existence'(살기 위해 발버둥친다)라는 용어는 '優勝劣敗'(중국의 경우)와 '生存競爭'(일본의 경우)으로 번역되어 수용된다. 그리하여 중국에서는 청일전쟁 이후 사회진화론과 관련된 번역서들이 출판하기에 이른다.

토마스 헉슬리의 *Evolution and ethics and other essays*(進化와 倫理 및 다른 에세이, 1894)를 옌푸가 『天演論천연론』(1898)이라는 제

목으로 번역 출간하고, 스펜서의 *Study of Sociology*(1873) 역시 옌 푸가 Sociology를 군학群學으로, Study를 이론肄論으로 번역하여, 『群學肄論군학이론』(1903)이라는 제목으로 번역 출판하였다.

이러한 중국과 일본에서 번역된 사회진화론의 내용(생존경쟁, 우승열패, 적자생존)이 대한제국기, 곧 청일전쟁(1894~1895)과 러일전쟁(1904~1905) 전후의 시기에 수용되는 것으로 보인다. 대한제국이 성립(1897)하는 즈음에는 내적으로 1894~1895년의 반봉건·반외세의 동학농민혁명과 근대적 개혁을 시도하다가 실패를 보는 갑오개혁, 외적으로는 청일전쟁과 러일전쟁으로 영토 분할의 위기를 맞게된다. 이러한 분위기에서 개화 지식인들 사이에서 유럽의 근대사조인 사회진화론을 수용하는 것으로 보인다.

당시 조선 사회에서는 생물진화론이나 사회진화론이라는 서양과학에 관한 서적의 입수가 안 되어 있는 상태에서, 열강의 침략과 함께 사회진화론이 피상적이고 어정쩡하게 유입되었던 것으로 보인다. 왕조 시대의 제약이었다. 조선 사회에 들어오기 시작하는 사회진화론은 1880년대는 일본의 번역서와 저서를 통하여, 1890년대는 중국의 번역서와 저서를 통해서 간접적으로 유입되고, 1900년대에 들어와 본격적으로 수용되는 것으로 보인다. 조선의 개화 지식인들은 일본의 번역서보다는 량치차오의 『飮氷室文集음빙실문집』(1902, 일본)과 『飮氷室自由書음빙실자유서』(1903, 일본)를 더 선호했던 것으로 본다. 량치차오는 자국에서 변법자강운동(1898)이 실패하고 일본으로 망명하여 유럽의 신사조를 접하고 사회진화론을 담은 글들을 대량 생산해 낸다. 량치차오는 영국 출신 존 스튜어트 밀Mill(1806~1873)의 "인간 사회의 진화에서는 사상의 자유, 언론의 자유,

출판의 자유보다 더 중요한 것이 없다"라는 말에서 자유라는 단어를 따와 그의 책에 '자유'라는 말에다 자신의 호 음빙실을 붙여『음빙실자유서』라는 제목을 달아 책을 낸다. 그리고 망명지 일제에서 보고 느낀 생각들을 종합하여 음빙실문집도 출판하였다(공적인 출판은 1924년). 이들 책에서 량치차오는 '부국강병 · 국가주의적 사회진화론'을 시종일관 주장한다.

당시 조선의 개화 지식인들이 일제 지식인들의 번역서보다는 중국인이 쓴 서책과 번역서를 더 선호하였다. 이는 당시 지식인들이 언어문화적으로 일본어보다는 한문 실력이 월등했기 때문으로 보인다. 곧 한문이 조선의 개화 지식인들에게 근대지식을 매개하는 역할을 한 셈이다. 그래서 이 당시 우리나라 개화 지식인들은 중국 옌푸의『천연론』(사회진화론, 천연은 진화를 뜻함), 량치차오의 음빙실문집 등을 통해 사회진화론을 수용하면서 '국혼=애국심'이라는 정신주의적 국가관, 곧 자강주의를 강조하게 된다. 조선국의 지식인들이 자강론을 주장한 것은 사회진화론적 우승열패, 생존경쟁, 적자생존을 자각하고, 당시 조선(대한제국)이 주권을 상실해 가는 것은 적자생존의 시대조류에 뒤떨어졌기 때문으로 보았다. 따라서 당시 량치차오의 음빙실문집은 안창호, 신채호, 박은식 등 당시 조선(대한제국) 지성인에게 항일독립운동 · 애국계몽운동의 성서와도 같았다. 그래서 大韓自强會대한자강회의 자강과 新民會신민회(1907. 4.)의 신민은 모두 량치차오의 글에서 연유된 단체 이름이라는 생각이다. 이렇게 당시 19세기 말, 20세기 초, 조선 · 대한제국 사회에는, 생존경쟁, 우승열패라는 사회진화론에서 나오는 용어들이 유행어가 되었다. 장지연(1864~1921)의 경우, 그의 백과사전이라고 할 수 있

는『萬國事物紀原歷史_{만국사물기원역사}』(1909)에서 사회진화론과 사회
학 등을 소개한다.

이러한 용어의 유행은 제국주의 열강이 지배하는 당대의 사회
속에서 당연한 학술 · 사회적 현상이었다고 본다. 특히 러일전쟁
(1904~1905)으로 조선의 위기의식이 고조될 때 사회진화론은 보편
적 사회현상이 되었다. 皇城新聞_{황성신문}[1]과 大韓自强會月報_{대한자강회}
_{월보,}[2] 太極學報_{태극학보,}[3] 西友_{서우}[4] 등 잡지 · 학회지에도 량치차오의
음빙실문집과 음빙실자유서의 내용을 번역하여 싣거나 량치차오가
쓴 내용을 우리 실정에 대입하여 글을 쓰고 있을 정도였다.

당시 대한제국은 청일전쟁 이후 민간의 사정을 알기 위해 대한
제국의 황제 이재황_{李載晃}(묘호 고종)이 각 지역에 시찰원을 파견한 일
이 있었다. 이때 함경도 시찰 위원으로 파견된 바 있었던 전항기가
'음빙실자유서'를 국한문혼용으로 번역 · 출간하기도 하였다(1908.
4.).[5] 이어 대한매일신보_{大韓每日申報}(1904. 7. 18. 창간)는 음빙실문집을 자
주 논설에서 인용(1908. 8. 3자)하고, 각 학교에서도 음빙실문집을 한
문 교과서로 사용하기도 하였다. 음빙실자유서가 국한문혼용으로

---

1 한문 위주의 국한문혼용 신문, 1898. 9. 5. 창간, 1910. 9. 4 종간.

2 대한자강회 기관지, 1906. 7. 31. 창간, 1907. 7. 25. 종간.

3 도쿄 유학생 모임에서 발간, 1906. 8. 24. 창간, 1908. 12. 종간. 태극학보 1권(1906.
  8.)에서 보면, 崔錫夏가 량치차오가 쓴「國家」(『음빙실문집 3』 31)에 있는 내용들
  은 많이 인용하고 있다(9).

4 일제 평안도, 황해도 출신의 지식인들의 구국계몽단체에서 발간, 1906. 12. 1. 창간,
  1908. 5. 종간. 서우 제2호(1907년 1월호)에 보면 朴殷植이 량치차오의 음빙실문집
  중에 교육부분(학교)을 번역하여 싣고 있다(13쪽) 이외 량치차오의 글「幼學」관련
  내용도 인용하여 싣고 있다.

5 黃炫,『梅泉野錄 2-2』, 고종 32년 乙未條.

번역 출간되어 나오기 이전부터 박은식, 안창호, 신채호, 윤효정 등은 량치차오가 소개하는 사회진화론을 그들 활동의 사상적 바탕으로 삼는다. 그리하여 개화 지식인들도 개인의 글과 연설·강연을 통하여 사회진화론을 소개하기도 하였다.

이러한 영향 등으로 사회진화론적 민족주의에 사상적 바탕을 둔 애국계몽운동 단체들이 등장하게 된다. 선구적인 애국계몽단체로는 러일전쟁 중 일제가 우리나라 황무지 개간권을 요구하자, 이를 반대하는 보안회가 있었다는 것은 앞에서도 설명한 바가 있다. 일제는 러일전쟁(1904~1905) 중에 기만적으로 조선을 보호하려 한다는 명분과 함께 유럽의 백인종을 몰아내자는 '동양 평화론'을 내세운다. 당시 대한제국 지식인들은 이 말에 현혹되어 러일전쟁에서 일제가 승리하도록 정신·물질적 지원을 아끼지 않을 정도였다. 전쟁이 끝날 무렵 사실상 승전국이 없음에도 미국의 간섭으로 포츠머스조약이 체결되고(1905. 9. 5.) 일제가 승리 아닌 승리를 하게 된다.

포츠머스조약의 내용(15개 조)의 일부를 잠시 들여다보자. 우리와 관계되는 내용은 "1) 대한제국에 대한 일제의 지도, 보호, 감리권監理權의 승인, 2) 뤼순, 다롄의 조차권租借權, 창춘(長春) 이남의 철도 부설권을 러시아로부터 할양받는다"라는 조항이 들어간다. 결국 미국은 앉아서 대한제국을 일제에게 팔아먹은 셈이다. 이렇게 해서 일제는 미국, 러시아, 영국(제2차 영·일 동맹)의 묵시적 지지 아래, 본격적으로 대한제국을 병탄하기 위한 음모와 함께 수작을 부린다. 이러한 일제의 야비한 음모와 수작이 있게 되자, 기회주의자들, 특히 역적5수逆賊五讐(박제순, 이지용, 이근택, 이완용, 권중현)의 더러운 매국 행위가 일제의 뒤를 밀어주었다. 이에 을사늑약(한·일 협상 조약)

이 강제로 체결(1905. 11. 17.)된다. 오호애재요, 통재로다.

이보다 앞서 이준(1859~1907), 양한묵(1862~1919), 윤효정(1858~1939) 등이 憲政硏究會헌정연구회(1905. 5.)를 창립한다. 헌정연구회는 친일 단체인 일진회에 맞서 근대적인 독립 국가 건설을 위한 헌법과 관련 연구 활동을 통해, 입헌정치체제를 수립해서 민족의 정치 의식과 독립정신을 일깨우는 데 목적을 두고 있었다. 그러나 을사늑약에 따른 일제 통감부가 설치되면서(1906. 1. 31.) 통감부의 훼방과 압박에 의해 애국 계몽 단체들이 모두 해산되기에 이른다.

이에 윤효정, 장지연, 나수연, 김상범, 임병항 등은 다시 헌정연구회를 확대 개편하여 大韓自强會대한자강회(1906. 4.)를 발족한다. 그리고 일제에 의해 이재황(고종)의 강제 퇴위를 당하는 것에 강력하게 반대운동을 벌이는 한편, 지속적으로 대중적 계몽 활동을 통해 국력배양 운동을 전개해 나갔다. 한편 끊임없는 반일 저항적 애국 계몽 단체에 대하여 일제 통감부의 훼방과 압박(1907년의 보안법, 신문지법 등 악법의 제정)이 들어오면서 더 이상 표면적 계몽활동 단체들의 활동이 어려워지게 된다. 그러자 개화 인사들은 수면 아래로 내려가 비밀결사를 조직하게 된다. 그 대표적인 단체가 신민회다.6 중심인물로는 윤치호(1865~ 1945), 안창호, 장지연, 박은식, 이동휘, 이갑, 이종호(평양 자산가), 이승훈, 안태국(?~1920), 이동녕, 이회영 등이다. 이들 중심인물을 나열하는 것은 뒤의 신채호와 관련된 활동에서 자주 거론되는 인물들이기 때문이다.

앞에서 이야기한 것처럼, 신채호는 신민회 초기 활동에 깊이 관

---

6 신민회의 창립 일자에 대해서는 정설이 없다. 윤경로, 『105일사건과 신민회연구』 (서울: 한성대출판부, 2012), 183.

여하지 않았던 것으로 보인다. 신민회의 설립 취지는 입헌군주제를 탈피하고 공화정체로 나가는 데 있었다.

이를 위하여 이 단체는 국권 회복을 위한 교육단체로 평양에 대성학교大成學校(1908. 9. 26., 설립자: 안창호), 정주에 오산학교五山學校(1907. 12., 설립자: 이승훈)를 세워 민족교육을 실천해 들어간다. 그리고 교과서와 각종 서적을 출판하기 위하여 평양과 대구에 태극서관太極書館(평양 1908. 5.)도 마련하였다. 이어 민족자본의 육성을 위해 평양에 자기회사瓷器會社도 설립, 운영하였다. 신민회 이전에는 독립협회獨立協會(1896. 7.)가 있었고, 그 이후에는 대한협회大韓協會(1907. 11. 10.)도 있었다. 그리고 자강론을 주장하는 신문으로는 독립신문獨立新聞7과 황성신문 등이 있었다. 이외 이기(1848~1909)가 이끄는 호남학회湖南學會(1907. 7.), 교남교육회嶠南教育會(1908. 3. 15.) 등 학회들이 생겨났다. 이들 신문과 기관지, 학회에서는 사회진화론과 관계되는 내용들을 기사로 내보내고 교육도 하였다. 특히 신채호와 관련한 단체는 신민회다. 잠시 신민회와 신채호를 관련하여 이야기를 해 보자.

언론과 집필 활동을 주로 하던 신채호는 비밀결사 신민회(1907. 2., 발기인 안창호)가 창설되고 대한매일신보가 신민회의 기관지 비슷한 역할(기관지가 아님)을 하게 되면서 자연스럽게 신민회와 연관을 갖게 된다(딱히 신민회 회원이었다는 근거는 없다. 신채호가 26세 때). 그런데 일부 연구자들이 신채호가 신민회 창립발기 취지문을 썼다는 주장을 하고 있는데 이는 잘못인 것 같다. 신채호는 신민회 창립발기인도 아니었지만, 신민회 창립취지문을 쓸 까닭이 없다는 주장이

---

7 독립신문: 1896. 4. 7. 창간, 1899. 12. 4. 종간.

설득력을 갖는다(취지문은 안창호가 미국에서 작성해 온 것으로 본다. 윤경로, 신용하).

다만 신민회 하부단체인 청년학우회青年學友會(1909. 8. 17.)의 「설립취지문」은 신채호가 작성했을 것으로 추정을 하고 있다. 그것은 안창호가 최남선에게 "우리 민족과 국가가 이렇게 쇠망한 근본 이유는 진실한 국민적 자각, 민족적 자각, 역사적 자각, 사회적 자각을 못 가진 데 있다. … 우리가 하는 청년 운동은 어디까지나 진실을 숭상하여야 한다. 언변보다도 실행을, 형용보다도 내용을 존중해야 한다. 그것이 무실역행을 바탕으로 조선의 청년들에게 자강주의 덕목인 자강, 충실, 근면, 정제, 용감을 심어주는 일이다. 이상과 목적을 책임 있게 실행할 능력도 기르고 정신도 기르자"라는 내용으로 '청년학우회'의 취지서를 작성해주면 좋겠다고 하자. 최남선은 이를 다시 신채호에게 넘겨주는 바람에 신채호가 작성했다는 이야기다.[8]

그런데 청년학우회 발기인 명단에 당시 20대였던 신채호의 이름이 없다는 것은 많은 의문을 갖게 만든다. 물론 안창호도 청년학우회 설립을 추진해놓고 활동에는 직접 간여하지 않았다는 예로 볼 때는 이해가 가지만,[9] 청년학우회 취지서는 신채호의 글이라는 확신을 할 수 없다는 주장도 있다.

그러나 문장의 전체 내용으로 보아, 신채호의 글이라는 주장이 설득력을 갖는다. 곧 ① 위대함, 장함, 신성함을 갖는 청년 애국자를 길러내기 위하여 교육이 필요하다는 점(애국계몽운동). ② 애국

---

8 김주현, 「각종 취지서, 선언서의 저자들과 그 의미」, 한국어문학회, 『어문학』 107, 2010. 245-270.
9 권두언, 「청년학우회의 활동과 참여 인물현대문학의 연구」 48, 2012, 123.

계몽적 교육에는 계급적 차별, 연령별 차별, 신분적 차별이 없는 교육이어야 한다고 한 점. ③ 봉건적, 사대적인 소아적 사고를 버리고 새 시대에 맞는 대아적 사고를 갖자고 주장한 점(1908. 8. 17. 『단재 신채호 전집 6』, 423) 등이다. 이는 민족의 애국심 고취와 연결하고 있으며 신채호가 즐겨 쓰는 소아·대아적이라는 용어의 사용 등은 신채호의 작품으로 인정이 된다고 본다.

어찌했든 신민회가 표방한 신민은 자강력과 입헌·공화의 국가 사상을 가진 '유신한 국민'을 뜻한다. 곧 독립자존의 기풍을 지닌 새로운 국민을 말하는 것으로, 국권 회복과 국민국가를 수립하는 주체를 말한다. 원래 신민이라는 말은 주희의 『대학집주大學集註』에서 유래한다. 그리고 조선의 17세기 윤휴尹鑴(1617~1680)가 그의 저서 『독서기讀書記』(『白湖全書 37』, 1537)에서 명덕신민이라는 말을 쓴 적이 있다. 그러나 신민회에서 쓴 신민이라는 명칭은 량치차오가 변법자강운동(1898. 4.)에 실패하고 망명지 일본에서 발표한 『신민설新民說』(1902~1905)[10]에서 직·간접으로 영향을 받은 것으로 보인다.

량치차오는 신민설에서 '변법유신운동'의 실패 경험을 바탕으로 다음과 같이 주장한다. 정치제도의 개선에 앞서, 국가 사상, 진취 사상, 권리 사상, 의무 사상을 배양하는 작업이 선행되어야 한다. 그리고 이를 바탕으로 하는 자유·자치·진보·합병사회·곡력·상무 등으로 무장한 새 시대의 국민=신민을 육성해야 한다고 역설하였다.[11] 량치차오의 신민설에 대한 이야기는 다음 장에서 다시

---

10 梁啓超, 「新民說」, 『自由魂』(『飮氷實合集 6』[中華書局], 1-149).

11 梁啓超, 『飮氷實文集』(臺灣 文化圖書公司, 1976, 4-6.).

거론하기로 한다.

사회진화론은 이 시대 대세를 이루는 사조임에는 틀림이 없었다. 그리하여 개화 지식인들은 개인의 글들을 통해서 사회진화론을 소개하기도 하였다. 특히 홍사단을 처음 만든 유길준俞吉濬(1856~1914)은 그의 서양 기행문인『서유견문西遊見聞』(1895)에서 "인간사회의 발전과정을 3단계로 설정하였다. 곧 인간의 사회는 미개사회, 반개화 사회, 개화 사회의 단계로 발전한다고 보고, 지금 제국주의 열강들이 약육강식의 법칙에 의하여 아시아가 식민지의 위기(반개화 상태)에 놓여 있다고 현실을 인식한다. 그래서 우리도 사회진화론을 바탕으로 사회를 개화 · 진화시켜야 한다"라는 논리를 펴고 있다.12

이와 같이 미국 등에 유학하였던 유길준, 박영호, 윤치호 등은 우승열패, 적자생존, 생존경쟁이 자연계나 인간 사회를 움직이는 기본원리라고 생각하였다. 당시 독립신문과 대한매일신보 등 민족지에서도 이러한 분위기를 기사로 내보냈다. "오늘날 세계는 '피세계'라, 문명도 피가 아니면 살지 못하며, 부강도 피가 아니면 이루지 못하며, 부패한 사회도 피가 아니면 개혁하지 못하며, 완고한 민족도 피가 아니면 불러 깨닫게 하지 못하며… 그 백성은 '피백성'이 되고, 그 나라는 '피나라'가 되어야 나라 땅이 엄정하게 되나니"13 이는 개화 지식인들이 당시 겪는 시대적인 당면문제였다. 따라서 인간과 국가의 문제를 경쟁競爭(투쟁개념으로 확대), 적존適存(환경에 적응하면 살고), 도태淘汰(환경에 적응 못하면 죽고), 패망敗亡(경쟁에서 지면

---

12 유길준 · 호경진,「개화의 등급」,『서유견문』(서해문집, 2004, 393-396).
13 「학계의 꽃」,『大韓每日申報』, 1908. 5. 16.(한국사데이터베이스)

망한다)으로 설명하는 논리가 지식인들의 사고를 지배하게 되었다.

여기서 조선의 개화 지식인들은 제국주의 국가가 침략해 들어오는 절망의 위기에서 탈출하고자 역설적으로 사회진화론에 바탕을 둔, "승리를 위해서는 결국 스스로 강하게 하는, '자강'밖에 도리가 없다"라는 식이었다. 대한제국 시대 자강 사상은 이렇게 배태되었다. 그리고 자강 사상은 부국강병의 계몽주의 논리를 만들어냈다. 이러한 사조를 받아들인 대한제국 지식인들은 일제가 우리 땅과 나라를 노리고 쳐들어오는 침략 음모를 분쇄하기 위하여, 민중을 상대로 부국강병을 위한 애국계몽운동을 전개해 나갔다. 안창호의 경우, "우리 민족의 지식과 세력이 열劣하고(남보다 못하고) 약弱하여 민족 간의 경쟁에서 패자의 위치에 서게 됨으로써 일제에게 국권을 빼앗겨 민중은 이제 일제의 노예가 되고 종족은 소멸의 지경에 이르렀다"라고 경고하였다.14

이렇게 당시 사회진화론에 사상적 바탈을 둔 지식인들은 미래의 자주적 독립 국가를 만들어내기 위해 언론과 교육을 통한 애국계몽활동(부국강병과 자강주의사상)을 활발히 전개해 나갔다. 특히 언론을 중심으로 애국계몽을 활발하게 전개했던 이들은 장지연과 박은식, 신채호 등이었다. 이들이 곧 미래를 이끌어가는 조국의 예언자들이었다. 그러나 이러한 부국강병을 위한 애국계몽운동에는 한계가 있었다. 제국주의 열강의 반동민족주의(우승열패적)에 대항하는 저항 민족주의, 제국주의적 민족주의(약자가 강자가 되는)를 발생시켰다. 완전 모순(irony)이다. 시대적 한계다.

---

14 이광수, 『도산안창호』(대성문화사, 1947, 18).

사회진화론은 정치 권력과 자본 권력의 결탁물로써 나온 제국주의의 정치 사상적 바탕을 이루는 논리다. 사회진화론의 핵심 용어인 '생존경쟁', '우승열패', '문명 진화' 등은 자본주의의 불평등, 반균산적 요소를 담고 있다. 이런 용어들이 조선의 개화 지식인들에게 무비판적으로 받아들여졌다는 것은 시대적 한계에 따른 자기 논리의 모순이다. 이리하여 대한제국 말기 개화 지식인들은 제국주의 강대국들이 침략의 정당성을 포장하는 사상적 논리였던 '사회진화론적 민족주의'를 받아들여, 약자의 자기방어(대응) 논리로 '저항 민족주의'를 만들어냈다. 특히 신채호는 량치차오가 음빙실문집에서 보이고 있는 '부국강병적 사회진화론'에 바탕을 둔 중국 역사 연구법과 같은 민족주의를 바탕로 하는 역사 연구의 경향을 보이기도 하였다. 그리하여 '민족주의 사학'의 경향을 보이면서도 '약자가 강자가 되기 위한' 영웅주의 사관을 역사 이론으로 만들어낸다. 그래서 "단재 역사학은 자강 독립주의에 기초한 민족주의적"으로 규정하게 된다(이만열, 1986.).[15]

그러면 이 당시 근대사상의 하나로 등장하는 민족주의에 대해서도 일반적으로 간단히 살펴보기로 하자.

민족주의는 우리 모두가 알다시피 민족을 이념으로 하는 근대 사상의 하나로, 유럽에서 발생한다. 유럽의 민족주의는 16세기 중세 봉건 체제의 '봉건적 권력'과 '권위적 종교'에 대한 저항(르네상스, 종교개혁)에서 '개별·반봉건적 민족주의'가 대두한다. 이러한 역사

---

15 이만열, "丹齋의 古代史認識", 丹齋申采浩先生紀念事業會, 『申采浩의 思想과 民族 獨立運動』(螢雪出版社 1986. 95).

적 현상을 만들어낸 나라는 16세기 이후 교황의 지배권에서 벗어나려는 각 지역의 영국, 프랑스 등 중앙집권 국가들이다. 그리고 뒤이어 17세기에 나타나는 절대 왕조들이다. 그러나 절대권력은 시민(부르주아 계급)들의 자유와 권리를 제한하였다. 이리하여 부르주와 시민계급은 절대왕정에 저항하여 '자유로운 시민사회'(부르주아 사회)를 만들어낸다. 곧 영국의 명예혁명(1688), 미국의 독립혁명(1774. 7. 4.), 프랑스의 시민혁명(1789. 7. 14.)을 통해 달성한 민족 단위의 국민국가들이다. 이중 특히 '프랑스 시민혁명'은 프랑스 국가의 공화제와 민주주의를 지향하는 프랑스 민족주의로 발전한다.

프랑스 민족주의에서 비롯되는 유럽의 개별민족주의는 산업혁명 이후 발생한 산업자본주의 경제체제와 결합을 하게 된다. 이리하여 민족주의와 자본주의의 합체는 19세기 '반동민족주의'로 나타난다. 반동민족주의는 정치적으로 제국주의를 만들어내고, 제국주의는 자본주의의 대량생산 체제에 적극적으로 뛰어든다. 그리하여 자본주의 발달을 위한 원료 공급과 노동력 및 판매 시장의 확보를 위하여 필사적으로 본국이 아닌 다른 나라를 침략해 들어간다. 생산 원료를 공급받으면서 생산품을 팔 수 있는 시장을 확보하기 위한 필요에서였다. 이러한 제국주의의 타국에 대한 영토 침략을 '공격적 민족주의'라고 한다.

공격적 민족주의는 반동민족주의의 다른 형태이다. 반동민족주의(침략주의)에 기반한 제국주의는 아시아와 아프리카 지역을 침략하여 노예적 식민지, 반식민지 형태로 전락하는 국가들을 역사 무대에 등장시켜 놓았다. 이에 식민지, 반식민지 국가에서는 반동민족주의에 대항하여 자신들도 우승열패, 적자생존을 핵심으로 하는 사회진화론을 받아들이고, 이를 바탕으로 민족주의를 생산하게 된다. 식민지 국가들이 생산해 내는 민족주의는 제국주의 국가의 반동, 침략 민족주의에 대응하는 '식민지 민족주의' 또는 저항 민족주의라고 이름한다.

2. 1900년대 신채호의 저항 민족주의

근대 동아시아에서 민족주의 역사가로 중국의 량치차오와 대한나라의 신채호를 꼽는다. 두 사람 모두 사회진화론적 민족주의(저항)에 바탕을 둔 역사관을 가지고 각자 자국의 역사를 인식한다. 여기서는 신채호의 사설과 논설, 사론을 가지고 그의 1900년대 역사철학적 인식으로써 저항 민족주의를 살펴보기로 한다.

1900년대 신채호의 역사철학적 인식은 그의 심장에서 나오는 분노의 저항 민족주의에 바탕을 두고 있다. 1900년대 그의 언론 활동, 역사 기술 등은 모두 저항 민족주의에서 나온다. 신채호는 러일전쟁 이후, 일제가 미국 등 열강의 지원 아래 조선을 침략해 들어오면서 조국의 운명이 풍전등화의 위기에 놓이게 되자, 국제관계를 냉엄한 '제국주의(반동·침략 민족주의)와 민족주의(저항 민족주의)의 대결'로 파악하게 된다. 이에 「대한매일신보」에 "帝國主義와 民族主義"(제국주의와 민족주의, 「대한매일신보」, 1909. 5. 28.)라는 논설을 싣는다. 여기서 제국주의와 민족주의를 상반된 개념으로 파악하고 제국주의가 "영토와 국권을 확장하는 주의"라고 한다면, 민족주의는 "다른 민족의 간섭을 받지 않는 주의"로 정의하였다. 그러면서 약육강식을 이념으로 하는 제국주의의 위선을 예리하게 폭로하였다. "입으로는 인의를 말하면서 손으로는 총검을 빼 드는" 것이 제국주의의 참모습이라고 폭로하였다.

신채호는 안중근이 지난날 폭로하였던 일제의 '동양 평화' 주장이 거짓이라는 것을 깨달았다. 일제는 러·일전쟁에 즈음하여 '동양 평화' 유지와 '한국 독립' 공고화를 위하여 백인 종족(러시아)을 몰아내는 전쟁(러·일전쟁)을 벌인다고 '침 발린 소리'를 하였다. 신채호는 일제의 "동양 평화 운운"은 대한제국 침략의 검은 속내라고 폭로하였다. 그러나 애처롭게도 러일전쟁 마지막 단계에서 미국의 음모에 의하여 러시아와 일제가 포츠머스조약을 맺게 된다. 그것도 미국 땅 포츠머스에서…. 이리하여 전쟁 당사국이 아닌 제3자의 농간에 의하여 러·일전쟁은 일제의 승리가 되고 만다.

앞에서도 보아왔지만, 포츠머스조약에는 동양 평화, 한국 독립은 한마디도 들어가 있지 않다. 오히려 일제로 하여금 대한나라를 침략하도록 부추긴 조약이다. 당시 일제는 말끝마다 동양 평화, 한국독립을 말하면서 손발에는 살인의 이기, 침략의 음모가 사자 발톱처럼 감춰져 있었다.

신채호는 일제의 사자 밥톱을 보았다. 그리고 일제의 침략주의를 경고하였다. 이에 관한 글이 "東洋主義에 對한 批評_{동양주의에 대한 비판}"이다(「대한매일신보」, 1909. 8. 8., 8. 10.). 그리고 그는 민족주의에 대하여 다음과 같이 정리하였다.

"민족주의는 실로 민족 보전의 불이적_{不二的}(둘도 아닌) 법문_{法門}(방법)이라. 차_此(이) 민족주의가 강건하면 나파륜_{拿破崙}(나폴레옹) 같은 대영웅으로도 로도잔도_{露都殘道}(러시아에서 무너짐)에 궁귀_{窮鬼}(적에게 패하여)를 작作(도망)하고, 민족주의가 박약하면 아날비亞剌飛(마호메트 알리, 1769~1849, 이집트의 근대화 운동가) 같은 대걸남大傑男(걸출한 영웅)으로도 석란고도錫蘭孤島(세일론섬)에 이서離黍(亡國으로 궁궐터가 기장밭이 됨)를 곡哭하였나니, 오호라, 민족을 보전코자 하는 자가 이민족주의를 사하고 하를 당취하리오. 이런 까닭으로 민족주의가 팽창적 웅장적 견인적의 광휘를 발하게 되면, 어떠한 극렬적 죄악적인 제국주의라도 감히 참입參入(몰래 쳐들어옴)치 못하나니, 요컨대 제국주의는 민족주의가 박약한 국에만 참입하게 된다"(『단재 신채호 전집 6』, 720-721).

그는 민족주의로 제국주의를 막아야 한다고 주장하였다. 그리고 "내가 타인을 간섭하지 않고, 타인도 나를 간섭하지 못하는 주의"인 먼로주의(Monroe Doctrine: 門羅主義=孟菉主義)를 민족주의와 동일시하였다. 반동민족주의를 극복하는 길은 (저항) 민족주의를 확립하여 비자주적 사대주의 사상을 배격하는 길이라고 확신하였다. 이렇게 보았을 때 신채호는 이때부터(1900년 후반기) 민족주의를 자주적으로 이해하고 있지 않았나 하는 생각이다.

이렇게 신채호는 민족주의가 갖는 가치를 피력한 다음, 민족경제를 육성해야 한다는 논설과 애국심을 고취하는 논설도 잊지 않았다. 신채호의 애국 계몽 논설로는 "大韓의 希望대한의 희망"(1908. 4. 15.), "歷史와 愛國心의 關係역사와 애국심의 관계"(1908. 5. 25., 6. 25.), "誠力과 功業성력과 공업"(1980. 7. 25.), "大我와 小我대아와 소아"(1908. 8. 25., 1908. 9. 16-17.) 등이 있다.

또 민족을 배반하는 친일 분자들을 신랄하게 규탄하는 글도 빼

놓지 않았다. 친일 매국노를 규탄한 글에서는 친일무리를 강렬하게 규탄·성토하기도 한다. "日本의 三代忠奴일본의 3대 충노"(1908. 4. 2.), "與友人絶交書친구와 절교하는 글"(1908. 4. 2~14.) 등이 그것이다. 이중, '일본충노 3인'은 안병준安秉畯, 조중응趙重應, 신기선을 말한다. 그리고 친구는 일진회(1904)에 들어간 친구를 말한다. 특히 일진회는 민족을 사랑하고 나라 걱정을 한다고 조직을 해놓고는 나라를 일제에 팔아먹는 앞잡이가 되어 설치던 단체이다. 오늘날 수골16 기득권 세력들이 만든 정당이 늘 나라와 국민을 위한다고 해놓고, 친일·친미적 행동을 하는 것과 같은 짓거리다.

"일본의 3대 충노"는 일신의 안일만 추구하고 국가를 일제에 팔아먹는 이들을 준엄하게 꾸짖는 논설이다. 곧 일진회를 조직한 송병준, 일제가 조선을 침략해 오는 과정에서 만든 친일적 동아개진교육회(1908)의 회장을 지낸 조중응, 친일적 대동학회 회장을 지낸 신기선 세 사람은 일제를 이롭게 하는 큰 충노라고 힐난하였다. 특히 신기선은 신채호에게 성균관에 입학시켜준 은인이지만 공익보다 사익을 위해 친일 행위를 하였기에 충노로 그렸다. 신채호의 정의와 양심을 알게 해주는 용기요, 선비정신이다.

또한 신채호는 시대의 변화에 모르쇠 하면서 전통 시대에 머물고 있는 유교계와 불교계에도 비판의 목소리를 보내면서 선비의 지조론에 바탕을 둔 바른 태도를 지적하고 있다. 그 내용을 일부 적어본다. 그가 유가 집단의 유생들에게 보내는 비평의 글과 선비적 태도에 대하여 쓴 논설로는, "警告 儒林同胞"(유교 동포에 경고

---

16 守骨: 요즘 새로 나온 말로 수구 골통 세력을 뜻하는 卑俗語다.

함, 1908. 1. 15.), "儒敎界에 對한 一論"(유교계에 대하여 논함, 「대한매일신보」, 1909. 2. 28.) "儒敎擴張에 對한 論"(유교 확장에 대하여 논함, 「대한매일신보」, 1909. 6. 16.) 등이 있다.

이들 논설 중 "유교계에 대하여 논함"을 통하여 신채호가 말하고자 했던 선비상을 살펴본다.

"오호라 한국은 유교국이라, 오늘날 한국의 쇠약함이 이에 이른 것은 오로지 유교를 신앙했던 까닭이 아니던가. 반드시 그렇지는 않다. 유교의 신앙이 그 도를 얻지 못한 까닭으로 나라의 쇠약이 오늘에 이르게 되었다. (중략) 이는 어찌 된 까닭인고 하니, 형식만 중시하고 헛되게 보수만 생각하면 장차 의관을 정제하고 반듯하게 꿇어앉아(着袍跪坐) 유럽의 문명을 적으로 삼고자 하며, 동양적 농경과 직조(結繩舞羽)로 서양적 자본주의 물결을 막으려 하는 것과 같을 진데. 이렇게 되면 끝내는 유교가 한국이라는 나라와 함께 망하는 까닭이 되리라. (중략) 유교의 진리를 발휘하여 보수를 변화시켜 진취에 힘쓰며, 형식을 변화시켜 실천에 힘쓰며, 수구를 변혁하여 새로운 문화로 나감(就新)에 힘쓴다면 반드시 나라 사람의 지혜가 떨쳐 일어나 국권을 옹호하여 유교의 큰 광채가 번쩍일 그날이 있게 되리라"(『단재 신채호 전집 6』, 667-668).

이로써 유학자(선비)들이 사회개혁의 주체가 되는 일, 그래서 사회변혁에 적극 참여하여 나라와 민족을 구해주는 것이 선비들이 할 일임을 역설하고 있다. 이 이야기 중에 특히 방점이 찍어지는 부분은 "수구를 변혁하여 새로운 문화로 나감에 힘쓴다면"이라는 대목이다. 곧 시대사조가 변하고 있는데도 이를 모르쇠 하는 태도는 잘못이라고 지적하는 말이다. 이와 함께 시대 흐름, 곧 변하고 있는 시대조류를 받아들이는 태도가 중요하다는 뜻으로 글을 쓰고 있다. 이는 나중에 신채호 자신이 아나키즘을 수용하는 자세와 맞아떨어진다고 본다.

그는 당시 개화 지식인들이 대부분 그랬던 것처럼, "遍告僧侶同胞"(승려 여러분에게 두루 알림, 「대한매일신보」, 1908. 12. 13.)이라는 글에서도 "석가, 달마, 원효, 의상이 말씀을 폈던 것은 '구세救世' 두 자 때문이다. 구세를 버린다면 불교는 무의미하다. 구세는 곧 현실을 구함이고 현실은 국가주의가 아닌가. 불교의 국가주의로 신라와 고구려, 고려, 조선시대 승려들이 나라를 구하는 데 앞장을 섰다. 따라서 '석가모니의 구세 정신'의 본뜻을 강연하고 호국불교의 특색을 발휘하는 게 한국 승려들의 책임이다"(『단재 신채호 전집 6』, 654-656)라고 역설함으로써 불교의 특성을 구세 불교로 정의하고 구세 불교를 구국과 연결하고 있다.

이와 함께 신세계(근대사조)의 지식도 수용하여야 한다는 입장도 보이고 있다. 이와 같이 신채호는 대한매일신보 주필로 있으면서, 사회진화론에 바탕을 둔 민족주의(저항)와 국가주의를 강조하고 있다. 신채호는 사론에서도 민족주의와 국가주의를 강조한다. 그리하여 학문에서는 한문보다는 국문의 중요성과 문법의 통일을, 역사에서는 중국 역사보다는 한국 역사의 중요성을 사론에서 주장한다. 또한 가정 혁신을 통한 문명국가로 발전을 꾀하되 가족주의보다는 국가주의를 강조하였다. 신채호의 국가주의 강조는 민족주의와 함께 사회진화론에서 영향을 받았다고 할 수 있다. 신채호가 강조하는 민족주의와 국가주의를 뒤에 나오는 신채호의 아나키즘과 관련하여 살펴볼 때, 신채호의 민족·국가주의적 사고는 신채호가 1910년 이전까지는 아나키즘을 자신의 사상으로 수용하지 않고 있었다는 말이 된다. 그것은 아나키즘이 국가주의와 민족주의를 배격하는 사상이기 때문이다. 따라서 신채호가 1905년경부터 아나키즘을 자신의 기저 사상으로 삼았다는 주장은 재고할 필요가 있다고 본다.

한편 신채호의 국가주의 입장은 중국 량치차오의 사회진화론적 국가주의와 교감을 한 것으로 보인다. 신채호의 국가주의 사상은 "今日 大韓國民의 目的地금일 대한제국민의 목적지"(신보 1908. 5. 24, 26.)라는 다음 글에서도 잘 나타나고 있다.

> "대한 국민의 목적지여, 아름답도다. 목적지만 잡아낸다면, 표류하던 외로운 배도, 망망대해도 능히 건널 수 있을 것이요, 다리를 절룩거리지만, 만 길이나 되는 태산도 능히 오를 수 있다. 따라서 미국의 워싱턴은, 궁촌窮村의 한 농부로서 13주를 중심으로 한 나라를 건설하였으며, 이탈리아의 가리발디는 바닷가 사공의 자식으로서 오도용병(五度義勇兵: 오지奧地의 붉은 셔츠대)을 가지고 샤르데냐 왕국 중심의 통일 운동을 일으켰다. 그리고 프랑스의 나폴레옹은 작은 섬의 아들로서 프랑스 혁명을 일으켜, 유럽 사회를 일대 혁신시켰다. 독일의 비스마르크는, … 목적지는 두 가지가 있다. 하나는 개인의 목적지요, 다른 하나는 국민의 목적지다. 독선주의를 가지고, 자기 집안의 행복만 꾀하는 자는 비록 뜻이 높은 종교가나 철학자라 할지라도 이는 개인의 목적지로 향하는 것이요. 그러나 일신의 영달을 희생하여, 국가를 위하여 자신을 바치는 자는, 비록 바늘을 갈아 먹고살며, 작은 심지로 불을 밝히는 자라 할지라도 국민의 목적지로 나가는 자라 할 것이다. … 그 문은 독립

이며, 그 길은 자유다. 국가를 위하여 정신을 가다듬고 모든 사업을 국가를 위하여 합심하면, 신성한 국가를 보전하는 길이요, 대한 국민의 목적지다(글쓴이가 오늘의 어법으로 고쳐 씀. 『단재 신채호 전집 6』, 259-263).

이와 같이 신채호는 사익과 공익을 분명하게 구분하여 선을 그었다. 사익보다는 공익을 추구할 때 역사는 발전하고 다수의 사람이 자유와 행복을 누린다는 주장이다. 이러한 자신의 주장을 미국이나 이탈리아 그리고 프랑스를 보았을 때, 그들 나라가 발전하고 통일을 이루게 된 것은 공익(利보다는 義에 충실한)을 추구한 자들에 의하여 그리될 수 있었다는 확신을 가지게 되었다. 곧 신채호가 말하는 공익은 곧 국익이다. 국익의 강조는 국가주의를 말한다.

또한 「大韓協會會報」대한협회회보」(1908. 4. 25.)에 두 차례에 걸쳐 발표한 역사 논설인 "歷史와 愛國心의 關係"(역사와 애국심의 관계, 1908. 5. 25, 6.25.)에서는 역사의 중요성과 나아가 역사만이 애국심을 배양하는 매체임을 강조하고 있다. 좀 긴 글이지만, 신채호의 사고가 무엇을 말하고 있는지를 알아보기 위해 옮겨와 보자.

"어떻게 하면, 우리 2천만 동포의 귀에 애국이란 말이 생생하게 울려 퍼지게 할 수 있을까? 오직 역사로 할 뿐이니라, 우리 2천만 동포의 눈에 나라란 글자가 항상 아롱거리게 할 수 있을까. 오직 역사로만 할 수 있을진저. 오호라, 어떻게 하면 우리 2천만의 다리가 항상 나라를 위하여 펄펄 뛰게 할 수 있을까, 그것은 오로지 역사만이 할 수 있을진저…"
또 "역사가 무엇이건데, 그렇듯 공효(효과)의 신성함이 있는가. 역사라는 것은 그 나라, 국민의 발전과 소멸과정 발자취이니, 역사가 있으면 그 나라도 반드시 일어서기 마련이고, 나라가 있으면 역사가 반드시 있는 법이니"(『단재 신채호 전집 6』, 25-35).

신채호는 이렇게 모두冒頭에 서술하고 있다. 그리고 세계 영웅(카이사르, 나폴레옹 등)을 열거하면서 국가에는 영웅이 있음을 지적한다. 그리고 우리 역사에서도 영웅이 있었음을 상기시킨다.

이어 일신의 영달과 가족주의를 타파하고 국가를 위하여 헌신할 것을 주장하고 있다. "국가는 가족의 결정체요, 국가의 역사는 국민의 족보다. 족보 안에는 우리 선조와 우리 종중宗中의 공과가 기록되고, 덕업德業도, 장적壯蹟(장한 업적)도 마음의 상처를 준 상심사傷心事도 기록되어 권선징악勸善懲惡적, 내존외기內尊外岐적 기록을 남김으로써 백성을 해치는 자는 주살誅殺하고 공구公仇(나라의 적)는 주륙誅戮하여… 단군 시조… 광개토왕… 수당을 격퇴한 을지문덕, 연개소문… 거란을 격퇴한 지체문, 강감찬, 여진을 격퇴한 윤관… 역사여, 우리를 노래케 하는 것은 역사이며, 우리를 통곡케 하는 것도 역사이며, 우리를 분노케 하고 도약케 하는 것도 역사로다"(『단재 신채호 전집 6』, 28)라고 함으로써 역사 속에 민족의 운명이 모두 들어있음을 강조하였다. 역사 속 민족의 운명을 강조하는 가운데 국가주의와 함께 영웅주의 입장을 보이고 있다. 또 "역사를 떠나 애국심을 구한다면 이것은 눈을 감고 보기를 바라는 것과 같고, 다리를 잘라내고 걷기를 바라는 것과 같으니 어찌 가능하겠는가. 그런 까닭에 국민의 애국심을 환기시키려 한다면 완전한 역사를 먼저 가르쳐야 할 것이다"(『단재 신채호 전집 6』, 34)라고 함으로써 국가주의 역사 인식을 분명히 하고 있다.

앞의 글에서 보면, 신채호는 개인의 안일을 위한 가족주의를 떠나 국가와 국민을 위하여 자신을 희생하는 것이 국민된 자의 목적이요, 대한 국민이 향해 가는 목적지임을 분명하게 말하고 있다. 곧 대한민국의 목적지는 자유요, 독립이다. 따라서 대한 국민들은 자신의 가족에 매달리기보다는 대한나라의 독립과 대한 국민의 자유를 위하여 전진해야 한다는 논리를 펴고 있다.

나아가 다른 논설 "打破家族的觀念"(가족적 관념을 타파하자, 「대한매일신보」, 1908. 9. 4.)에서도, 신채호의 사회진화론적 민족주의 사상을 엿볼 수 있다. 곧 소아적 가족주의를 버리고 대아적 국가주의를 강조하고 있다. "우리 집 처와 자식이나 무고한가 하여 어리석은 생각이 국가의 편안하고 위태한 것은 묻지 아니하고 문화 보전만 도모코자 하나니… 그런고로 우리는 동포 사상이 발달하기를 축원하고 가족 사상의 발달은 바라지 아니하는 바이로다"(『단재 신채호 전집 6』, 287)라고 한 것처럼, 1900년대 신채호의 국가 · 영웅주의는 민족주의를 바탕에 깔고 나온 사고임이 틀림없다.

이러한 그의 생각은 당시 나라가 풍전등화 같은 시대 상황에서 나올 수밖에 없는 강렬한 주장들로 보인다. 그 시대 일제에게 강탈당한 나라를 꼭 되찾아야 하는 지사의 간절한 심정임은 두말할 필요가 없다.

또 "思想變遷의 階級"(사람의 생각이 변화하는 단계, 신보 1909. 9. 18.)에서도 마찬가지로 사람의 생각은 변한다는 기본 인식 아래, "지금 세상이 바뀌어 동서양의 사람들이 한데 어울려 사는 세상이 되었는데도, 제 집안 생각만 하고 국가 · 민족의 생각을 안 하고 있다"(『단재 신채호 전집 6』, 367)라고 하면서 향토주의=국가주의적 인식을 강조하고 있다.

이들 글을 통하여 신채호의 당시 사회진화론에 입각한 민족주의적 애국계몽사상을 엿볼 수 있다. 또한 시대가 흐르고 있는데 옛것에만 매달려 있어서는 안 된다는 간절한 호소를 하고 있다. 이는 나중에 신채호 자신이 아나키즘을 수용하는 사고의 바탕이 되기도 한다.

이외 신채호는 대한매일신보에 연재한 시평 "天喜堂詩話전희당시화"(「대한매일신보」, 1909. 11. 9~12.)를 통하여서도 민족주의적 문학개혁론도 폈다. 이 역시 량치차오가 "飮氷室詩話음빙실시화"[17]에서 주장한 문학개혁론과 교감을 함께 하였던 것으로 보인다. 그러나 신채호는 시어를 한문이 아닌 한글 신어구新語句로 표현하고 있다. 이는 민족주체성을 강조함과 동시에 한글 시가의 중요성을 역설하였다는 생각이다. 내용을 잠깐 살펴보자. 풀어 써본다.

"호두 장군虎頭將軍(최영, 1316~1388)이 여러 차례 지나支那(중국), 왜구를 모조리 물리치는 등 백전백승을 했다. 그 여세를 몰아 대병을 이끌고 랴오양과 선양으로 쳐들어가 고구려 옛땅을 회복하려고 하였다. 그러나 시운을 타지 못하여 큰 뜻을 저버리고 죽음을 당하였으니 지금도 장군의 일을 말하면 비분강개하여 눈물을 흘리지 않는 이가 없다."

이와 같은 모두 서술로 시작한다. 그리고 최영의 시 2수를 가지고 민족반역자(을사 5적)들의 썩은 정신을 비판한다. 이어서 시문학

---

17 梁啓超, 「飮氷室詩話」, 『飮氷室文集』 45(飮氷室合集 5), (中華書局, 1936).

을 비평하되, "시는 국민문학의 정수"라고 논찬한다. 곧 대한나라의 시문학은 중국의 비탄조의 시문학과 달라서 상무적 정신을 담은 시문학이 발달하였음을 강조하고 있다. 대표적으로 최영과 을지문덕, 남이장군의 상무적 시를 예로 들고 있다. 이어서 외국의 시문학은 어디까지나 외국시일 뿐 우리 시가 될 수 없음을 지적한다. 이것은 민족의 주체성을 강조하는 민족주의 사상과 함께 상무적 시문학의 강조는 영웅 중심적 색채도 드러내고 있음을 볼 수 있다(『단재 신채호 전집 7』, 731-742). 신채호는 조선조 이홍위李弘暐(1441~1457 묘호: 단종端宗)가 어린 나이로 왕에 올랐다가 그의 삼촌 이유李瑈(1417~1468, 묘호: 세조世祖)에게 왕위를 빼앗기고 죽임을 당하자 이를 유가적 충의 정신으로 이유의 행위가 잘못되었다고 지적하다가 생죽임을 당한 사육신 중의 한 사람인 박팽년朴彭年(1417~1456)이 자신의 충절을 지키며 노래한 한시를 최영의 충절에 비견하여 애국주의의 표상으로 실었다. 현대어로 고쳐 옮겨와 본다.

까마귀 눈비 맞아, 흰 듯하지만 검은 놈이다.
한밤에 빛나는 달(야광명월)이 있는데, 밤이라고 어두울손가
임(나라)을 향한 일편단심, 가실 줄 있으련가

이 시의 뜻은 신채호가 까마귀는 일제를, 검다는 것은 약탈자의 본래 모습을 시어로 나타내었다고 볼 수 있다. 2절에서 야광명월은 최영과 독립운동을 하는 존재를 뜻한다. 그들이 있는 한 밤(식민지 상태를 뜻함)이라고 어둠만 있는 게 아니라는 뜻이다. 3절에서 임(나라)을 생각하는 일편단심(최영과 같이)은 변하지 않은 독립운동가의

변하지 않는 마음을 나타내고 있다.

신채호는 사론을 통해서도 민족주의 · 영웅중심적 인식을 하고 있음을 볼 수 있다. 그 중 대표적인 사론적 저술에는 『讀史新論독사신론』(1908. 8. 27.)이 있다. 여기서도 신채호는 민족주의적 사고에 바탕을 두고 상고사 인식체계를 역사철학적으로 수립하고 있다.

첫째, 상고시대에는 웅휘한 문화권을 형성하였고, 단군 시대에 와서는 우리의 문화를 중국에 전파하여 중국의 종교사상과 경제생활에 막대한 영향을 미쳤다. 둘째, 고구려는 대외항쟁에서 승승장구하였다. 이러한 역사적 사실의 강조는 우리 민족의 역사를 모화 · 사대적으로 보는, 일제식으로 타율성 · 정체성으로 보는 그러한 주장을 반박하는 근거들이라 하겠다. 셋째, 단군조선의 광대한 영토를 고찰해 냄으로써 일제의 반도사관 · 열등 민족이라는 주장이 얼마나 허무하게 조작된 것인가를 입증해주고 있다. 이는 민족주체성을 강조하는 '자주적 민족주의'를 그린 사론이었다고 말할 수 있다.[18] 이렇게 보았을 때 신채호의 민족주의는 1900년대 후반기로 오면서 저항 민족주의를 버리고 서서히 '자주를 생명으로 하는 민족정신'을 최고의 가치로 여기는 '자주적 민족주의'로 진화하고 있음을 발견하게 된다.

이런 차원에서 신채호는 고려시대에 『三國史記삼국사기』(1145)를 쓴 김부식을 가혹할 정도로 비판한다. 또 우리 역사의 주 무대를 만주 대륙으로 설정하고 이러한 광활한 영토를 중국 당나라에 내준 김춘추에 대하여서도 비난의 화살을 멈추지 않았다. 그리고 김부식

---

18 신용하, 「단재 신채호전집 3 해제」.

이 빼버린 발해를 우리 역사에 다시 편입함으로써 우리 역사에 남북국시대가 있었음을 강조한다. 그는 자신의 이러한 역사 편찬 의식을 민족주의 사관으로 쓴 '신역사'라고 하였다. 이러한 신역사의 강조는 곧 살아있는 '자주적 민족주의'에 대한 발견이었다고 볼 수 있다. 이러한 주체성·자주성을 강조하는 민족주의는 훗날 신채호의 역사철학적 인식에 크게 영향을 준다.

다시 신채호는 우리 역사에서 고대국가를 형성해 가는 과정에서 주족과 객족의 개념을 도입한다. 그래서 주족인 우리 민족이 객족인 말갈족, 여진족, 선비족, 지나족(중국 한족)과 투쟁에서 진보·발전하면서 동아시아에서 가장 빛나는 문명국가를 수립했다는 논조를 이끌어낸다. 이러한 논조는 신채호가 아직은 사회진화론적 역사 인식을 버리지 않고 있음을 보여준다. 이러한 독사신론에서 보여주고 있는 그의 역사철학적 인식은 다음에 쓰는 조선상고사 총론에서 나오는 "역사란 무엇이뇨, '我아와 非我비아'의 투쟁이 시간으로부터 발전하여 공간으로 확대하는 심적 활동의 상태의 기록"이라고 정의한 토대가 되었다고 본다. 신채호가 역사를 '아와 비아'의 투쟁으로 인식한 것은 사회진화론의 "경쟁에서 이기는 자만 살아남고 지는 자는 망한다"라는 자강적 '우열존망' 사상에서 비롯된 것으로 본다. 따라서 '아와 비아'와의 투쟁에서 비아를 이기기 위해서는 영웅의 투쟁이 있어야 한다는 영웅주의 인식도 나타나고 있다. 신채호는 영웅주의를 '나라와 민족의 이익을 최상위에 놓는' 강권주의를 바탈로 하는 국가주의자로 설정하게 만든다.

이와 같이 신채호는 ① 중국에 대한 문화·정치적 사대주의를 타파하고 ② 그가 처한 한말·일제 식민지적 상황의 철폐라는 민족적 과제와도 상통하고 있다고 보았다(이만열, 1986, 48.). 신채호의 이와 같은 강권주의적 민족주의는 을사늑약 체결 시기(1905~1908) 애국계몽운동과 연관하여 나타난다. 1905년 말은 일제의 침략이 구체화 되는 시기로, 신채호는 이 시기에 서구의 사회진화론적 서구 사상과 접촉하면서 전통적 유가사상의 한계에 직면하게 된다. 그리하여 신채호는 사론을 통하여 전통적인 사상에서 근대적 사상으로 변환하고, 유가의 극복을 '지성적 과제'로 설정하는 역사철학적 인식을 구체화한다. 곧 사회진화론에 바탕을 둔 근대 저항 민족주의 역사학을 체계화한 셈이다.[19]

앞에서 보는 바와 같이, 신채호에게서 민족은 역사가 존재하는 한 영속적인 존재이다. 그리고 각 민족의 역사는 민족사마다 각자의 특성을 가지고 발전하기 마련이다. 그런데 우리 민족의 역사는 지배층 중심의 엘리트 역사로 왜곡되어 이어져 왔다고 인식하였다. 그런 까닭으로 우리 역사는 추락의 본성을 드러내면서, 끝내는 식민지의 나락에 빠지는 결과를 가져왔다고 한탄하였다. 이런 역사 인식을 가지고 신채호는 우리 역사의 특성을 다음과 같이 진단하였다.

첫째, 이제까지 지배계급이 지배해온 우리 역사는 한계를 가지고 있었다. 엘리트 중심의 지배층은 저들만을 위한 통치기구를 만들어 권력 중심의 국가를 지속해 왔다. 이 때문에 우리 역사 속에서 발견되는 활달하고 진취적인 민중의 기상이 이들에 의하여 억압·압제되어 왔다. 이것이 우리 역사의 진취적인 이상을 위축시킨 원인이다. 둘째, 엘리트 지배층들의 '자발적 노예'를 자처하는 사대주

---

19 『단재 신채호 전집 3』, 5-74

의적 비굴한 태도는 이 나라 역사에서 민족의식을 약화시킨 결과가 되었다. 이것이 이 나라를 식민지라는 비참한 상태로 빠지게 한 원인이 되었다. 신채호는 그 예로 신라에 의한 사국 병합(신채호는 삼국통일이라고 함)을 들고 있다.[20] 이때부터 대륙에 부용附傭하는 나약한 국가로 전락하였다. 이 때문에 신채호는 부여, 고구려 중심의 역사 인식을 굳이 고집하였다고 본다. 그래서 고구려의 호방한 대륙적 기질의 복귀를 갈망했던 이유이기도 하다. 신채호에게 있어서 민족의 개념은 우리 역사 속에서 배태된 정신적 인격체이며, 영속적인 가치태다.

그러면 여기서 잠시 신채호가 주장하는 '역사철학'적 인식을 살펴보자. 신채호는 신라에 의한 사국 병합을 우리 역사를 위축시킨 예로 들고 있다. 앞의 독사신론에서도 나타나고 있지만, 신라(김춘추)가 사국 통합만 바라고 외국 당의 군사력을 끌어들이는 조건으로, 고조선 이전부터 우리 땅으로 지배해온 막대한 영토를 양여한다. 이로써 신라의 사국 통합 이후 우리나라(신라)의 강역은 대동강에서 원산만 이남으로 축소를 당하게 된다. 우리 땅, 강역의 축소는 상대적으로 민족, 역사, 사업, 사상 등의 쇠퇴를 가져왔고 영웅의 활동과 민족의식의 상실을 초래케 했다는 인식이다.[21] 그래서 신채호는 이때부터 단군 → 부여 → 고구려 중심의 우리 역사 발전궤도를 고집하는 것도 이 때문인지도 모른다. 여기서 신채호는 우리 고대 역사의 웅장한 광휘가 일제라는 강도에 의하여 식민지 나락으로

---

20 신채호의 글, "조선사 정리에 대한 사의私議",『단재 신채호 전집 7』, 207
21 『讀史新論』,『단재 신채호 전집 3』, 337.

떨어진 민족을 구원해줄 영웅을 고대하였다. 여기서 그의 영웅주의 적 역사관이 나타나기 시작했다는 판단이다. 신채호의 민족주의 영웅 사관은 량치차오의 민족주의 영웅론과 교감을 이루면서 나온다.

3. 1900년대 신채호의 역사철학적 인식: 영웅 사관

량치차오의『英雄論영웅론』은 1899년(淸光緖25)에 쓴 글이다. 영웅 관련 글들은 대체로『음빙실자유서』에 실려 있다.22 이에서 영웅론에 관해 쓴 글을 네 편 정도 추려본다. 곧, "英雄與時勢"(영웅과 현실), "無名之英雄"(무명의 영웅), "豪傑之公腦"(호걸의 공리사상), "文明與英雄之比例"(문명과 영웅의 비례) 등이다.

량치차오는 「영웅과 현실」이라는 글에서 "세월이 영웅을 만드는가. 영웅이 세월을 만드는가"라고 했을 때, 두 가지 말이 모두 맞다고 했다. 그것은 영웅과 세월은 실물과 그림자의 관계이므로 서로 떨어질 수 없는 존재이기 때문이라고 설명한다. "현재 중국 땅은 액운이 극에 달하였다. 지금 처한 세월에서는 간절하게 발꿈치를 들고 열렬히 영웅의 시대가 오기를 바란다."23

또 「호걸의 공리사상」에서는 "세계가 곧 영웅(호걸)이다. 영웅이 존재하지 않으면 세계도 존재하지 않는다… 국가의 인민은 호걸들

---

22 『飮氷室合集/飮氷室自由書 6』(中華書局, 1936. 9., 33.)

23 或云, 英雄造時勢.時勢造英雄, 此二語皆 名言也 … 英雄者, 人間世之造物主也. 人間世之事業, 皆英雄心中所蘊蓄而發現者 … 英雄與時勢, 二者如形影之相隨, 未嘗少離, 旣有英雄, 必有時勢 … 今日禹域之厄運, 亦已極矣 … 以其時考之則可矣. 斯乃擧天下翹首企足喁喁焉望英雄之時也: 『飮氷室專集2/飮氷室自由書 6』(中華書局, 1936, 9-10).

의 이끄는 시대변화에 따라 이리저리 다니고, 바삐 뛰고, 따라다니고 할 뿐이다"[24]라고 영웅의 가치를 평가하였다. 그리고 호걸·영웅을 정의하되, "호걸은 공리에 따라 움직이고 시대의 추세에 통달한 자이다. 그래서 호걸의 움직임에 따라 나라가 하나로 통합이 된다"[25]고 하면서 전제 영웅(일인 영웅)이 나타나기를 바라는 '영웅대망론'을 펴고 있다. 전제 영웅이 나와야 세계도, 나라도, 사회도 이끌고 나갈 수 있다고 보았다. 그리고 영웅의 존재는 공리(정의)를 수호하는 존재이고, 시대를 이끌고 가는 존재라고 정의하였다.

그런데 「무명의 영웅」이라는 제목의 글에서는 입장을 달리한다. 곧 일제 조선 침략이 이루어지자, 일제 역사학자로서 조선 왕실에 보관되어 있던 진귀한 고문서를 도적질해 간 도쿠토미 소호(德富蘇峯)가 쓴 『靜思餘錄』(정사여록, 1893)에서 내용을 빌려온다.[26] 정사여록에서 장문의 글을 인용한다. 그중에 "하나의 큰 돌이 거대한 높은 성곽을 이룰 수 없듯이, 한 개인이 비록 위대하다 할지라도 영웅이 되기가 어렵다. 고성이 고성 되게 한 것은 무명의 초석들이다. 영웅으로 하여금 위대하게 만든 것은 무명의 영웅들이 그렇게 만들었다. 하나의 영웅은 반드시 무명의 영웅들을 대표할 뿐이다"[27]라고 한 부분을 가지고 량치차오 자신도 다음과 같이 이야기

---

24 世界者何, 豪傑而已矣 … 皆隨此數十人 … 之風潮而轉移奔走趨附者也(『飮冰室專集 2/自由書 2』(中華書局, 1936, 33-34).

25 旣服公理矣. 達時勢矣. 公理與時勢卽爲聯合諸羣之媒 … 全國豪傑可以歸於一點, (豪傑之, 「公腦」, 梁啓超 앞의 책, 33-34).

26 『飮冰室合集/飮冰室自由書 6』(中華書局, 1936, 48-50).

27 彼一片之石雖大, 不足以築高城, 一個之人物雖偉, 不足以爲英雄, 使高城如彼其高者, 有無名之礎石爲之也. 使英雄如彼大者, 有無名之英雄爲之也 … 彼英雄者, 代表

한다. "군대가 전쟁에서 성공을 거두는 것은 장수의 힘이지만, 장수로 하여금 성공케 한 것은 군대 구성원인 병사=병졸들이다. … 나라도 마찬가지로, 한두 사람의 나라가 아니다. 모든 나라 사람의 나라다. … 중국의 모든 사람이 무명의 영웅이다. 따라서 "교육하고 훈련을 시켜 나라 사람 모두를 무명의 영웅으로 만들어야 한다"[28]라고 하여 앞에서 말한 개인영웅론·전제영웅론의 입장을 버리고 '대중영웅론'으로 사고를 수정하고 있음을 볼 수 있다. 그리고 그는 민중 모두를 영웅으로 만들기 위해서는 교육과 훈련을 통한 실력양성을 해야 한다는 실력양성론도 함께 주장하고 있다.

이어 "문명과 영웅의 비례"에서는 량치차오가 영웅론에 대한 자신의 생각을 최종적으로 정리하고 있는 것으로 보인다. 곧 영웅의 모습이 예와 오늘이 다름을 말하고 있다. "… 20세기 이후로는 영웅이 사라지리라. 그것은 사람들이 모두 영웅이기 때문이다. … 전제 영웅 시대의 세계란 영웅의 전제물이었다. 근세로 내려오면, 전제 영웅의 기풍은 점점 사라지고 영웅도 본래 일반 사람과 같다는 것을 알게 되었다. … 구영웅은 한 명이 전제적이었으나 신영웅은 국민 모두로, 영웅이 필요 없는 시대가 되었다. … 그 이유는 근대로 오면서 교육의 보편적 보급으로 사람들의 지혜가 평등해지고, 삶의 일상에서 분업의 세세한 발달로 고대의 전제적 영웅이 모든

此無名之英雄云爾: (梁啓超, 앞의 책, 48-50).

28 無名之英雄: 譬之一軍於此, 其能成大功者繫乎將帥, 然使將帥能成大功者, 又繫乎兵卒..... 一國亦何莫不然, 國也者, 非一二人之國, 千萬人之國也. 助將帥之成功者兵卒也. 而訓鍊此兵卒使能爲我助者. 又將帥也而訓鍊此兵卒使能爲我助者... 豈先用力以造出此無名之英雄哉 (梁啓超, 앞의 책 48~50).

일을 다 할 수 있었지만, 지금은 할 수 없기 때문"29이라고 한 것과 같이 영웅대망론의 시각이 전제영웅론에서 민중영웅론으로 바뀌고 있음을 보여주고 있다. 교육과 문명의 발달로 인지가 발달 되면서 하나의 영웅에 기대어 나라 발전을 도모하던 시대는 지나가고 나라 사람 모두가 나라 발전에 앞장서는 시대로 바뀌었다는 인식을 하고 있다. 따라서 량치차오는 구영웅(전제적) 시대는 지나가고 신영웅 (민중적) 시대가 왔음을 강조하고 있다. 곧 역사의 주체로서, 역사의 원동력은 옛 국가에서는 영웅이었지만, 당시(19세기 말)는 민중/민인 전체가 역사의 주체요, 원동력이라는 설명이다. 이렇게 량치차오의 영웅론에 대한 글들을 장황하게 소개하는 것은 신채호의 영웅론과 비교하기 위함이다.

신채호는 량치차오의 '음빙실자유서'에서 나오는 앞의 네 편의 글과 그 밖의 글들을 읽으면서 량치차오의 영웅론에 대하여 함께 교감을 하였던 것으로 본다.

신채호도 1908년부터 민족주의 영웅 사관을 가지고 사론을 쓰기 시작한다. "英雄과 世界"(영웅과 세계, 「대한매일신보」, 1908. 1. 4~5.), "機會不可坐待"(기회는 앉아서 가다릴 수 없는 일, 「대한매일신보」, 1908. 3. 29., 4. 1.), "二十世紀新東國之英雄"(20세기 신동국의 영웅, 신보 1908. 8. 17~20.), "所懷一幅으로 普告同胞"(품고 있던 격한 감회를 동포에게 고함, 신보. 1908. 8. 21.), "東洋英雄兒의 缺點"(동양영웅아의 결점, 「대한

---

29 二十世紀之文明, 將隨十九世紀之英雄以墜於地 … 人羣未開化之時代則有之. 文明愈開, 則英雄將絶跡於天壤. 二十世紀以後將無英雄, 何以故…其一由於教育之普及.. 智慧日平等..其二由於分業之精繁… 其分之日細: … 謂之英雄專制時代, 卽世界者英雄所專有物而己, 降及近世, 此風消熄, 英雄亦猶人… (梁啓超, 앞의 책, 85-86).

매일신보」, 1910. 1. 20.), "大英雄小英雄"(대영웅과 소영웅, 신보 1910. 2. 2.), "二十世紀新國民"(20세기 신국민, 「대한매일신보」, 1910. 2. 22.~3. 3.) 등이다. 이제 위의 글들을 차례대로 보면서 신채호의 영웅주의사관, 곧 영웅대망론에 대하여 살펴보기로 하자.

신채호의 "영웅과 세계"에서는 다음과 같은 내용을 담고 있다. "영웅은 세계를 지어내는 성신(거룩한 정신·하느님)이다. 세계는 바로 영웅이 활동하는 무대이다. 만일 상제(하느님)가 세상을 창조한 이래, 영웅이 하나도 나오지 않았다면, 광활한 산천은 짐승이 울부짖는 무성한 초목의 숲으로 변했을 것이고, 바다는 어룡(물고기와 바다용)만이 뛰어노는 황량한 바다가 되었을 것이다. … 영웅이 없고, 세상(세계)만 있다면, 만물을 창조한 신이 세상을 내려다보고 비참한 눈물을 흘렸을 것이다. 영웅의 존재는… 거룩한 사람을 칭하는 아름다운 이름이다. … 영웅은 지식이 만인을 초월하고 기개가 한 세상을 덮을만한 위인"(글쓴이가 오늘날 어투로 고쳐 썼음.『단재 신채호 전집 6』, 235-238)이라고, 영웅의 개념을 정의하되 전제 영웅의 출현을 고대하는 영웅대망론의 입장에서 쓰고 있다. 여기에서 보면 신채호에게 있어서 영웅은 곧 하느님이다. 따라서 앞의 글 뒤에 쓴 글들은 역사 속에서 영웅의 존재가 얼마나 중요했는지를 설명하고 우리나라와 동·서양의 영웅들을 열거하고 있다. 결말로 "우리나라에 세계와 교섭·연결할 영웅이 나와야 세계와 겨눌 수 있게 된다. 영웅이 없다면 나라 되기를 바랄 수 없다"라는 논지를 편 것은 량치차오처럼 영웅대망론에서 교감을 얻어 썼기 때문으로 본다.

이때 신채호가 말하는 영웅은 '개인적 영웅(한 사람의 영웅)' 곧 전제 영웅이었다. 이렇게 전제 영웅이 나오기를 바라는 영웅대망론의 입장에서 영웅론을 썼던 신채호는 같은 해 3월에 쓴, 기회는 앉아서 기다린다고 오지 않는다는 "機會不可坐待"(기회불가좌대, 「대한매일신보」, 1908. 4. 1.)라는 제목의 글에서 다음과 같은 입장의 영웅론을 쓴다.

"영웅은 기회를 만들고, 기회는 영웅을 만든다. 영웅과 기회는 서로 기다리면서 상호작용한다. 영웅이란, 풍운을 호령하고 한 세상을 마음대로 풍미(뢰롱牢籠)하며 숱한 적들을 물리치고, 망한 나라도 일으키는 자를 말한다… 영웅은 기회를 만든다. 옛 한국의 영웅이라는 자들은 앉아서 기회를 기다리다가 일평생을 그릇 되게 만들었다. 이제(문명이 일취월장하는 이 시대)는 앉아서 기회를 기다릴 수 없다. 지금 서양 열강과 일제가 이 나라를 풍비박산을 내려 한다. 이탈리아의 신문쟁이 마치니, 독일의 미관말직의 비스마르크, 프랑스의 나폴레옹, 미국의 워싱턴도 시운을 만난 사람들이다. 이와 같이 영웅은 기회를 스스로 만드는 것이니, 어려움을 참아 견디고, 지식을 확충하여 과거에 연연하지 말고 분발"해줄 것을 간곡히 말하고 있다(글쓴이가 풀어 썼음. 『단재 신채호 전집 6』, 259). 여기서 보면, 영웅대망론의 입장은 그대로 가지고 있되, 전제영웅론에서 탈피하여 서서히 민중영웅론으로 나가고 있음을 본다.

다시 같은 해 8월에 쓴 20세기의 "우리나라 새로운 영웅은 누구여야 하는가"라는 "二十世紀新東國之英雄"(이십세기신동국의 영웅, 「대한매일신보」, 1909. 8. 17~20.) 제목의 글에서는 영웅론의 인식이 완전히 바뀌고 있다. 글이 많이 길어서 간단히 발췌하여 요약해 본다.

"내가 부르는 것은 새 영웅이요, 내가 구하는 것은 새 영웅이다. 새 영웅은 참담한 오늘날의 시세에 익숙한 사람으로 나라의 영광을 회복하는 자이다. 가족, 집안, 당파에 얽매인 19세기 영웅이 아니라, 20세기 영웅이어야 한다. 국민 중에서 나오는 20세기 영웅이어야 한다. 국민이여, 너희가 바로 영웅이다. 국민 중에서 영웅이 나와야 종교도 국민적, 학술도 국민적, 실업도 국민적, 미술도 국민적이 될 수 있다"(글쓴이 요약하여 풀어썼음, 『단재 신채호 전집 6』, 724-728).

이라고 함으로써 량치차오와 마찬가지로 신채호도 19세기 영웅(구영웅=전제 영웅)과 20세기 영웅(신 영웅=민중 영웅)으로 구분하고 있다. 구 영웅은 가족, 향당, 당파 등 전통적인 유가의 사상 논리에 얽매여 있는 영웅을 말하고, 신 영웅은 민족주의와 국가주의적 역사 정신이 투철한 국민·민중이 곧 영웅이라고 정의하고 있다. 이렇게 신채호의 민족주의 영웅관은 이제 전제 영웅관(호걸 중심)에서 민중영웅관(인민 중심)으로 영웅대망론이 이동하고 있음을 볼 수 있다.

그리고 민중영웅관에서 꼭 필요한 것은 량치차오처럼 교육임을 강조한다. 곧 민족주의에 바탕을 둔 애국계몽사상을 드러내고 있음을 알 수 있다. 이러한 신채호의 국민·민중영웅관은 같은 해 8월, 「20세기 신동국의 영웅」보다 조금 뒤에 쓴 「품은 회포를 널리 고함」에서 확실하게 드러내고 있다. 전제영웅론에서 민중영웅론으로 지론을 굳히고 있음을 볼 수 있다.

이 글에서 보면, 량치차오의 '문명과 영웅의 비례'에서 보이고 있는 '국민영웅론'과 같은 논조로 쓰고 있음을 알 수 있다. 곧 "가을이 오니 비바람에 첨첨이 쌓이는 회포를 풀어 우리 국민 동포에 고하노라, … 오호라, 이때를 당하여 여러분의 생각이 바뀌지 않는다면, ⋯ 지금이 어느 때인 줄을 모르는 바이다. 옛날에는 한 나라의 원동력이 한둘의 호걸이 있어서 그의 지도에 따라 이리 가고 저리 갔지만, 지금은 한 나라의 흥망은 국민 전체에 있다. 한두 사람의 영웅에 있지 않다. 따라서 여러분은 (나라 살리는) 교육과 실업에 힘써야 한다."(글쓴이가 현대 어투로 풀어 썼음, 『단재 신채호 전집 6』, 424-425)

이 내용은 량치차오가 '문명과 영웅의 비례'에서 "20세기 문명이 되면서 19세기의 영웅도 추락하게 되었다. 옛날에는 영웅을 보기를 하늘 같이, 신과 같이 보았다. 이를 숭배하였다. 이 당시 인류는 그런 영웅(삼국시대 관우나 송대 악비처럼)의 능력을 끝내 따라가지 못한다고 생각하였다. 그러나 지금은 영웅은 전제 시대를 지나 영웅이 없는 시대가 되었다. 이러한 생각은 영웅 전제 시대에 있었던 일이다. 곧 그 당시 세상은 영웅의 전유물이나 다름이 없었다. 시간이 지나 근세로 오면서, 그렇게 생각하던 풍조는 사라지고, 영웅도 일반 사람과 다름없다는 것을 깨닫게 되었다. ⋯ 지금은 모든 사람들이 영웅이다"[30]라고 한 것처럼 신채호도 사고의 진전에 따라 전제영웅론에서 민중영웅론으로 영웅관이 바뀌고 있음을 알 수 있다.

「大我와 小我대아와 소아」(1908. 9. 16.)에서 다음과 같은 말을 한다. "소아는 물질의 나(거짓 나)를 말함이며 대아는 영혼·정신의 나(참 나)를 말한다. 소아는 유한 생명의 존재이지만, 대아는 무한 생명의 존재이다. 소아는 막힘이 있으나 대아는 무소불위의 막힘이 없다. 소아는 전통과 가족에 얽매이는 부끄러운 존재이었지만, 대아는 영

---

30 "上古人之視英雄, 如天如神, 崇之拜之, 以爲終非人類之所能及 ⋯ 謂之英雄專制時代, 卽世界者英雄所專有物而已. 降及近世, 此風消熄, 英雄亦猶人, 人能知之, ⋯ (梁啓超, 「文明與英雄之比例」 앞의 책, 1899, 85~86.

웅이요 성인이요, 선비 같은 존재"라고 인식하였다.31 이 글에서 나오는 '我아'라는 단어는 조선의 고유한 주체를 말한다. 따라서 그동안 정신을 잃었던 민족, 국권을 빼앗긴 조선에 영웅적 존재요, 정신적 존재요, 무한한 존재인 대아적 존재를 되찾아와야 한다는 생각을 밝히고 있다. 그래서 민족과 국가를 되찾은 대아적 존재(민중영웅)가 민족의 주체(혼백), 투쟁의 주체(민중), 영웅의 주체(국권)가 되어야 한다는 주장을 하고 있다. 이와 같은 글을 통하여 신채호의 국가주의("東洋英雄兒의 缺點"[동양영웅아의 결점, 「대한매일신보」, 1910. 1. 20.])와 함께 민중 · 민본적 민족주의가 서서히 나타나고 있음을 볼 수가 있다.

이 글에서 보면, "정의 · 인도에 의지하는 미국의 워싱턴, 링컨 등을 막론하고 야심가의 가슴 속에도 반드시 국가주의가 충만한 까닭으로"(『단재 신채호 전집 6』, 540)라고 함으로써 아시아의 영웅들에게 부족한 것이 국가주의임을 강조하고 있다.

"大英雄과 小英雄"이라는 글에서는 영웅을 큰 영웅과 작은 영웅으로 구분하여 이분법적으로 설명을 하고 있다. "큰 영웅은 인류에 목적을 두고, 인민의 복락과 이익을 도모하는 자이고, 작은 영웅은 자가에 목적을 두고 자기의 야심 찬 사익에 충실한 자"(『단재 신채호 전집 6』, 155-156)라 하여 민중 영웅이 되어야 하되, 민족과 국가를 위하는 민중 영웅이 되어야 한다는 논리를 펴고 있다. 이렇게 민중/민인을 발견한 신채호는 민본주의적 민족주의 인식을 드러내는 "이십세기 신국민"이라는 글을 쓰게 된다. 이 글에서는 민본주의

---

31 『大韓協會會報 5』, 1908. 8. 25., 대한매일신보에 다시 실음. 1908. 9.16~17.

적으로 민중을 새롭게 인식하고 있다. 이 부분은 1910년대 신채호의 역사철학적 인식에서 구체적으로 다루기로 하자.

이상 살펴본 바와 같이 신채호의 민족주의 영웅관은 1900년대에 보이고 있는 역사철학적 인식의 핵심 내용이다. 이러한 역사철학적 인식은 ① 민족 내적으로 근대화를 통한 사회 개혁적 욕구와 ② 민족 외적으로 제국주의·식민주의적 침략 세력을 배격해야 한다는 시대적 분위기에서 체득하게 된 것으로 본다.

민족주의 영웅관에서 나온 책과 글들이 있다. 먼저 량치차오의 『意太利建國三傑傳이태리건국삼걸전』(1902)[32]을 번역 출간하였다(『伊太利建國三傑傳』: 이탈리아 건국의 세 영웅전, 1907). 이어 『乙支文德을지문덕』(廣學書舖, 1908)을 출판하여 세상에 내보낸다. 이어 다음 글들을 대한매일신보에 연재하였다. "水軍第一偉人 李舜臣"(수군제일위인 이순신, 「대한매일신보」, 1908. 5. 2~8. 18.), "東國巨傑 崔都統"(동국거걸 최도통, 「대한매일신보」, 1909. 12. 5.~1910. 5. 27.), "悲哉 韓國英雄의 歷史"(비재 한국 영웅의 역사, 「대한매일신보」, 1909. 1. 2~14.), "姜邯贊과 加富爾"(강감찬과 카부르, 「대한매일신보」, 1909. 12. 14.), "淵蓋蘇文"(연개소문, 「대한매일신보」, 1910. 1. 21.) 등이다.

이들 책과 글들은 모두 국난극복에 이름을 떨친 애국적 영웅이라는 공통점을 갖는다. 이러한 역사 전기를 통하여 일제 침략의 위기에 놓인 대한제국의 국운을 타개할 구국의 영웅을 기다림과 동시

---

32 梁啓超/申采浩, 19세기 이탈리아 민족국가 통일 과정에서 활약한 애국적 세 영웅, 마치니(Mazzini), 카부르(Cavour), 가리발디(Garibaldi) 등 3걸의 영웅적 일생과 위업 이야기, 廣學書舖, 1907. [참고] 梁啓超, "意太利建國三傑傳"은 『飮氷室專集』1, 1902(『飮氷室合集 11』, 中華書局, 1936)에 나와 있다.

에 일제와 한번 싸워보자는 결의를 다지는 내용들이다.

신채호는 이러한 영웅대망론의 역사철학적인 인식을 바탕으로 실천적 행동양식의 이념으로 1900년대 저항 민족주의적 논리를 추구하였다. 그러나 신채호의 '저항 민족주의'는 점차 극복되면서 '자주를 생명으로 하는 민족', 곧 '자주적 민족주의'로 승화되어 그가 옥사하는 그날까지 그의 몸속에서 살아 꿈틀거리게 된다. 이리하여 그의 민족주의는 계몽적 단계(애국계몽운동)에서 저항적 단계(망명과 반일)로 그리고 자주적 단계(민본주의)에서 실천적 단계(아나키즘)로 진보하게 된다.

그래서 신채호는 「제국주의와 민족주의」라는 글에서 적자, 우자, 강자, 승자로서 다른 민족·국가를 침탈하여 영토를 확장하는 세력을 제국주의라고 규정하였다. 그리고 우승열패·약육강식의 도태과정에서 패배하지 않고 자강을 도모하여 자기 민족의 생존과 독립 발전을 추구하여 강자의 침략에 대항하는 주의를 민족주의로 파악하였다. 그리고 민족주의를 가지고 우자, 강자, 승자가 되어야 한다고 강조하였다. 이는 당시 시대조류였던 사회진화론에서 영향을 받은 탓으로 보인다. 이러한 신채호의 애국계몽적 민족주의를 자강론적 민족주의라고 부르는 까닭이 여기에 있다.

이제까지 1900년대 사회진화론에 바탕을 둔 신채호의 역사철학적 인식(민족주의 역사 인식론)에 대하여 살펴보았다. 그 결과, 당시 사람들은 누구나 마찬가지였지만, 1900년대 신채호는 사회진화론을 당대의 시대조류로써 수용한 것으로 본다. 그리고 당시 지식인들의 보편적인 현상이었지만, 제국주의의 침략 민족주의에 맞서 반대급부적으로 저항 민족주의를 갖게 된 것으로 본다. 이렇게 보앞을 때, 신채호의 민족주의가 1920년대부터 나타난다는 기존의 일부 주장은 잘못된 주장이라고 생각한다. 위에서 살펴본 바와 같이 신채호의 민족주의는 량치차오의 그것과 마찬가지로 1900년 사회진화론을 받아들이면서 식민지 민족주의 형태로 수용하게 된 것으로 본다. 이에 따라 그는 민족의 외경력外競力(외부와 싸울 수 있는 경쟁력을 갖춤과 자강력, 주체력을 말함)을 키워 일제를 몰아내야 한다는 신념을 가지고 언론과 집필 활동을 통하여 그의 역사철학적 인식을 분명하게 드러낸다.

당시 그의 역사철학적 인식은 대부분 량치차오와 교감하면서 얻어지는 것으로 본다. 그래서 처음에는 역사창조의 원동력을 전제 영웅에 두고 영웅대망론을 펴왔다. 그래서 전제 영웅에 의해 민족 문제가 해결되기를 기대하였다. 곧 일제에게 압박을 받는 민족의 구원은 전제 영웅이 나와야 해결할 수 있다고 보았다. 그러다가 민중·국민영웅론을 펴게 된다. 새 시대(20세기)는 일개 영웅의 활동으로는 민족의 위기를 극복할 수 없다는 논리다. 전 국민이 깨어야, 민족의 주권을 회복할 수 있다는 논리를 갖게 된다. 영웅주의에 바탕한 신채호의 역사철학적 인식은 민족자강적인 목적의식이 상당히 강하게 드러나 있었다.

그러다가 점차 민중영웅론으로 발전하면서 종교가, 정치가, 실업가, 문학가, 철학가, 미술가 등 사회 각 부문에서 뛰어난 능력을 발휘하는 민중·국민영웅이 나와야 한다는 인식으로 바뀌게 된다. 그리고 민중 영웅은 교육에 의하여 배출될 수 있다고 보았다. 여기서 신채호가 교육과 언론을 통한 애국계몽운동을 강조하게 되는 사유가 나타난다. 1900년대 민족의 당면한 문제는 사회근대화+국권 수호라는 이중적 과제에 직면해 있었기 때문이다. 이런 점에서 신채호는 논설의 집필과 함께 역사 연구에도 매진하게 된다. 망국 현실의 극복과 사회현실의 위기를 인식하는 정신적 원동력을 역사에서 찾아 나갔다. 특히 민족 역사에서 휘황찬란한 역사가 있는 고대사에 치중한 것도 이런 맥락으로 보인다. 그는 1900년대 후반기에 가면서 저항 민족주의를 떨쳐내면서 점차 자주적 민족주의로 향해 간다. 현실에 대한 인식이 계몽적 단계에서 투쟁적 단계로 접어든다.

이러한 현실 인식을 바탕으로 신채호는 일제의 음모가 노골화되는 현실에서 지도층 중심의 애국계몽 운동은 한계가 있다고 판단하게 된다. 그래서 점차 지식인·지도층 중심의 민족주의 운동의 한계를 극복하기 위해서는 전체 민중의 계몽이 필요하다고 인식하게 된다. 그래서 역사교육과 계몽언론을 통하여 민중을 신국민으로 발전시켜야 한다고 생각하게 된다.

신채호가 이렇게 생각하게 되는 데는 다음과 같은 이유가 있었다. 특정 지도자와 선각자 중심의 엘리트 운동가들의 항일독립운동은 제각각의 운동노선을 갖고 있다. 따라서 이들에게는 통일·체계적인 운동방략이 없다는 판단이었다. 이런 문제점을 짚게 된 신채호는 조직·체계적인 운동방략이 필요하다고 생각하게 된다. 여기서 신채호는 국가와 민족에 대하여 깊은 생각을 하게 되었다. 그리하여 같은 역사와 동질적 문화를 함께 영위하고 있는 집단을 민족으로 정의하고 그 민족을 보호하는 울타리를 국가로 보았다. 이러한 그의 생각이 그로 하여금 국가주의와 민족주의를 강조하는 사고의 바탕이 된다. 그리고 국가와 민족의 핵심적 세력은 민중이라고 인식하게 된다. 따라서 신채호는 처음과 달리, 지도자·지배자를 신화적으로 영웅시하던 엘리트주의적 영웅대망론의 논리를 스스로 깨게 된다. 이와 같은 그의 진화된 사고는 전통적인 엘리트 관료들에 의하여 왜곡되어 온 역사, 또한 거부하게 된다. 그리고 민중을 역사의 실제적 중심세력으로 인식하게 된다.

　이러한 역사철학적 인식은 1900년대 후반기 신채호의 망명 직전에 나타난다. 그래서 1900년대 후반기에 발표되는 사론과 논설, 역사서에서 우리 역사가 이제까지 엘리트 관료들에 의하여 진실(역사적 事實)이 왜곡된 채 지배층 중심의 역사事實로 쓰여 왔다고 비판하였다. 이리하여 신채호에 의하여 쓰이게 된 1900년대 역사서, 특히 미완성 역사서이지만 『독사신론』은 근대 민족주의 사학의 효시를 이룬다고 할 수 있다. 그것은 우리나라 역사학계에서 처음으로 기전체적 왕조 중심의 역사 서술 방식을 탈피하고 근대적 민족 중심의 주체적 사학 체계를 확립해 놓았다는 데서 찾을 수 있다. 그리고 중국 중심의 사대주의·모화주의적 역사관과 일제의 식민사관(단군부정론, 일선동조론)을 비판하면서 민족적 정통성을 역사적으로 규명하려 하였기 때문이다.

　이에 신채호의 역사 서술을 통한 그의 역사철학적 인식을 살펴보면, 다음과 같이 정리할 수 있다. 첫째, 중화 중심적 유가의 논리를 비판하고 민족의 특수성을 우선적 가치로 두고, 이를 구체화시켰다. 이러한 관점에서 나온 고대 역사의 체계가 고조선 → 부여 → 고구려로 이어지는 우리 민족의 역사 계보다. 둘째, 사대주의적 사가(특히 김부식)에 의하여 축소된 민족의 삶의 영역을 구체적으로 파악하여 단군, 고구려, 발해의 영역을 새롭게 인식하였다. 그리고 남북국시대를 설정함으로써 발해가 고구려 옛 땅을 수복하였다고 보았다. 셋째, 특히 고구려의 전통적 역사를 현실뿐 아니라, 미래로 연결시켜 완성해야 할 과제라는 당위성을 주장하였다. 넷째, 역사를 과거성, 현재성, 미래성을 갖는 민족의 정신으로 정의하였다.

끝으로, 단재는 유럽에서 유입·수용된 근대사조에 대하여 다음과 같이 평가하였다. 유럽의 사상은 ① 사회진화론적 자강론에 입각한 개화사상이다. ② 민인·민중적 가치를 핵심으로 하는 인간 중심적 계몽주의 사상에서 나왔다. ③ 서구의 민족주의는 제국주의적 반동민족주다. 유럽 사상의 핵심은 힘의 논리를 보여주는 사회진화론이다. 이러한 힘의 논리가 국제 사회를 지배하고 있다고 보았다. 이에 따라 신채호는 유럽의 사상을 극복하기 위하여 민족 정신, 국가 정신을 강조하였다.

신채호는 반침략적 반식민주의적 민족관을 정립하기 위해 주종족主種族 중심의 민족사관을 가지고 2분법적인 인식으로 당시의 현실 사회를 관찰하였다. 곧 "精神上國家"(정신상국가, 「대한매일신보」, 1909. 4. 29.)라는 글에서 국가·사회의 형태를 정신상 국가·사회와 형식상 국가·사회로 나누고 정신상 국가를 주색主色으로 보고, 형식상 국가를 외형外形으로 파악하였다. 정신상 국가는 민족의 독립할 정신, 자유할 정신, 생존할 정신 국위를 분투할 정신, 국광을 환발할 정신이라고 정의한다. 그리고 형식상 국가는 강토, 주권, 군주, 의회, 정부, 관리, 군함, 대포, 육군, 해군 등 집합체를 들었다. 그래서 "정신상 국가가 망하면 형식상 국가가 불망할지라도 기 망한 나라며 정신상 국가가 불망하였으면, 형식상 국가는 망하였을지라도 그 나라는 불망한 나라니"라고 하였다(『단재 신채호 전집 6』, 674).

신채호의 이분법적 역사 인식에서 역사를 "아와 비아의 투쟁"으로 정의하였다고 본다. 이러한 지식인들의 이분법적 역사철학적 인식은 당시 보편적인 현상이었다고 본다. 나중에 박은식도 『韓國痛史한국통사』(1915)에서 "나라는 형이요, 역사는 정신"이라고 한 바와 같이, 나타난 모습(形)으로서 국가國家(=國魄=用)와 정신으로서 국사國史(=國魂=體)라는 체용론적體用論的 2분법으로 설명하고 있다. 그래서 박은식은 서론에서 "겉으로 보이는 나라는 없어지더라도 정신으로서 역사는 멸망하지 않는다"(國可滅, 史不可滅)라고 하였다. 그리고 한국통사 결론에서 문화적 인식을 다음과 같이 말하고 있다. "나라의 운명에는 혼과 백이 있다. 민족문화의 정신면은 국혼이고, 민족 문명의 물질면은 국백이다."[33] 이러한 현상은 일제병탄기에 지식인들에게서 나타나는 시대적 특징으로 보인다.

---

33 古人云, 國可滅, 史不可滅, 蓋國形也 史神也. 今韓之形毀矣. 而神不可以獨存乎. 此痛(朴殷植,「緖言」,『韓國痛史』, 백암박은식선생전집편찬위원회,『白巖朴殷植全集 1』, 동방미디어, 2002, 2.).

3장
1910년대 민본주의론적 민족주의

1910년대로 오면 신채호의 민족주의 사상과 역사철학적 인식에도 많은 변화가 온다. 망명 생활에 들어선 신채호는 중국 땅에서 해외 민족운동가들 및 중국 사회주의자들과 교류를 하면서 다양한 사상으로 넘실대는 세계 사조를 접하게 된다. 러시아의 볼셰비키혁명(1917. 10.)과 국내의 3·1 민족기의(1919)는 신채호에게 커다란 희망을 보여주었다. 이러한 1910년대 역사 현실 속에서 신채호가 깨달은 바는 농민·노동자에 의한 민중혁명의 가치였다.

러시아혁명에서 상치되어 나오는 깨달음은 일제의 식민 통치와 러시아 전제 황권의 통치가 같다는 상황 인식이다. 러시아 차르tsar의 강압 통치와 일제 총독부의 가혹 통치는 매일반이라는 생각에 이르게 된다. 이에 차르의 억압 통치에 분노한 러시아 농민·군중이 혁명을 일으켜 전제 통치를 무너뜨렸듯이 우리 민족도 민중혁명을 통하여 일제의 가혹한 식민 통치를 무너트릴 수 있다고 보았다. 곧, 이민족에 의한 식민 통치를 몰아내는 힘은, 러시아의 민중이 한 것처럼, 전제 폭력에 맞설 수 있는 길은 물리적인 대응폭력(혁명)

밖에 없다는 생각에 이르게 된다. 이리하여 1910년대 신채호의 역사철학적 인식은 민중과 민족에 대한 가치의 발견에 있다. 곧 민본주의적 민족주의를 갖게 되었다는 점이다.

이러한 기본 인식을 바탕으로 이 장에서는 1910년대 우리 땅을 둘러싼 역사 현실과 신채호의 망명 생활 속에서 나타나는 역사철학적 인식에 대하여 차례로 살펴보기로 한다. 먼저 신채호의 역사철학적 인식의 변화를 알기 위하여 1910년대 일반적인 국내 · 외 역사 상황부터 살펴보고 넘어가기로 하자.

1. 1910년대 국내 · 외 역사 상황

1910년대 우리 역사는 초반부터 불행을 만나게 된다. 대한제국이 일제에 의해 합병늑약合倂勒約(1910. 8. 29.)이 강제되면서 조국은 일제에게 병탄되고 만다. 이래서 대한제국은 일제 지방행정의 한 모퉁이에 불과한 '식민지 조선'으로 전락하게 된다(경술국치, 1910. 8. 29.). 이에 우리 땅 서울에 대한인을 수탈 · 착취하는 기구인 조선총독부가 설치된다(통감부가 그대로 총독부가 됨). 이를 우리 역사에서는 '일제강점기'라고 일컫고 있다. 일제강점기라는 말은 밋밋한 용어다. 조선 총독은 군사통수권뿐만 아니라, 행정 · 입법권까지 갖는 절대권력자로서 반드시 육군, 해군 대장으로 임명토록 하였다. 첫 총독으로 부임한 총독은 육군 대장 데라우치 마사타케(寺內正毅, 1852~1919)이다. 데라우치는 헌병경찰 제도라는 폭력 권력을 강제한다. 헌병경찰은 한마디로 식민지 조선인을 노예로 만드는 폭력단체다. 그래서 우리 역사에서는 이러한 식민 통치 형태를 무단통치라고 일컫는다.

일제는 대한제국 병탄과 동시에 조선총독부경찰관서제朝鮮總督府警察官署制(1910. 10. 1.)를 제정하고 헌병·경찰의 직제를 만들었다. 이에 의하면 조선주차朝鮮駐箚헌병사령관인 육군 장관이 경무총감을 겸하고 경무총감이 조선의 헌병과 경찰업무를 지휘·감독하도록 했다. 그리고 각 도는 헌병대장(육군 좌관=영관급 장교)이 각 도 경무부장을 겸하고 각 도의 헌병과 경찰 사무를 관장토록 했다. 이를 통하여 식민 초기, 대한인들이 일으키는 독립운동을 악마적으로 탄압하는 헌병경찰 통치를 시작하였다. 그리고 범죄즉결례(총독제령 10호, 1910. 12. 3.)를 제정·공포하고 헌병경찰에게 사법관의 특권을 부여하고 식민지 조선인(이하 대한제국인으로 함)에 대한 즉결 처분을 부여했다. 이러한 말도 안 되는 제도로, 쌈박질하거나 남을 다치게 하거나, 도둑질을 하거나, 행정 법규를 위반한 대한제국인은 재판관의 판결 없이 헌병분대장이 즉결처분하도록 했다. 이로 인해 대한제국인은 비인격적인 반짐승상태로 살아야만 했다.

이어 즉결처분의 후속 조치로 「朝鮮笞刑令조선태형령」(총독제령 13호, 1912. 12. 3.)을 만들어낸다. 이는 대한제국인의 경범과 일상생활에 관한 모든 것을 즉결 처분하는 야수적인 태형 제도다. 태형은 대낮이든 밤이든, 길거리 아무 데서나 우리 대한 사람들을 가죽 회초리로 두들겨 패도 된다는 제도다. 이러한 잔혹한 태형으로 아무죄 없는 대한나라 사람들이 사망하거나 불구가 되는 경우가 속출하였다. 일제 헌병경찰에게 끌려가 태형을 맞는 것이 얼마나 무서웠으면 어린애가 울 때, "순사온다"하면 어린애가 울음을 그칠 정도였다. 일제는 헌병경찰 통치를 통하여 우리 민족의 독립운동을 탄압하기 위하여 을사늑약과 함께 설치된 통감부에 의해 제정된 보안법, 신문지법, 출판법을 그대로 존속시키면서 황성신문과 대한매일신보 등 민족지 모두를 강제 폐간시키고, 조선총독부의 어용 신문인 京城日報경성일보(한글판 매일신보)만 허용하였다. 또 「집회 취재에 관한 건」(1910. 8.)를 제정하여 모든 정치적 집회를 못하게 하였으며, 보안법을 적용하여 애국계몽단체들을 모두 해산시켰다.

일제는 애국계몽운동을 아무리 탄압해도 끊임없이 살아 꿈틀거리자 '안악사건'(1910. 12. 27.)과 '데라우치총독암살미수사건(1910. 12.)을 조작 날조한다. 이러한 날조된 사건을 통하여 애국계몽운동을 하는 지사, 의인들을 대거 검거하는 사건을 만들어낸다. 안악사건은 안중근의 동생 안명근安明根(1879~1927)이 독립운동자금 모금사건을 계기로 황해도 지역의 유력인사 160여 명을 검거하고 탄압한 사건을 말한다. 데라우치총독암살미수사건은 비밀결사 신민회를 탄압하기 위해 날조한 사건을 말한다. 곧 조선 총독 데라우치의 암살음모가 있었다고 조작한 사건이었다. 이러한 실체가 있지도 않은 조작 사건을 통하여 신민회 회원 800여 명을 강제로 체포하면서 공포 분위기를 만들어낸다. 일제는 이들에게 전대미문의 잔혹한 고문(별첨 5 참조)을 가하여 사건을 조작해 냈다. 이때 800여 명 중 122명만 기소한다. 그리고 다시 105명만 징역형을 받는다. 그래서 이를 '105인 사건'이라고 역사에서는 별칭을 붙이고 있다.

또한 다음에 이야기하겠지만, 토지조사사업을 실시하면서 대한제국의 지방행정제도도 개편하였다(1913). 전통적인 지역 행정 단위인 8도道·부府·목牧·군郡·현縣을 일제식 지방행정관제인 13도 부府·군郡·면面 제도로 개편하였다. 이렇게 하여 개편된 지방행정관제는 식민 통치의 최소 단위가 되는 동시에 경제 수취의 최소 단위가 되었다. 그리고 일제는 면장급에 친일 조선인을 임명하는 정책을 썼다. 곧 악랄한 이이제이以夷制夷 정책이다. 그리고 대한제국의 지방에 대한 실질적 지배를 위하여 "면장협의회"를 설치하여 지방 통제를 강화하였다.

다음은 1910년대 일제의 조선 경제정책에 대해 살펴본다. 일제의 1910년대 대한나라에 시행한 경제정책은 다음 몇 가지로 압축이 된다.

첫째, 일제의 대한제국에 대한 농업정책의 가장 중요한 목적은 대한제국을 일제의 원료공급지(쌀 등 곡물)로 만드는 데에 있었다. 이러한 기본정책은 1910년대 토지조사사업(1910~1918), 1920년대 '산미증산계획'으로 나타난다. '기한부 신고주의'를 바탕으로 한 토지조사사업의 명분은 국유제 · 수조권과 경작권으로 구분되는 봉건적 토지 소유 관계를 사유제와 등기제를 근간으로 하는 근대적 토지 소유 관계로 개편한다는 데 있었다. 일제의 태도가 늘 그러듯이 명분과는 전혀 다른 음모를 가지고 있었다. 토지조사사업의 실질적 목적은 대한나라 농민의 농민적 권리(경작권을 포함하여)를 박탈하는 데 있었다. 그리하여 일제 자본가의 지주소유권을 법적으로 확인해 줌으로써 일제 자본가 및 친일적 대한제국 대지주들에게 자본제 · 배타적 토지소유권을 장악하도록 만들어주는 데에 있었다. 지주제 확립은 대한제국 지주층을 일제 식민지 통치의 유력한 사회적 동맹 세력으로 포섭하고 농촌의 사회적 생산 관계를 일제의 경제적 요구에 맞게 개편하는 농업생산구조의 재편을 의미한다. 곧, 전통적인 조선의 토지면적 표시 방법(토지결수)과 이를 토대로 한 조세

부과 방식을 지가(땅값)를 기준으로 하는 자본주의식 토지세를 부과함으로써, 토지를 통한 재정수입을 확대하여 식민지 조선의 통치 재원으로 삼으려는 의도였다. 또 토지조사사업으로 등기제도에 의한 토지 소유권이 확립되면서 토지의 상품화가 촉진되어 경제력이 어려운 농민들로 하여금 토지를 팔고 값싼 산업노동력으로 전락하게 만들었다.

한편 토지의 상품화는 일제 자본의 토지 매입을 쉽게 만들어주었다. 곧 대한제국의 농민들은 일제에 대한 거부감과 복잡한 서식에 의한 신고제였기에 신고를 기피하거나 하지 못하는 경우가 대량으로 발생하였다. 이 결과, 대한제국의 농민들은 조상 대대로 물려받아온 토지점유권·소유권을 일제 총독부에게 강제로 강탈을 당하였다. 그리하여 총독부가 대한제국의 농토 면적의 40%까지 빼앗아가는 결과를 가져다주었다. 토지조사사업의 실체는 지주제 강화를 통한 토지 수탈 정책이 목적이었다. 말을 바꾸어 보면, 식민지 조선의 농업경영을 쌀생산체제로 정착시켜 일제의 산업화정책으로 희생된 일제 농촌을 대신하는 식량 공급지로 만들기 위함이었다.

이러한 식민지 농업경영정책은 우리 농민(당시 전체 인구의 80%)의 대부분을 소작농(1년 기한부 계약)으로 전락시키는 비극적 현실을 만들었다. 이렇듯 토지조사사업으로 대한제국의 농민들을 소작농으로 몰아갔으며, 그나마 적은 토지나마 소유권을 인정받았다고 하더라도 영세성을 모면하기 어려웠다. 엎친 데 덮친 격으로, 일제 총독부의 조세 수탈은 검은 악마였다. 이에 견디다 못한 대한제국 농민들은 일제 고리대업자로부터 고리대를 얻지 않을 수 없었다. 이 또한 고리대 수탈로 이어졌다. 이래저래 대한제국 농민의 몰락이 강제되었다. 그리하여 땅을 잃게 된 농민은 살길이 없어 광산 노동자로 빠져들면서 육체 · 정신적 고통 속에서 숨을 헐떡이며 살아야 했다. 또한 소작농이나 광산 노동자로나마 편입이 안 된 나머지 대한제국 농민들은 길거리 걸인으로 내동댕이쳐지거나 도적으로 강제 편입되었다. 이외 일제는 자국의 방직산업 발달에 따른 원료공급을 위한 목화재배와 누에고치 증산에도 광분하여 대한제국 농민에 대한 수탈을 강화해 나갔다.

일제의 경제통치에서 또 보아야 할 것은 대한제국의 산업 구조를 개편시키는 會社令회사령(1911)의 발령이다. 회사령은 회사의 설립, 사업의 정지 · 해산에 대한 허가 및 취소를 규정하는 법령이었다. 이를 통하여 대한제국인의 자본육성과 발전을 저지하고 대한제국인의 우수기업을 압살하는 역할을 하였다. 이는 곧 민족 산업의 발전을 억제하고 대한제국의 산업구조를 일제의 산업구조 속에 강제 예속시키는 산업정책이었다. 이 결과로 대한제국인의 전기, 철도, 금융 등 큰 기업이 일제 미쓰이, 미쓰비시 등으로 넘어갔다. 그리고 대한제국인은 정미업, 피혁업, 제분업, 요업, 방적업, 농수산가공업 등 주로 경공업에 한정하여 경영되었다. 이리하여 대한제국의 산업은 일제의 독점 · 예속자본의 하청업으로 전락되고 말았다.

일제는 이외에도 광산, 어장, 산림 등 자원도 빠짐없이 수탈하였다. 조선광업령(1915), 조선어업령(1911), 산림령(1911) 등이 그것이다.[1] 그뿐 아니라 대한제국에 대한 식민지 지배의 재정체계를 확립하기 위하여 예산회계제도를 수립한다. 이에서 보면, 세출에 철도,

---

1 박은식, 『韓國痛史』(백암박은식선생전집편찬위원회, 『白巖朴殷植全集 1』, 동방미디어, 2002), 1036-1041.

도로, 항만 등의 교통 통신체계의 구축을 위한 공사비가 총지출액의 45.3%를 차지하고 있다. 이것은 대한제국의 자원약탈과 대한제국인의 반일투쟁 운동을 탄압하기 위한 기반 시설이 목적이었다. 또한, 대륙침략의 본격화에 따른 전쟁물자와 병력의 수송체제를 사전에 확보해 두려는 침략적 목적도 들어 있었다. 이에 따라 대한제국은 일제의 원료공급지, 상품시장이라는 나락에 빠져들고 있었다. 그리하여 1919년 무역구조에서 대한제국은 대일본 수출품 중 원료(쌀 중심의 원료농산물)와 원료용 제품들이 전체 물량의 90% 이상을 차지하게 된다. 이는 대한제국이 일제의 '식민지예속경제체제'에 함몰되어 있었다는 뜻이 된다.

앞에서 본 바와 같이 토지 탈취, 조세 수탈, 고리대 수탈로 몰락한 농민들은 공장이나 광산 노동자로 팔려 갔다. 그러나 이들 노동자는 열악한 노동조건, 장시간 노동(1일 12시간 이상), 극도의 저임금 등으로 비인간적 육체·정신적 착취를 당해야만 했다. 이런 식민지 사회의 상태는 비참한 '식민지노예국'으로 빠져들게 만들었다.

이와 같은 노동 착취에 대한제국의 노동자들은 분노하였다. 인간임을 강조하였다. 더 이상 참고 있지 않았다. 열악한 노동조건, 민족 간 차별대우에 노동자 의식이 싹터오면서 분노의 노동쟁의를 일으켜 나갔다. 그나마 다 빼앗기고 눈곱만큼의 땅을 부여잡고 있는 농민들도 가혹한 조세 착취와 고리대업자의 고리 착취에 분노하여 '대한제국 민족'이라는 민족의식을 느끼게 되었다. 이러한 민족적 노동자 의식과 농민 의식은 3·1 민족기의 이후 거세게 밀려오는 사회주의(공산주의, 아나키즘) 사상에 고취되어 크게 진작되어 갔다. 그럼에도 불구하고 일제는 노동자의 노무 조건과 농민들에 대한 조세 수취 제도를 개선하지 않았다. 이에 대한의 노동자, 농민, 학생, 청년, 여성 등은 1910년대 말부터 대중운동을 현실적으로 일으켜 나갔다.

다음으로 1910년대 일제의 문화정책에 대하여 살펴보자.

먼저 교육정책이다. 일제는 대한제국 병탄과 함께 제일 먼저 교육 침략을 해 들어온다. 일제에 의한 교육 침략의 본질은 문명 개화된 일제(문명국=일본)와 미개한 조선(미개=대한제국)이라는 기본적 등식을 만들어 놓는 데 있었다. 이러한 기본등식은 일제가 대한제국인에 대한 식민지교육을 통해 대한제국인을 '일제화'하려는 의도가 깔려 있었다. 이것이 이른바 모범적 동화정책이다. 이에 조선총독부는 제1차 朝鮮敎育令조선교육령(1911. 8. 23.)을 발령하고 조선인을 충량한 일제신민으로 만들기 위해 국어(일본어)를 보급하고 또 일제총독부의 부림에 충실한 식민지인(근로자, 하급 관리, 사무원)을 양성하기 위해 실업교육에만 힘썼다. 곧, 조선인의 교육은 보통교육(4년제), 실업교육, 기술교육 등 전문교육에 한정하고 대학 교육은 허용하지 않았다. 학교 교육에서는 수신 과목을 두어 황국신민화를 강요하였다. 이를 모범교육론적 동화정책이라고 한다.

한편 일제는 언론도 통제를 하였다. 하여 공개적인 언론 활동이 거의 불가능하도록 만들었다. 3·1 민족기의가 일어나자 일제는 헌병경찰제도를 폐지하고 문화정책을 쓰면서 그동안 통제되었던 언론, 출판, 결사, 집회의 자유를 허용하고 일부 민족지도 발행하도록 했다. 이는 식민지 조선인의 환심을 사려는 정책적 효과를 노리면서 한편으로 지상을 통한 지식인의 사상 및 대중들의 민심 동향을 파악하려는 목적이었다. 일제는 한편으로 우리 역사도 왜곡하였다. 일제가 식민지 통치 과정에서 느낀 것은 우리 민족의 높은 문화 수준이었다. 그래서 일제는 이러한 상태에서는 식민지 통치가 불가능하다고 판단하고 우리 민족사를 왜곡시켜 대한제국인을 일제 민족과 비교하여 열등감을 유발하도록 만들었다. 이는 심리적으로 우수한 일제 민족의 식민 통치에 열등한 한국인을 순응토록 하자는데 목적이 있었다. 일제는 식민사관(타율성론 · 정체성론)을 내세워 자신들의 식민 통치를 정당화하였다. 이외 종교도 탄압하였다.

이때의 세계 정세 또한 변화를 거듭하고 있었다. 제국주의에 의한 '세계 제1차 폭력 전쟁'[2] 중에 일어난 1917년의 러시아 볼셰비키혁명(11. 6~7.)과 함께 사회주의국가(뒤에 공산정권이 들어섬)가 등장한다. 이어 볼셰비키 혁명 정부의 '대외평화선언'(평화령, 1917. 10. 26.)과 미국 정부의 '14개 조 평화 선언'(1918. 1. 8.)에 따른 민족자결주의가 세계 사조로써 유행하게 된다. 러시아와 미국의 민족자결주의의 영향에 따른 대한제국의 3 · 1 민족기의(1919), 중국의 5 · 4 민중 기의(1919), 인디아에서 간디가 이끄는 비폭력 불복종운동(샤타그라하, 1919. 4.) 등이 연달아 일어난다. 그리고 독일, 이탈리아, 오스트리아–헝가리 등지에서 프롤레타리아 혁명운동(1915~1920)의 발발 등 전 세계가 변혁의 시기를 맞고 있었다. 이런 세계 사조가 자유와 평화를 위한 변혁기를 맞고 있을 때, 우리 대한나라는 '고난의 역사'를 당하고 있었다. 그렇지만 조국의 망실에 분개한 지성인들(의병 출신, 애국계몽운동 출신 등 저항 민족주의자들)은 민족해방운동,

---

2 제1차 세계 폭력 전쟁(Great War, 1914. 7. 28.~1918. 11. 11.) 연합국(영국, 프랑스, 러시아 등) vs. 동맹국(독일, 오스트리아 등)이 대립하여 전쟁한 것을 이름. 일반적 공식 명칭은 이를 제1차 세계대전이라고 일컫는다.

국권 회복을 위한 항일독립운동에 나서게 된다. 그러면 1910년대 국내에서 이러한 참담한 식민 통치가 강제되고 있을 때 신채호의 망명 삶살이를 추적하면서 그의 민본주의적 또는 시민적 민족주의와 역사철학적 인식에 대하여 차례로 살펴보기로 한다.

2. 신채호의 민본주의적 민족주의

앞에서도 이야기한 바와 같이 1900년대 후반기부터 신채호는 고대적 전제영웅론(신화적)에서 점차 20세기 민중영웅론(국민적)을 주장하게 된다. 이러한 민중영웅론을 펴나가던 신채호는 "20세기 신국민"이라는 글에서 "20세기 국가경쟁은 그 힘(원동력)이 한두 사람에게 있지 않고, 나라 국민 전체에 있다"고 하여 량치차오와 마찬가지로 영웅대망론을 개인적 차원에서 전체 민중적 차원으로 발전시키고 있음을 볼 수 있다. 신채호는 이어서 세계 제국주의 국가들이 사회진화론적 민족주의로 무장하고 약육강식의 논리로 약소 민족을 침략해 들어오고 있는 이 시점에서 한국이 살아남는 길은 국민·민중적 영웅을 만드는 일이라고 강조한다. 곧 "한두 사람이 아니라 국민 전체에 의탁하여, 정치가는 정치로 경쟁하고, 종교가는 종교로 경쟁하고, 실업가는 실업으로 경쟁하여, 혹은 무력으로도, 학술로도 경쟁을 하여 국민 전체가 침략국보다 실력이 좋으면 이기고 부족하면 지게 된다"(『단재 신채호 전집 6』, 735)라고 함으로써 사회진화론적 경쟁의 논리를 강조하고 국민 전체의 실력(영웅적 힘)이 침략국보다 앞서야 한다는 것을 강조한다. 곧 자강주의 사상이다.

또 "국가 정신이 없고 인민의 능력이 없으면, 새 국민이 못된다"

라 하여 새 국민의 자세는 국가주의(애국의) 정신에 충실하는 것이고 이러한 국가주의 정신이 충실할 때, 제국주의와 싸워 이길 수 있는 역량을 갖출 수 있다고 보았다. 곧 사회진화론에 바탕한 부국강병주의 입장이다.

이어 신채호는 다시 "지금 한국의 정치인이 외국의 정치에 패하고, 한국의 실업인이 외국의 실업에 패하는 것은 새 국민이 되지 못하였기 때문"(『단재 신채호 전집 6』, 735)이라고 지적하면서 영웅대망론을 펴되 그 영웅은 '국민적 영웅'으로 탄생한 '새국민론'을 펴고 있다.

이어서 "이 세계는 제국주의를 숭상하는 세계다. 강한 자가 약한 자를 먹어 삼키고, 큰 자가 작은 자를 병탄하는 일이 근세 들어 더욱 심해졌다(『단재 신채호 전집 6』, 736)"라고 현실 세계를 약육강식의 세계, 곧 생존경쟁주의 시대로 보고 이에 대한 대응은 새 국민이 되는 일이라는 것을 강조하고 싶었던 것으로 보인다. 이렇듯 신채호는 세계의 정세에 대하여 설명을 하되, 당시 세계를 ① 제국주의, ② 민족주의, ③ 자유주의 세계로 진단을 내리고 있다. 그리고 아시아의 인도는 쇠퇴에 빠지고 중국은 보수라는 고질병을 앓고 있을 때, 유럽 문명은 진보하고 있다고 진단하였다.

세계 추세에 따라 조선국도 제국주의 국체를 만들어 세계무대로 진입을 했었다. 그러나 우리의 나약함으로 우리를 먹어 삼키려는 일제가 일으킨 청일전쟁(1894~1895)과 러일전쟁(1904~1905)으로 나라의 위세를 떨치지 못하였다. 곧 일제의 침략으로 제국주의도, 민족주의도, 자유주의도 위기에 처해 있다고 현실을 진단하였다. 그리고 국민에게 "하루빨리 세계 추세를 살펴서 이를 이용하여 문명의 진보를 따라잡도록 분발"할 것을 촉구하였다(『단재 신채호 전집

6』, 736). 이러한 주장은 대체로 량치차오가 주장한 것과 같은 맥락을 가지고 있다. 따라서 두 사람 모두 고대 역사를 발전시킨 힘은 신화적인 한두 사람의 전제 영웅에서 나왔지만, 약육강식의 침략 민족주의 시대에 국가발전의 힘은 민족·국민 전체에서 나온다는 것을 강조하고 있다. 바로 국가의 문명 진보를 위해서는 신국민이 되어야 하고, 신국민은 애국 계몽에 의한 실력양성(교육)에서 비롯될 수 있다는 주장이다. 이렇듯 1910년대에 들어오면서 신채호는 신국민을 많이 강조한다.

그러면 신국민의 필수요소는 무엇인가? 단재는 "二十世紀新國民20세기 신국민"(「대한매일신보」, 1910. 2. 22.)이라는 논설에서 첫째, 인격의 평등주의를 들었다. 평등이 없으면, 정치, 경제, 법률, 학술, 무력 등이 모조리 망하게 된다고 역설하였다. 둘째, 자유주의를 들었다. 인간에게 자유가 없으면 인격을 잃게 되고, 인격의 상실은 사상의 노예가 된다고 주장하였다. 셋째, 정의로운 국민을 들었다. 정의는 사私를 버리고 공公을 쫓는 것이며, 습속의 미신을 타파함이라고 하였다. 넷째로 의용 정신을 들었다. 지금 세계는 매우 격렬하여 다투는(분투극렬奮鬪極烈)시대이다. 이러한 세계추세에서 살아남기 위해서는 국민의 의용으로 무장된 정신기력이 필요하다고 하였다. 다섯째, 국가주의에 입각한 공공정신을 들었다. 이 평등, 자유, 정의, 의용, 공공의 정신을 가지고 신국민을 일으키자고 호소를 하였다. 이어서 신채호는 신국민이 되기 위하여, 국민개병주의, 국민경제의 육성, 정치사상의 부흥과 정치 능력의 배양, 정신교육과 상무교육의 확장, 종교 노예의 타파가 필요하다고 주장하였다. 이렇게 해서 세계대세를 거역하지 말고 20세기 신국민이 되어야 한다는 말로 끝을 맺는다(이상 『단재 신채호 전집 6』, 734-746).

　이어서 1910년대 신채호가 쓴 사론, 논설, 선언, 문학 등을 통해서 민중의 가치, 자주적 민족주의에 입각한 그의 민족사관으로 관찰해보자.

　신채호는 특히 민중을 주체로 보는 민족주의를 강하게 주장한다. 신채호는 역사 속에서 민중을 발견한 이래 민중과 민족을 핵심 내용으로 하는 민중적 민족주의를 사상적으로 지니게 된다. 그리고 해방된 조국에서도 우리 역사의 주인공은 민중이고 민중이 이끄는 자주적 민족주의 사회를 이상적 사회로 제시하였다. 그는 1900년대 후반기부터 지니게 되는 '자주적 민족주의'를 꼭 껴안고 간다. 여기에다 민중 · 신국민을 발견한 이후는 점차 민본 · 시민적 민족주의자로 변신한다. 그리고 말년에는 아나키즘이 갖는 인간의 해방, 자유의 쟁취에 대하여 관심을 갖고 아나키스트의 투쟁방식도 수용하게 된다. 하여 글쓴이는 이를 신채호가 말하는 민중 · 신국민 중심의 민족주의를 '민본주의적 민족주의'라고 이름을 붙여보았다.

　앞에서 본 바와 같이, 신채호가 저항 민족주의를 포지하고 있을 때 그의 역사 연구도 영웅 사관에 바탕을 두었다. 그래서 위대한 영웅이 나와 민족을 구원해주기를 바랐다. 그러다가 1910년대 후반기로 들어오면, 저항 민족주의를 밀어내면서 자주적 민족주의를 사상적 기반으로 삼게 된다. 자주적 민족주의는 바로 신국민(민중/민인) 중심의 '민본주의적 민족주의'를 뜻한다. 그러면 신채호의 민본주의적 민족주의에 대하여 살펴보기에 앞서. 민본주의는 어떤 사상인지를 일반적인 입장에서 간략하게 살펴보기로 하자.

　민본주의는 중국의 제자백가 중 '유가집단'에서 나온 사상이다.

유가의 민본주의 사상은 중국의 우虞, 하夏, 상商(은殷), 주周 시대의
역사를 기록한 『書經서경』에서 유래한다. 서경은 공자(BCE 551~479)
가 편정(상세하게 해석함)했다고 전해져 내려온다.

　『書經서경=尙書상서』에서 보면, "선조가 유훈을 남기셨는데, 민인
(백성)은 가까이해야 될 존재이지 멀리, 얕보아서는 안 될 존재이다.
곧, 민인은 오로지(惟) 해야 할 나라(邦)의 근본이다. 그 근본이 흔들
리지 않고 한결같을 때 나라가 근심 없이 편안해진다"3라는 말이
나온다. 여기서 주목할 대목은 '민유방본'이라는 말이다. 민유방본民
惟邦本에서 민民과 본本 자를 따서 민본주의民本主義라는 정치용어가 나온
것으로 본다.

　이러한 민본주의를 중국 정치사상의 밑바탕이 되도록 만든 이
는 중국의 춘추시대 공자보다도 전국시대 맹자(BCE 372~289)다. 맹
자는 백성을 군주보다 더 가치 있는 존재로 승화시켰다. 곧 나라
사람이 귀하고 군주(君)는 귀하지 않다(민귀군경설民貴君輕說)는 주장이
다. 이러한 맹자의 기본적 생각에서 민본주의 사상이 본격적으로
제기된다. 곧 "민이 가장 귀하고 사직(나라)이 그 다음이고, 임금이
가장 귀하지 않다. 무릇 나라는 민인을 근본으로 해야만 사직 또한
세워지게 된다… 민인과 사직의 경중이 이와 같다… 이래서 사직은
군주에게는 중할지 모르나 민인보다는 중하지 않다"4라는 주장을
한다. 이 말의 뜻을 풀어보면, 군주 스스로 천자라 하더라도 민인이

---

3 皇祖有訓: 民可近, 不可下. 民惟邦本, 本固邦寧(『四庫全書薈要』5, 吉林人民出版
　社, 1997, 234.
4 民貴社稷次之君輕, 蓋國以民爲本 社稷亦爲而立… 輕重如此 … 是社稷雖重於君, 而
　輕於民: 『孟子集註大全』, 「盡心章句下」, 成均館大學校 大同文化硏究院, 1970,
　741).

없으면 존재가치가 없다는 말이다. 또한 나라도 민인이 있어야 세워지는 것으로, 민인이 나라보다 중하다는 논리다. 이것이 곧 민본주의 사상의 핵심이요 민본주의 원형이다. 그래서 맹자는 민본주의 사상에 바탕하여 민심을 잃은 자는 천심을 잃었기에 군주를 교체해도 좋다는 방벌론放伐論(역성혁명론易姓革命論)까지 펴게 된다.

여기서 나온 맹자의 정치철학은 패도정치(권력우선주의)가 아닌 왕도정치(덕치)였다. 왕의 도道란 인덕仁德을 말한다. 인덕은 인간이 갖추어야 할 가장 기본적인 양심, 곧 인간이 천부적으로 가지고 나오는 내면적 도덕 가치를 뜻한다. 인덕은 곧 애愛의 베풂이다. 그리고 애는 다솜, 진심, 정성, 존경이 어우러진 총체적 개념의 진선을 말한다. 진선은 착함의 근원인 동시에 인덕의 실천이 된다. 이 말을 되돌려 말하면 진선을 지니고 그것을 실천하는 것이 덕이라는 뜻이다. 곧 덕을 베푸는 것이 인(어짊)이다.

인은 인간이 천부적으로 가지고 나온 자연스러움이다. 자연스러움의 인을 인간다움(仁=人)이라고 한다. 그래서 인간다움을 우리는 인격이라 부른다. 인격이라는 말은 사람됨의 덕을 갖추었다는 것을 뜻한다. 곧 덕은 인간의 기본적인 성품이다. 그러므로 인격에 바탕을 둔 정치를 덕치라고 부른다. 덕치의 실천은 이利보다는 의義를 추구한다. 의의 추구는 비전주의, 사민평등, 복지정책으로 나타난다. 곧 사민평등, 복지사회가 이루어진 상태를 바로 '평화'라고 말한다. 그래서 맹자는 도덕적 교화보다는 백성들의 편안·안락한 삶(민생)을 우선시하였다. 곧 먼저 나라 사람들의 곳간을 채워주고 그다음 나라교육을 행해야 한다는 선부후교先富後敎(먼저 곳간을 채워주고 그런 다음 교육을 실시한다)의 민생 우선 정책을 주장하였다.[5]

또 "백성의 안전을 침해하고 백성을 피폐하게 만드는 것"을 전쟁이라고 보았다. 그래서 맹자는 민본주의 사상에 반전 사상을 포함시킨다. 이러한 경세론을 바탕으로 더불어, 함께 같이 잘 사는 이상사회를 '대동사회'라고 하였다. 이상의 내용을 가지고 맹자로부터 시작되는 민본주의 사상을 요약해 보면, ① 민생우선정책, 곧 항산恒産이다. 항산을 위해서는 토지공유제를 바탕으로 하는 마을공동체를 만들어야 한다고 주문한다. 곧 정전법 실시와 조세경감책을 실시하는 것이 당시의 민본주의였다. ② 민생안정을 위해 부역과 군역을 절감시켜야 한다. 민생안정은 전쟁이 없는 데서 나온다. 따라서 반전·비전사상이 민본주의다. ③ 인민과 군주가 여민동락與民同樂, 여민해락할 때, 사민평등사회가 만들어진다. 사민평등주의는 곧 대동사상이다. 대동사상이 곧 민본주의다. 이렇게 보았을 때, 민본주의 입장에서의 나라 구성원은 백성이 아니고 인민이 된다. 그런데 '인민'이라는 말은 엘리트 귀족, 관료들에 의해 변질된 용어다. 곧 춘추전국시대 이래 인은 엘리트 관료(지배층)를 뜻하고, 민은 일반 백성(사농공상인=피지배층)을 뜻하는 말로 변질이 된다. 따라서 왕조사회에서 군주 아래, 모든 관료(人)와 백성(民)이라는 뜻의 인민人民이라는 합성어가 나왔다. 그러나 민본주의 정치사상에서는 맹자의 말처럼 민=농사가 먼저다. 인=관료는 나중이다. 따라서 나라 구성원의 정식 명칭은 인민이 아닌 민인이 맞는 말이다.6

---

5 飢者甘食, 渴者甘飲, 是未得飲食之正也. 飢渴害之也. 豈惟口腹, 有飢渴之害, 人心亦皆有害:『孟子集註大全』,「盡心章句上」, 723-724. 成均館大學校 大同文化研究院, 1970, 741.

6 민인: 민본주의란 무엇인가. 그리고 민본주의 입장에서 본 개념의 정리를 해두었다. 황보윤식,『함석헌과 민본아나키스트, 그들의 역사적 기억』(서울: 문사철, 2019),

그런데 이런 자연스러움의 공맹 사상(원류 유가사상)을 중국 한대 유철(劉徹: 묘호, 한무제)이 황제에 있을 때, 나라의 통치이념으로 삼는다. 이때 주도적 역할을 한 이가 동중서董仲舒(BCE 179~104)다. 동중서는 공맹 사상의 본질인 자연스러움의 사상을 인위적인 통치철학으로 둔갑시킨다. 동중서는 중국의 왕을 정치적 지배자일 뿐만 아니라, 사회적 윤리와 종교적 영성까지 지배하는 지존으로 올려놓는다. 이러한 과정에서 공맹의 자연스러움의 본질이 인위적인 지배 · 계급주의로 변질이 된다. 주역에 의하면, 우주 질서의 두 기운인 양과 음이 서로 조화를 이루며 만물을 한 치의 오차도 없이 운행시킨다. 이런 우주 운행의 이치를 동중서가 중국 천하 질서에 적용시킨다. 하늘을 상징하는 양은 왕으로, 땅을 상징하는 음은 백성으로 비견하였다. 그래서 왕은 음양의 조화를 유지 · 관리하는 통치 권력자로서 천자(천신의 아들)가 되었다. 이에서 통치 권력을 지닌 왕은 백성을 지배하고 사회질서를 유지하는 지존의 존재가 되었다. 따라서 황제(천자)는 국가통치에 필요한 모든 제도를 제멋대로 만들고 개혁할 수가 있는 전지전능의 존재가 되었다. 이에서 모든 백성은 천자를 받들고 따라야 한다는 논리가 나왔다. "임금은 신하의 근본"(군위신강), "아버지는 아들의 근본"(부위자강), "남편은 부인의 근본"(부위부강)이라는 수직적 인간관계, 종속적 지배관계의 삼강윤리가 모든 사회윤리의 바탕이 되었다. 삼강윤리는 "신하는 신하다워야 하고, 아들은 아들다워야 하고, 아내는 아내다워야 하고, 여자는 여자다워야 한다"는 차별화된 인간관계의 분수 질서가 세뇌되었

66-70.

다. 곧 남성 중심의 차별적 신분 질서, 가부장적 위계질서가 세상을 지배하게 되었다. 이때부터 중국은 통치자(남성) 중심의 사회가 되었고 이런 통치원리가 동아시아에 전파되어 오륜의 이치도 자연스러움이 아닌 인위적인 통치윤리로 둔갑되었다.

오륜 중 부자유친의 경우를 예로 들어보자. 여기서 말하는 친의 본질은 자연스러움이다. 성리학에서 말하는 격물치지格物致知가 아니다. 부모의 자식에 대한 '자애'(다솜)와 자식의 부모에 대한 정성, 진심, 존경, 공경의 경은 자연스러움이다. 깨달음의 치지致知가 아니다. 깨달아서 친親이 나오고 경敬이 나오는 게 아니다. 곧 인위적인 윤리가 아니다. 짐승이 제 새끼에 젖을 먹이는 이치와 같다. 어미가 새끼에게 젖을 주는 것은 자연스러움이다. 새끼가 어미를 따르는 것도 자연스러움이다. 그런데 이러한 자연스러움의 유가 사상이 인위적인 운명 철학으로 변질되어 우리에게 전해오고 있다. 여기서 억압적 윤리인 순양馴養철학이 나왔다. 그러면서 맹자에 의하여 수립된 민본주의 사상(원류 유가 철학)은 자취를 감추게 된다.

한편 우리나라의 성리학은 고려시대 말엽에 성리학적[7] 유가사상을 지닌 사대부 관료들에 의하여 도입·수용된다. 그러나 성리학은 이미 동중서와 성리학자들에 의하여 인위적인 통치이념으로 변질된 유가의 철학이었다. 이에 비하여 자연스러움의 철학사상인 본류 유가의 민본주의를 수용하고자 했던 이가 새 왕조(조선) 창조에 기틀을 마련하는 정도전鄭道傳(1342~1398)이었다. 정도전은 성리학적

---

7 "而欲移之以亂古人明德新民之實學 其亦誤矣": 옛 성인들이 쌓은 덕행을 밝혀, 오늘을 살아가는 인민들을 위한 새로운 학문이라는 뜻(鄭道傳, "佛氏雜辨/儒釋同異之辨", 『三峯集』, 國史編纂委員會, 1971, 269).

으로 변질된 통치이념으로써 유가사상을 도입한 게 아니다. 유가사상의 본류인 민본주의를 수용하고, 이 민본주의에 입각하여 조선 개국을 이끌고자 했다, 나아가 조선 정치사상의 근본으로 삼으려 했다. 그러나 공맹의 본류 유가 철학에 충실하고자 했던 정도전과 주자의 성리학에 충실하려 했던 정몽주와 사이에 갈등이 생겨난다. 주자의 성리학에 충실한 정몽주鄭夢周(1337~1392)는 새 왕조 창조를 반대하였다. 결국 새 왕조 창건 세력들에게 정몽주는 제거되고 새 왕조 조선이 개국(1392)한다. 새 왕조 창건에 주도적 역할을 하였던 정도전은 본류 유가 철학(자연스러움)인 민본주의에 충실한 새 나라를 건설·발전시키려 노력했다. 그러나 역설적인 일이 벌어진다. 성리학에 충실한 정몽주를 죽였던 자들이 다시 성리학에 충실한 왕권주의자(엘리트 통치계급)가 되어 이번에는 본류 유가 철학으로 민본주의에 충실한 정도전을 제거하는 기현상이 일어난다. 그래서 엘리트 통치계급인 왕권주의자(이방원으로 대표되는)에 의하여 자연스러움의 유가 철학인 민본주의가 우리 땅에 꽃을 피울 기회를 잃고 만다. 이 때문에 상하 지배원리인 부자유친, 군신유의, 부부유별, 장유유서, 붕우유신이라는 인위적인 오륜이 지배하는 사회가 지속되면서 사화정치, 당파정치, 세도정치로 이어지게 된다.

이러한 가운데서도 민본주의를 실천하고자 하는 이들이 없지는 않았다. 대표적으로 금계 황준량黃俊良(1517~1563)이다. 그는 조선왕조에 이환李峘(1534~1567, 묘호 명종明宗)이 왕을 하고 있을 때 단양의 목민관·지방관으로 있으면서 민본주의를 실천한다. 그것이 "民弊 十條疏민폐10조소"(1559)라는 상소와 함께 이의 실천이다. 이어 근대 실학기 정약용丁若鏞(1762~1836)에 의하여 참 민본주의가 크게 부각된다. 정약용은 "통치자가 백성을 위해 존재하는 것일 뿐 백성이 통치자를 위해 있는 것이 아님"을 피력한다.8 이러한 민본적 사회구조가 확립되었다면 조선, 대한민국의 세상은 일찍이 평화의 세상이 왔으리라 본다. 식민지 조선으로 추락하는 일도 없었을 것으로 본다. 그러나 정약용도 통치계급인 세도가들의 권력욕에 의하여 귀양살이(강진)를 하는 바람에 민본주의는 땅속으로 묻히고 만다. 그러다가 일제병탄기에 신채호 등, 지조 있는 선비들에 의하여 재조명이 되었지만, 일제병탄기라는 시대적 한계에 부딪쳐 이 또한 세상의 빛을 보지 못하고 만다.

이렇듯 신채호는 자신의 역사철학적 인식을 민본주의 사상의 토대 위에 더한층 진화시킨다. 곧 민본주의적 민족주의이다. 여기에다 그의 삶 후기에는 아나키즘까지 수용하여 이 세 가지 사상을 융합하여 '무지개 사상'으로 정립한다. 따라서 신채호의 사상을 딱 짚어서 민족주의다, 민본주의다, 아나키즘이라고 말할 수는 없다고 본다. 그는 민족주의를 먼저 수용하고 이를 바탕으로 그 위에 민본주의와 아나키즘을 함께 수용하여 함석헌의 사상처럼 '무지개(융합) 사상'의 꽃을 피운다.

그러면 신채호가 '민본주의적 민족주의'를 포지하게 되는 삶의 과정을 다시 정리해 보자. 망명 이후, 신채호는 1910년대에 들어오면서 1900년대에 지녀왔던 사회진화론적 자강론을 극복하면서 민

---

8 邃古之初 民而已 豈有牧哉 民于于然聚居 有一夫與隣鬨 莫之決 有叟焉 善爲公言 就而正之 四隣咸服 推而共尊之 名曰里正──黨正──州長──國君──方伯 四方之 伯 推一人以爲宗 名之曰皇王 皇王之本起於里正 牧爲民有也(『與猶堂全書』제1집, 詩文集, 권10, 原牧).

중/민인을 역사의 주체로 보는 민본주의적 민족주의 사상을 갖게 된다. 앞에서 본 바와 같이 신채호는 국외 망명 전에는 제국주의의 사상적 토대인 사회진화론적 민족자강론에서 영향을 받고 신채호 자신 역시 자강론적 애국계몽운동을 벌인다. 그러나 망명 생활 이후에 세계사상의 조류(사회주의, 아나키즘)를 접하게 되면서 그의 사상 체계도 변화를 맞는다. 곧 자신이 직접 민족해방을 위해 분주하게 일선에서 투쟁하는 과정에서 역사의 주체는 민중/민인이라는 사실을 발견하게 된다. 따라서 신채호의 항일투쟁 성격은 1900년대에는 빼앗겨가는 주권을 회복해야 한다는 입장의 국권 회복을 위한 애국계몽운동이었다면, 1910년대에는 민족과 민인을 일제의 노예 상태에서 해방시켜야 한다는 '반일민족해방투쟁'의 행동양식을 취하게 된다. 일제병탄기 대한나라의 형편은 주권을 상실하는 과정에 놓여 있었다. 아직 주권이 상실된 것은 아니었다. 그러나 경술국치 이후는 우리 민족이 자주 주권을 완전히 상실한 채, 민중/민인은 노예 상태에 놓이게 된다. 이렇게 되자, 신채호는 항일민족운동의 중심적 생각을 바꾸게 된다. 곧 의식을 지닌 일부 엘리트 중심으로 전개되고 있는 독립운동, 주권회복운동이 아닌, 전체 민중/민인이 중심이 되는 반일민족해방투쟁이어야 한다는 생각을 갖게 된다는 점이다. 항일민족운동의 방향을 틀게 되었다는 뜻이다.

이러한 민본주의적 사고는 "21세기신국민"(1910. 2. 22.~3. 3.)을 쓸 때부터 보이기 시작한다. 그러다가 1917년 이후에는 이러한 의식이 두드러지게 나타난다. 곧 사회주의 사상과 교감을 하면서 사고의 전환을 보게 되었다는 뜻이다. 원래 인간의 사고는 시대 상황에 따라, 필요에 의하여 변한다. 우리가 일상으로 쓰고 있는 용어도 그 개념이 고정되어 있는 게 아니다. 일반적인 용어도 시대에 따라 내포하는 의미가 달라지듯이 신채호도 망명 생활을 통하여 사고뿐만 아니라 역사철학적 인식도 크게 변하게 되었다고 본다.

이후 신채호는 '민중 직접 혁명'이라는 새로운 '민본주의적 민족주의' 이론을 정립하게 된다. 따라서 신채호에게 있어서 민족해방운동의 주도적 담지 세력은 엘리트 지식인이 아닌 민중/민인이 된다. 그의 전략적 목표는 무장투쟁이었다. 그리고 무장투쟁이라는 전략적 목표를 실현시키기 위하여 암살·파괴·폭동 등, 무력에 의한 전술적 실천을 민인해방투쟁의 수단으로 삼게 된다. 그래서 그는 임시정부의 엘리트 지도자들이 외교론(위임통치론)·준비론(실력양성론) 등의 타협적 독립운동방식에 대하여 비색의 인상을 드러낸다. 이러한 그의 사고가 타협적 외교 전략을 가지고 있는 상하이임시정부에 대해 거부 입장을 취하게 되는 이유가 된다.

3. 1910년대 신채호의 역사철학적 인식

1) 봉건적 모순과 민중의 발견

앞에서 본 바와 같이 1910년대 신채호의 역사철학적 인식은 두 가지 사상이 융합을 이룬다. 그것은 민본주의와 민족주의다.

신채호는 유가의 본류인 민본주의를 원용하고 있다. 곧 「論忠臣논충신」(1909. 8. 13.)이라는 글에서 맹자가 민본주의 사상으로 말하고 있는 "민인이 가장 귀하고, 나라가 그다음이고, 군주가 가장 귀하지 않다"(民貴社稷次之君輕, 『단재 신채호 전집 6』, 365)라는 문구를 인용하고 있다. 신채호는 동시에 자신이 직접 민족해방투쟁을 하면서 체득한 경험, 곧 민중의 발견에서 민본주의(시민ㆍ민중적)를 포용하는 것으로 본다.

그러면 이제부터 신채호가 민본주의 사상으로 역사철학적 인식을 하게 되는 과정을 살펴보기로 하자.

먼저 신채호는 당시 우리 역사가 가지고 있던 구조적 모순에서 충격을 받는다. 유가의 성리학적 사상이 현실적 사회구조의 변동에 이념적 순기능보다는 역기능을 더 많이 가지고 있다고 판단한다. 이 때문에 통치적 권력구조 또한 일반 대중의 요구(동학 등)에 순응하지 못하고 외세를 끌어들이는 등 제국주의 침탈에 길을 내었다는 판단이다. 이에서 신채호는 성리학적 엘리트 중심의 통치지배 체제의 한계를 깨닫고 이를 극복하는 길만이 외세를 막을 수 있는 대안임을 깨닫게 된다. 따라서 지배층에 대한 불신과 함께 민중/민인을 기반으로 하는 반봉건ㆍ반외세의 사상적 기틀을 마련하게 된다. 여기서 신채호는 민중/민인을 기반으로 하는 민본주의와 함께 새로운 민족주의를 발견하게 된다.

「20세기 신국민」에서 당시 세계의 현실을 반동민족주의로 무장하고, 경쟁으로 힘을 키우는 약육강식의 시대라고 판단한다. 따라서 우승열패의 세계 무대에서 대한나라가 살아남는 길은 먼저 강대국의 전례대로 국민의 힘을 최대로 키워야 한다는 주장이다. 국민의 힘을 최대로 키우기 위해서는, ① 계급에 따른 차별을 없애야 한다. ② 자유와 평등 정신을 함양해야 한다는 것을 주된 실천 사상으로 내세우고 있다. 앞에서도 이야기하였듯이, 신채호는 애국계몽운동기에는 군권 시대의 역사 인식인 영웅 사관ㆍ영웅대망론을 견지하고 있었다. 그러다가 점차 인식의 변화가 온다. 신국민·민인을 사회와 역사의 주체로 인식하게 된다. 그가 말하는 신국민은 전통 시대의 왕, 정부 대신, 관리 등 엘리트 계급이 아니다. 신국민이다. 신국민은 나라 구성원인 전체 민인이다. 민인이야말로 현재와 미래 역사와 사회발전을 이끌 중심세력이라고 인식하였다. 1910년대 신채호는 신민회 사람들과 협력하여 항일독립투쟁을 해나간다. 신채호가 신민회의 지향점이 근대적 국민국가9의 건설과 뜻이 같았기 때문이다. 곧 신민회와 신채호는 다 같이 근대적 국민국가는 자주적 민족주의와 자유주의, 평등사상이 결합된 공화정이어야 한다는 인식이 있었다. 신채호는 '앞으로의 나라 사람들은 지금껏 왕에게 바치던 충성을 국가와 공익을 위해 바쳐야 한다'고 생각하였다. 그래서 정치, 종교, 실업, 무역, 학술 등 사회 각 부문에서 국민적 역량을 키우는 것이 근대국가를 구성하는 신국민의 자세라고 하였다. 각 분야에서 각자 국민적 힘을 키워나가는 개인만이 신국민의 자격이 있다는 설명이다. 그래서 신채호는 나라 사람들에게 '충군'의 사고를 삭히고 '애국'의 사고를 가질 것을 강조한다.

신채호는 전통국가=왕조국가라는 전통적 관념을, 근대국가=국민국가라는 개념으로 전환시킴과 동시에, 국민·민중/민인이 근대국가를 이끌어가는 주체로 나서야 한다는 사고를 굳히게 된다. 물론 신채호는 그의 민족주의를 가슴속에 깔고 "「20세기 신국민」은 누구여야 하는가"라는 글을 썼다는 생각이다. 이 글에서 국가발전의 원동력을 '국민적 역량'에 두었다는 것은 신채호가 사회진화론적

---

9 신채호가 말하는 국민국가는 전제군주제에서 벗어나 입헌군주제 또는 공화정체의 국가를 말함.

저항 민족주의를 탈피하고 '민본주의적 민족주의'로 사상적 진화를 하고 있다는 증거가 된다. 곧 '신국민론'에서 신채호는 반봉건적 자유·평등사상을 강조하고 관민·서얼 차별 등 사회적 불평등을 망국 멸족의 계급주의라고 비판하였다. 여기서 불평등의 계급주의 강조는 일찍이 신채호의 뇌세포에 내재되어 있던 민본주의적 사고가 밖으로 싹터 나왔다고 본다.

신채호는 신국민·신민인을 국권 회복의 주체요, 민족해방의 주체요, 우리 역사와 사회의 주체로서 해방된 나라의 주인공으로 규정하였다. 이런 대목에서 우리는 우리 민족과 사회의 주체세력에 대한 신채호의 역사철학적 인식이 엘리트가 아닌 민중/민인에게 있다는 것을 알게 된다. 이러한 역사철학적 인식은 신채호가 전통적 역사철학적 인식에서 탈피하고 있음을 보여준다.

이런 점에서 신채호는 역사 기술에서도 왕·왕족·귀족 등 엘리트 지배층 중심이 기술된 춘추강목체, 존왕양이적 정통 사서인 편년체, 기전체 등 왕조사적 역사 편찬서를 비판적으로 극복하면서 근대사학의 출발점을 만들어낸다. 그리하여 김부식이 쓴 『三國史記삼국사기』(1145)를 존화적 사대주의 역사서의 표본이라고 비판한다. 이러한 비판을 토대로 우리 역사의 무대를 왕조 대신 민족으로 대체한다. 그리고 역사의 주체를 군왕과 엘리트 귀족 대신에 민중/민인으로 대체시킨다.

그의 글 「논충신」에서 보면, 충신의 개념을 충신=두 임금을 섬기지 않으며, 열녀는 두 낭군을 따르지 않는다(忠臣=二君不事, 烈女=二夫不從)라는 성리학적 유가의 윤리관을 한 마디로 혁파하고 있다. 그래서 인민·민인을 위하는 자가 진정한 충신이고, 나라만을 위해 살고 죽는 자가 참 충신이라는 논리를 펴고 있다. "만약, 왕과 나라의 이해가 서로 상충하는 경우에는 왕을 버리고 나라를 따라야 한다"고 주장한다. 그리고 앞에서도 이야기했듯이 글의 끝부분에서 맹자의 민본주의 사상을 그대로 인용하고 있다. 이로 보았을 때 신채호는 민본주의적 사상을 그의 민족주의와 접목하고 있음을 알게 한다. 이후로 신채호는 민인·민중의 가치를 전면에 내세우는 역사철학적 인식을 하게 된다.

그러면 이제부터 신채호의 민본주의를 드러내는 신국민·신민에 관한 이야기를 해 보기로 하자.

신채호의 신국민설의 내용을 알아보기 위해서, 량치차오의『新民說신민설』(1902~1906)과 비교해 보기로 한다.

량치차오가 주장하는 신민은 공덕을 갖춘 자를 일컫는다. 량치차오는 인간이 갖추어야 할 기본적인 개인적, 사회적 심성·도덕·양심을 덕이라 하였다. 그리고 덕을 공덕公德과 사덕私德 두 가지로 구분하였다. 사덕은 개인적으로 갖추어야 하는 심성·도덕·양심을 말하고, 공덕은 개인이 사회와 관련하여 내보이는 심성·도덕·양심을 말한다고 하였다. 량치차오는 이 공덕을 "인간이 사회를 이루고 살려 한다면 반드시 요구되는 덕"이라고 하였다. 그리고 공덕은 사회의 이익에 이바지하는 것을 본분으로 삼는다고 덧붙인다. 그래서 "사회를 이롭게 하는 것은 선善이고, 사회에 무익한 것은 악惡"이란 명제를 붙이고, 공덕은 "시공을 초월한 진리"라고 하였다. 또한, 모든 개념이 그렇듯이 공덕도 '사회의 진화'에 따라서 진화하는 것이라는 논조를 펴고 있다. 그러나 공덕은 사회적 이익에 도움을 주는 것이어야 한다는 명제는 변하지 않는 진리라고 말한다.[10]

신채호도 이 량치차오의 공덕설에 공감하여 '신국민설'을 주장하는 것으로 보인다. 곧 신채호는 공덕의 기초는 인간이 천연적으로 가지고 나온 자유와 평등이라고 전제한다. 그러나 자유 개념에 대해서는 신채호와 량치차오가 서로 다른 입장을 보인다. 신채호는 자유에 대하여, 인간 내면의 노예근성으로부터 빠져나오려는 '인격의 실현'이라고 말한다. 반면에 량치차오는 자유를 권리로 보고, 국가의 생존과 독립을 추구하고자 하는 의무와 책임을 갖는 인격의 실현으로 보았다. 량치차오는 유럽식 자유 개념을 그대로 차용한 것으로 본다. 그러나 신채호는 「20세기신국민」에서 "자유는 우리의 제2의 생명, 인격이 있는 까닭에 사람이라고 말할 수 있거늘 자유를 잃은 자는 인격이 없으니 한 마디로 금수요, 하나의 목석이다. 이것은 형태가 없는 죽음이다. 자유의 죽음은 곧 신체의 죽음이다. 자유를 찾지 못하면 필경 멸망의 운명을 면치 못한다. 안광이 맑은 국민은 몸을 희생하여서라도 자유를 간절히 얻고자 한다. 슬프다! 조선은 예부터 자유 두 글자를 모르던 나라다. 그래서 힘으로도 노예, 사상적으로도 노예, 현실적으로도 노예가 되었다"(『단재신채호 전집 6』, 474)라고 자유의 개념을 당시 대한나라가 처해 있는 비참한 현실과 결부시켜 설명하고 있다. 곧 신채호가 말하는 자유는 인간이 노예 상태로부터 해방되는 것을 자유라고 하였다.

신채호는 국가의 존재에 대해서도, 개인에 대한 차별·억압을 배제하고 개인의 자유를 존중함으로써 자유의 가치와 민족의 가치가 결합될 수 있도록 만들어 주는 것이 국가라고 했다. 곧 '민본주의

---

10 梁啓超, "論公德", 『飮冰室全集』 臺灣 文化圖書公司, 1976, 13.

적 민족주의'로 국가의 개념을 설명하였다고 볼 수 있다.

신채호는 더 나아가 신국민을 평등주의적 자유를 갖는 존재로 파악하되, 신국민은 공동체(국가와 민족의) 안에서 평등과 자유를 갖는 존재라고 하였다(『단재 신채호 전집 6』, 476). 1910년대 국가주의·국민주의를 강조하는 사고는 신채호가 처해 있는 제국주의의 침략과 약탈이라는 현실적 시대 상황에서 나올 수밖에 없는 시대·역사적 한계로 보인다.

이렇게 신채호는 「20세기신국민」에서 앞으로 오는 세계는 자유주의 세계로 파악하고, 제국주의에 저항하는 주체는 자유를 갖는 신민·민중이라고 하였다. 곧 민인·민중은 역사의 주체이자 신국, 민족을 끌고 나갈 담지자 세력으로 간주하였다. 이러한 생각은 독사신론에서도 반영되고 있다.[11] 이것은 신채호가 민본주의적 민족주의에 기반을 둔 근대 민족공동체·국가상을 제시하였다고 볼 수 있다.

또 신채호는 신국민·민인의 요건으로, 첫째로 평등주의를 들었다. 인류는 인격의 평등이요, 인권의 평등이다. 불평등주의는 인류계의 악마요, 생산계의 죄인이다. 불평등주의 아래서는 도덕도, 정치도, 종교도, 경제도, 법률도, 학술도, 무력도 모두 망한다고 하였다. 그리고 당시의 조선(대한제국) 사회를 민족의 계급, 관민의 계급, 적서의 계급, 사농공상 남녀의 계급이 생존하고 있다는 진단을 내렸다. 둘째로는 공화주의를 들었다. 엘리트 중심의 귀족공화국이 아닌 인민 중심의 민중공화국이 건설되어야 한다고 보았다(『단재 신채호 전집 6』, 683).

---

11 申采浩, 『讀史新論』, 1908. 8. 27.~1908. 12. 13., 『단재 신채호 전집 3』, 309-310.

그러면 신채호의 민본주의 사상에 대하여 좀 더 깊이 살펴보기로 하자.

앞에서 신채호의 망명 후 삶살이에서 보고 온 것처럼, 신채호는 1910년대 연해주와 중국 상하이를 거쳐 베이징에 머물게 된다. 베이징에 있으면서 베이징대학의 아나키스트 교수들과 교류하고 아나키즘 관련 잡지(「천의보」, 「신세계」 등)를 읽으면서 사회주의·아나키즘에 관한 지식을 가지게 되는 것으로 본다. 1900년대는 량치차오의 『음빙실문집』, 『음빙실자유서』 등 서책에서 나오는 글들을 통하여 량치차오와 교감을 하고 또 당시 제국주의라는 시대사조에 의하여 사회진화론적 저항 민족주의를 견지해 왔다. 그러나 1910년대에 들어와서는 사회주의 사상을 받아들이면서 점차 사회진화론적 사고를 밀어내고 있다.

거듭 이야기하듯이 1910년대 새롭게 형성되는 신채호의 사상은 신국민·민중(민인)을 역사와 사회의 주체로 보는 '민본주의적 민족주의'이다. 이러한 신채호의 민본주의적 민족주의가 절정기를 이루는 시기는 러시아의 불셰비키혁명(1917)의 소식을 듣고부터로 보인다. 그리고 국내에서 3·1 민족기의가 폭발하면서 민인(신채호는 이를 인민으로 表現하였다)을 근본으로 하는 자주적 민족주의도 극에 달한다.

대체로 대한제국의 지식인들이 사회진화론을 탈피하고 사회주의 사상에 관심을 보이기 시작하는 것은 제1차 세계대전[12]을 겪는 시기로 생각된다. 곧 제1차 세계대전으로 인한 인명 피해는 군인과

12 각주 2와 같음.

민간인 모두(아군+적군)를 합하여 대략 1,600만 명(생사불명자 포함)이 넘는다(1918년 기준). 제1차 세계대전을 통하여 유럽의 지식인들은 전쟁에 대한 성찰과 전쟁이 없는 사회를 만들어야 한다는 생각을 갖게 된다.

앞에서도 이야기한 바와 같이, 제1차 세계대전의 원인은 산업혁명(18세기)으로 대량 생산과 시장경제를 본질로 하는 자본주의의 발달에 있었다. 자본주의는 다시 상품시장의 확대를 위하여 민족국가의 정치 권력들과 결탁을 한다. 정치 세력들은 제국주의로 무장을 하고 상품시장의 확보를 위한 해외영토(식민지)로 진출을 한다. 여기서 영토 쟁탈전을 일으키고 이러한 충돌이 제1차 세계대전을 일으키게 된다. 전쟁을 만들어낸 사상적 배경은 우승열패, 적자생존을 핵심으로 하는 사회진화론이었다. 그리하여 유럽의 지식인들은 전쟁의 원인을 제공한 사회진화론에 대한 부정과 성찰을 하면서 '새로운 가치관'을 찾게 된다. 이러한 세계사상의 움직임을 박은식은 '세계개조改造世界'의 진보라 하였다.[13]

유럽의 진보적 지식인들이 찾은 새로운 가치관이 사회주의 사상이다. 곧 사회주의는 사유재산의 소유에 대한 반성에서 출발한다. 다시 말하면 사유재산을 인정하는 자본주의에 대한 반성이다. 그리고 강한 나라가 약한 나라를 마음대로 침략·침공해도 좋다는 제국주의에 대한 반성은 권력 독점에 대한 성찰로 이어졌다. 사회주의 사상은 내부에서 다른 유형의 사회주의 사상을 또 탄생시킨

---

13 朴殷植, 『韓國獨立運動之血史』下(백암 박은식선생전집편찬위원회, 『白巖朴殷植全集 II』(동반미디어, 2002, 145, 541).

다. 하나는 자본주의 세상을 혁명으로 바꿔야 한다는 공산주의 이론이고, 다른 하나는 공산주의 이론에 대한 반발과 함께 독자적으로 발전한 아나키즘이다. 따라서 공산주의와 아나키즘은 사회주의를 모태로 삼고 있다.

사회주의 · 공산주의 · 아나키즘은 자본주의 경제질서에 반발하면서 약간의 시차를 두고 나오지만 대한 땅에는 거의 같은 시간대에서 동시다발적으로 뒤섞여 들어온다. 이 세 가지 사상의 기본적 공통점은 경제사상이다. 세 사상의 공통점은 생산수단을 공유로 하고 사유재산을 허용해서는 안 된다는 인식이다. 곧 사유재산이 사라지면 사회는 빈부의 차이가 없어지게 되고, 빈부 차의 소멸은 자연스럽게 계급적 불평등의 소멸과 함께 신분적으로도 평등한 사회가 만들어진다는 논리다. 이러한 경제 논리는 세 사상의 공통된 관점이다.

그러나 토지를 포함하는 생산수단을 누가 관리하느냐에 따라 세 사상은 서로 입장을 달리한다. 사회주의에서는 국가의 통제하에 사회공동체가 관리해야 한다는 집단주의 정치철학을 포지한다. 곧 사회공동체의 이익(복지사회)을 위하여 개인의 사적 소유의 욕구는 제한되어야 한다는 사상이다. 그리고 공산주의 사상은 기본적으로 사회주의와 같다. 곧 사회주의혁명을 통하여 생산수단을 국가 소유로 환원하여 자본주의적 빈부 차를 없앤다는 주장에서는 사회주의와 같은 입장이다. 그러나 자본주의적 빈부 차를 없애고 만인이 평등한 사회(공산사회)를 만들기 위해 프롤레타리아proletariat 독재 권력이 필요하다는 점이 사회주의와 다르다. 사회주의는 국가집단이 정점이지만, 공산주의는 프롤레타리아 독재가 정점이다. 그래서 공산주의는 프롤레타리아 독재를 통하여 경제 평등과 평등사회가 만들어지면 완전히 자본주의 사회가 종식될 수 있다는 이론을 주된 사상으로 가지고 있다.

그러나 아나키즘은 사회주의와 공산주의식 정치사상을 전면 부정한다. 사회주의의 국가 주도형 통제 방식이나 공산주의 프롤레타리아 독재의 통제 방식은 개인의 자유를 담보하기 때문에, 아나키즘은 민인 개인의 자유를 통제하는 데에 일체 반대한다. 곧 개인의 천부적 절대 자유를 최고의 가치로 여기는 아나키즘은 개인의 자유를 어떤 방식으로도 억압 · 제한 · 통제해서는 안 된다는 사상적 핵심을 가지고 있기 때문이다. 따라서 아나키즘은 어떠한 국가주의 권력 · 프롤레타라아 독재 권력에도 반대하면서 상호부조론적 경제 원리와 반권력 · 반권위를 주장한다.

제1차 세계대전의 영향으로 이와 같은 세 가지 사상이 혼재되어 대한제국과 해외 망명 인사들에게도 보급이 된다. 사회주의의 보급으로 대한제국의 지식인들도 우승열패 등 힘의 논리를 바탕으로 하는 제국주의 침략국의 사상적 배경인 사회진화론에 대하여 회의를 갖게 된다. 이렇게 전파된 사회주의 사상은 서서히 우리 땅의 지식인들에게 관심과 함께 수용된다. 그러다가 러시아 사회주의혁명이 성공하면서 대한제국 지식인들은 관심 정도를 떠나 적극적으로 수용하는 태도를 보이게 된다.

신채호는 『新大韓신대한』 창간사에서(1919. 10. 28.) "露國(러시아) 노동 정부가 건설되어, 전 세계 노동자의 신경을 자극하며 마르크스의 학설이 각국에 풍미하여 계급의 전쟁"(『단재 신채호 전집 5』, 4) 이라는 논지의 글을 씀으로써 노동자 · 민중에 의해 노동(프롤레타리아) 정부가 태어났음에 주시한다. 곧 러시아혁명의 중심은 노동자 · 대중이었음을 강조하고 있다.

또 박은식은 『韓國獨立運動之血史한국독립운동지혈사 上, 下』(1920. 12.)에서 "현실 정세를 말한다면, 지금 전 세계 인류사상은 다 전제와 강권을 미워하며 자유 · 평등의 사조가 앞으로 세계를 변혁시키려 하고 있다. 새로운 대세의 풍미를 누가 저항 · 저지할 수 있겠는가"[14]라고 함으로써 이미 세계 사조가 변하고 있다는 것을 강조하고 있다. 박은식도 이러한 세계 사조의 변화를 "개조 세계改造 世界"로 표현하면서 세계가 사회진화론에 바탕을 둔 강권주의가 물러나고 사회주의 사상에 바탕을 둔 공리주의가 확장되어 가고 있음을 강조하고 있다.

이러한 '세계 개조'의 인식이 신채호에게서도 있었는지를 알아보자. 신채호가 신규식, 박은식, 조소앙, 윤세복, 박용만, 조성환등 14인과 함께 임시정부 수립을 제창하며 「大同團結의 宣言대동단결의 선언」(1917. 7.)에 서명하고 발표한다. 이에서 보면, 공화제(국민주권설)를 바탕으로 1917년까지 다양한 방식으로 진행되던 국내 · 외의 독립운동을 통합하고 임시정부 수립을 제안하고 있다. 특히 러시아 3월 혁명, 핀란드, 폴란드의 독립선언, 미국의 제1차 세계대전의 참전으로 독일 등 패권 국가들이 시민에 의하여 무너지고 있다는 사실을 인식하고 있었다. 이는 곧 사회진화론에 바탕한 강권주의가 무너지고 있음을 인식하였다는 의미가 된다.

---

14 朴殷植, 『韓國獨立運動之血史』下(백암 박은식선생전집편찬위원회, 『白巖朴殷植全集 II』(동반미디어, 2002, 145, 541).

신채호가 「대동단결의 선언」에 서명을 하였다는 것은 그도 사회진화론의 무용함을 인식함과 동시에 민인에 의한 사회혁명의 가능성을 발견했기 때문으로 보인다. 그러면서도 신채호는 사회주의 사상에서 배격되고 있는 민족주의 사상은 그대로 간직하고 있었다. 여기서 신채호가 '민본주의적 민족주의'를 배경으로 하는 역사철학적 인식이 나오게 되는 연유이다.

2) 1910년대 역사철학적 인식

그러면 1910년대 신채호의 역사철학적 인식의 바탈을 이루는 '민본주의적 민족주의'에 대하여 살펴보자. 신채호가 대양보와 권업신문 '병합기념호'(8호, 1912. 8. 29자.)에 실린 "是日"(이날)이라는 논설을 보자. 이에서 보면 신채호의 역사철학적 인식도 변화하고 있다는 것을 발견하게 된다.

"이날은 어떠한 날이오, 사천 년 역사가 끊어진 날이오, 삼천리 강토가 없어진 날이오. 이천만 동포가 노예된 날이오. 오백 년 종사가 멸망한 날이오. 세계 만국에 절교된 날이오. 천지일월이 빛을 잃은(無光) 한 날이오. 산천초목이 슬퍼한 날이오. 금수어별(들짐승과 물고기)이 눈물 흘린 날이오. 충신열사의 피 흘린 날이오. 애국지사가 통곡한 날이오. 우리의 신성한 민속이 망한 날이오. 우리의 생명이 끊어진 날이오. 우리의 재산을 잃은 날이오. 우리의 자유를 빼앗긴 날이오. 우리의 신체가 죽은 날이오. 우리의 명예가 없는 날이오. 우리는 입이 있어도 말 못할 날이오. 귀가 있어도 듣지 못할 날이오. 손이 있어도 쓰지 못할 날이오. 발이 있어도 가지 못할 날이오. 우리의 조상은 땅속에서도 눈을 감지 못할 날이오. 우리가 이 세상에 살아도 희망 없는 날이오. 우리는 살고저 하야도 살 곳이 없는 날이오. 우리가 죽고자 한들 묻을 땅이 없는 날이오. 슬프다. 우리 사랑하는 동포여. 이날 이날을 기억할 날이오."[15]

이라고 비통한 어조로 글을 썼다. 곧 1910년 8월 29일, 일제의 강제 병탄이라는 경술국치를 당하고 우리나라 사람들이 노예 상태가 되었음을 비통한 마음으로 그리고 있다.

이러한 신채호의 비통한 마음은 이후 그의 '반일민족해방투쟁'에 반영된다. 신채호는 연해주(블라디보스토크)의 이종호 집에서 여러 동지(孫貞道 · 曺成煥)와 중대한 모의를 한다. 러시아와 외교적 현안 문제를 담판하기 위해 연해주로 오는 미국과 가쓰라-데프트 밀약(1905. 07. 29.)[16]으로 악명이 높은 가쓰라 타로우(桂太郎かつらふとし郎)를 암살할 계획을 세운다(1912. 7. 20.). 그러나 모의자들이 일경에 체포됨으로 미수에 그치고 만다. 이로 보아 신채호는 일제를 이 땅에서 축출하는 길은 암살, 테러밖에 없다는 생각을 서서히 가지게 되는 것이 이때쯤이 아닌가 하는 생각이다. 그래서 신채호는 그의 연해주 생활을 마감하려는 움직임을 보인다(1912. 9.).

이에 권업신문을 떠나고자 하는 마음도 굳히면서 신채호는 단군교(대종교) 교인인 윤세복과 신민회 출신의 이동휘, 이갑 등과 연

---

15 반병률, "단재 신채호의 러시아 연해주 독립운동", 국민대학교한국학연구소, 『한국학논총』 46(2016) 383.

16 가쓰라-테프트 밀약(The Katsura-Taft Agreement): 미국은 필리핀을, 일본은 대한제국을 삼킨다는 밀약, 1905. 07. 29.

대하여 光復會광복회를 조직한다(1912.12., 『단재 신채호 전집 8』, 954-959).
광복회의 회장에는 윤세복이 부회장에는 신채호가 선임된다. 본부
는 블라디보스토크에 두었다. 그리고 신채호는 광복회의 민족해방
운동에 필요한 자금 확보를 위하여 항일독립운동의 선언문인 「通
告文통고문/告示文고시문」을 작성한다. 통고문/고시문은 국내에서도
조직되는(1913) 광복회 회원들이 독립운동 자금을 징수할 때 반드
시 첨부하였다고 한다. 통고문과 고시문의 내용을 축약하여 살펴보자.

> [통고문] "명호(외치노라)라. 2천만의 민족은 노예가 되어, 국치(나라
> 의 치욕), 민욕(인민의 치욕)이 극에 달하였다. 명호라, 저 도이島夷(일본
> 오랑캐)는 아직도 이에 만족하지 않고 달마다 날마다로 악정폭행을 더
> 하여, 우리의 생명과 재산을 망멸(아주 망해 버림)시키지 않으면 그치
> 지 않을 세(기세)를 나타내고 있다. 그러나 우리 동포는 오히려 아직도
> 이를 깨닫지 못하고, 침잠沈潛하여 화가 장차 이르렀음을 알지 못한다.
> 우리 조국을 회복하고 우리 자손 대대로의 원수(世讐)를 몰아내어 우
> 리 동포를 구하는 것은 실로 우리 민족의 천직天職으로서 우리가 꼭 해야
> 할 의무다… 우리 동포들이 생각하지 않는 것이 어찌 이리 심한가? 자
> 손을 잇는 일도 아직 여유가 있다. 재력도 아직 모자라지 않는다. 오직
> 결핍한 것은 일치된 열성이 없는 것이다. 이것이 통곡하고 눈물을 흘릴
> 일이다. 재력을 축적하여 나라를 회복하고 적은 토벌해야 하고 그 결과
> 는 기다려야 한다. 재력이 있는 자들이여, 재력을 모으는데 의무를 다
> 해 달라(이하 생략, 현대어법으로 고쳤음)."[17]

---

17 통고문/고시문: 『단재 신채호 전집 8』, 941-943; 『한국학보』 제32집(1983년 가을호),
　 일지사, 230-240.

[고시문] "비통하도다. 창천蒼天이여, 참을 수 있는가? 참을 수 있는가? 강토는 약탈되고, 왕조는 끊기고, 문물은 나라와 함께 망하고, 동포는 짓밟고 으깨어 아주 결딴이 나고 말았다. 우리 민족의 영혼(생령生靈)은 진구렁에 빠져 몹시 곤궁하고 고통스러운 지경에 이르렀으니 어찌 참을 수 있겠는가? … 눈물이 다해서 혈루가 되고 말았다. 말과 생각이 이에 미치면 누가 능히 참을 수 있겠는가? 머리를 들어 산하를 바라보면 눈에 보이는 모든 것이 참담하여 산천초목은 색들이 모두 죽어있다. 그리고 일신의 몸을 누일 땅이 없다. 참으로 능히 우리 동포들이 맹진하고 열성으로 일신을 희생해서 백골이 진토로 화할지라도 오히려 쉬지 않으면 심혈은 금석을 뚫고 기백은 사람과 귀신을 움직일 것이다. … 사람들이 자신의 재능에 따라, 글을 잘하는 자는 글로 나라를 빛낼 것이며, 힘이 있는 자는 힘으로 나라를 회복하는 데 힘을 보탤 것이며, 지략이 있는 자는 지략으로 나라를 빛낼 것이며, 용감한 자는 용감으로 언변이 좋은 자는 언변으로 나라를 빛낼 것이며, 재력이 있는 자는 재력으로 나라를 회복하는데, 힘을 보태야 할 것으로 본다… 이에 의연금을 청구한다(현대어법으로 바꾸었음)."[18]

이에서 보았을 때, 당시 민족의 당면과제는 일제를 몰아내는 일이었다. 그러기 위해서는 민족의 전 구성원이 자기 능력이 닿는 대로 한 사람도 빠짐 없이 일조해야 한다는 호소문이다. 당시의 처지에서 가장 중요한 것은 의연금의 출연임을 강조하고 있다. 곧 적을

---

18 통고문/고시문: 『단재 신채호 전집 8』, 941-943; 『한국학보』 제32집, (1983년 가을호) 일지사, 230-240.

몰아내기 위한 독립운동·민족해방투쟁 자금이 필요하다는 것을 호소하는 내용이다. 이는 신채호가 1900년대 언론과 집필을 통한 애국계몽운동에서 진일보하여 직접적 실천 운동의 중요성을 드러내는 대목이라고 말할 수 있다.

이후로 신채호는 일제의 침략 이후, 항일민족운동세력(의병전쟁, 실력양성운동세력)들이 보여 왔던 분열상, 곧 이승만으로 대표되는 외교독립론, 안창호로 대표되는 실력양성론을 비판하고, 이회영과 신규식 등이 주장하는 무장전쟁론·무력투쟁론을 자신의 적극적인 민족해방투쟁의 전략으로 삼게 된다. 무장투쟁을 하려면 투쟁자금이 필요했다. 이러한 사실에 비추어 볼 때, 신채호가 1910년대 후반기에 이미 제국주의적 침략 세력 구축에는 대응폭력 방식만이 유일한 수단임을 알게 되었다는 이야기다. 나중에 다시 이야기하겠지만, 신채호의 1920년대 대응폭력에 의한 '민중직접혁명론'은 아마도 1910년대 후반기, 곧 3·1 민족기의 이후에 굳혀갔던 것으로 보인다.

한편 신채호는 역사철학적 인식에 있어서도 일제의 식민사관(신라정복설, 임나부경영설, 일선동조론)과 정면으로 대결하여 이론적인 반박을 가하는 한편, 그 허구성을 폭로하고 있다. 그리하여 신채호는 부여족 중심의 우리 역사 고대사를 체계화하게 된다(단군-부여-고구려). 그리고 발해사를 한국사에 편입시켜 남북국시대를 설정한다. 이어 낭가사상을 부각시켜 민족의 자주독립사상을 고취시켜 나간다. 단재는 1900년대 애국계몽운동기에는 국권 회복과 민족 자강을 위한 역사 연구에 치중하였다. 그러나 1910년대 이후, 망명투쟁기에는 제국주의에 대한 투쟁 의식을 반영하면서, 동시에 자주적 민족의식에 바탕하여 민중/민인 중심의 목적의식적 역사기술을 하기 시작하는 것으로 보인다. 그리하여 민중을 역사의 주체로 하는 1920년대 신채호의 역사기술로 이어진다. 그 결과, 역사철학적 인식을 반성리학적으로 하게 된다. 이후 신채호는 '민중군경적' 민본주의 입장의 역사기술에 돌입하게 된다. 그래서 그는 그가 감옥에 있을 때 조선일보에서 연재하던 「조선상고사」의 중단을 요구한 적이 있다(1931. 11. 16.). 그것은 신채호가 민본주의 역사 인식을 더 추가하고 싶었기 때문으로 생각이 된다. 민인이 군주보다 더 귀하다는 입장의 민중군경적 역사 기술은 정여립(1546~1589)을 16세기 혁명적 민본주의 사상가로 재평가하고 있는 데서도 알 수 있다(기축옥사 1589).

『朝鮮王朝實錄조선왕조실록』「宣祖선조」에서 정여립을 모반죄로 간주하는 근거를 보면, ① 천하공물설天下公物說(천하는 세상 사람 모두의 것인데 어찌 일정한 주인이 있으랴)과 ② 하사비군론何事非君論(누구를 섬긴들 군주가 아니겠는가)을 들었다. 정여립의 이와 같은 인식은 성리학적 통치이념을 국가 운영의 기틀로 잡고 있던 조선왕조에서 볼 때는 도대체가 언어도단이었다. 이는 분명 왕은 왕되는 분수가, 신하는 신하 되는 분수가 있다는 논리인 '군신강상론'을 어긴 반역·모반에 해당된다. 그러나 신채호는 정여립의 기의를 전통적 봉건왕조의 삼강윤리, 특히 군신위강(왕은 신하의 근본)을 타파하려 한 '동양의 위인'으로 평가하였다. 그리고 이를 프랑스혁명(1789)의 모태를 이루는 루소Rousseau(1712~1778)의 자유사상과 견줄만하다고 하였다. 다만, 정여립이 혁명으로까지 이르지 못한 것은 민중의 참여가 없었기 때문으로 보고, 민중을 역사의 주체로 끌어내지 못한 아쉬움

을 나타내고 있다.[19]

그리고 고려말 '묘청의 난'으로 기록되어 있는 묘청의 서경천도 운동(1128~1136) 또한 "朝鮮歷史上一千年來第一大事件조선역사상 일천 년래 제일대사건"으로 평가하였다.[20] 여기서 보면, 조선의 본류 사상인 낭 가사상을 지닌 묘청과 사대모화 사상을 지닌 김부식과 정치투쟁으 로 묘사하면서 묘청의 북벌론이 좌절된 것에 아쉬움을 나타내는 사론을 피력한다. 이러한 역사 인식은 문헌 고증에 토대한 실증주 의를 토대로 하는 일제의 식민주의사관을 근본적으로 극복·불식 시킨 신채호만의 독특한 사학연구법이자, 역사철학적 인식이라고 볼 수 있다. 그리하여 신채호는 민중을 역사의 주체로 보고, 아의 실체로써 민중의 의미를 규정하였다.

이렇게 해서 신채호는 1920년대로 들어가면서 반일 민족 해방 투쟁의 참 주체를 민중/민인에 두게 된다. 신채호는 자신이 말하는 민중혁명·직접 혁명의 주체세력으로서 민인·민중은 부르주아 지, 민중도, 프롤레타리아도 아니라고 단정을 짓는다. 신채호는 이 러한 역사철학적 인식을 가지고 항일투쟁방략에서 외교론·준비 론·기회포착론은 강도 일제의 본질을 모르는 외교 전략이거나 일 제의 통치전략에 말려드는 것이라고 강하게 주장하였다. 따라서 그 는 강도 일제를 타도하는 핵심은 민중의 무력투쟁(폭력적 저항·혁 명)만이 가능하다고 보았다. 곧 힘에는 힘으로 맞설 때만이 민족해 방·자주독립이 가능하다고 보았다. 이러한 그의 입장을 가지고 있

---

19 申采浩, 『朝鮮上古史』 緒論(『단재 신채호 전집 2』, 227).
20 『朝鮮史硏究草』 朝鮮歷史上一千年來第一大事件(『단재 신채호 전집 2』, 297).

었기에 상하이임시정부의 느슨한 외교 전략에 대응하여 민중의 무장투쟁노선을 강하게 주장하였던 것으로 본다. 그의 선비적 지조를 보는 것 같다.

이와 같은 신채호의 역사철학적 인식은 그의 글 「朝鮮史整理조선사 정리에 대한 私疑사의」에서 잘 나타나고 있다. "조선 민중 전체의 진화를 서술한 것이어야 참 조선의 '조선사'가 된다"(『단재 신채호 전집 7』, 205-212)라고 봄으로써 대한나라의 민중/민인이 곧 우리 역사를 끌고 가는 중심이라고 하였다. 이러한 역사철학적 인식은 그의 '민본주의적 민족주의' 사상에서 비롯되었다고 말할 수 있다.

다시 량치차오의 '新民說신민설'과 신채호의 신국민설로 되돌아가 둘의 이야기를 비교해보자.

앞에서도 이야기한 것과 같이 신채호는 량치차오와 정신적 교감을 하면서 이에 동감하면서 민본주의를 전개해 나간다. 곧 신채호가 1910년대부터 자주 쓰고 있는 국민·민중·신민이라는 근대 용어들을 량치차오의 신민설에서 교감을 받은 것으로 본다.

그러면 량치차오의 말하는 신민설의 내용에 대하여 다른 각도에서 잠시 살펴보자. 량치차오의 '신민설'은 영국의 사회진화론과 자유주의 사상, 17, 18세기 프랑스의 계몽주의 사상 등에서 영향을 받고 있다. 신민설은 량치차오가 중국에서 무술변법운동(1898)이 실패하면서 일본에 몇 년간 망명해 있을 때 쓴 글들이다. 곧 중국 보황파保皇派들이 일제 요코하마에서 발간한 반월간잡지인 「新民叢報신민총보」(1902)에 연재되었던 글들이다(1902. 2.~1906. 1.).

신민이라는 단어는 원래 『大學대학』에서 유래한 말이다.[21] 신민이라는 용어도 여기서 따온 말로 이해된다. 량치차오의 신민설은 사회진화론을 기본 사상으로 삼고 있다. 따라서 중국이 이제까지의 기본적 정신적 지주였던 중화주의적 천하 질서를 부정하고, 중국도 유럽식의 민족국가가 되어야 한다고 주장하는 글이다. 그리고 민족국가의 구성원을 국민이라고 함으로써 '국가주의 사상'을 그려내고 있다. 이렇게 해서 량치차오는 민족국가를 국민국가로 등치하고 국민국가의 국민은 신민이어야 하며, 국가는 신국이어야 한다는 입장을 밝히고 있다. 그가 말하는 신민은 유신한 국민(維新國民)의 뜻이고 신국은 사회진화론(부국강병·우승열패)에 바탕한 근대적 민족국가를 말한다. 그리고 량치차오가 주장하는 민족국가=국민국가는 위로부터 근대화를 추구하는 계몽군주체제인 개명전제체제開明專制體制에 입각한 입헌군주제로 해야 한다고 주장하고 있다. 량치차오는 루소의 인민주권설에 기초한 공화제를 반대하였다. 루소식 입헌군주제는 오히려 중국의 분열과 전제군주의 출현을 가져오게 하는 망국의 길이라고 보았기 때문이다.22

이제 신채호로 돌아가 보자. 신채호가 량치차오와 교감을 하면서 신국, 신민의 용어를 자주 빌려 쓴 것은 사실이다. 그러나 신채호는 계몽군주든 입헌군주이든 모두 반대하고 공화주의 국가를 지향하였다. 그리고 신민이라는 용어 대신에 공화정의 나라 구성원을 '신국민'으로 표현하고 있다. 이는 신채호가 대한의 민인이 봉건적 노예 존재에서 벗어나 권리와 의무, 자유, 자강, 독립, 진보 등 근대

---

21 『大學』「章句大全 第二章/釋新民」湯之曰盤銘 曰:苟日新,日日新,又日新°康诰 曰,作 新民. 詩曰:週雖舊邦,其命維新. 是故君子無所不用其極(成均館大學校 大東文化研究院, 1970, 19).

22 梁啓超, "論國家思想", 『飮冰室全集』臺灣 文化圖書公司, 1976, 17-20.

적인 시민의식을 지닌 국민으로 새로 태어나기를 바랐기 때문으로 보인다. 이런 점에서 1910년대에 들어오면서 국가주의를 강조하고 국가를 이끌고 갈 핵심적 주체를 신국민이라 하였던 것 같다(『단재 신채호 전집 6』, 477).

이러한 사고는 민족해방 이후의, 조국의 정치 형태까지도 걱정을 하는 데서 나왔다고 본다. 그는 해방된 조국의 국체는 '국민적 국가'라야 한다고 하였다. 국민적 국가라는 말은 국민·민중이 역사와 사회의 주체가 되어야 한다는 뜻이었다. 그런데 신채호가 3·1 민족기의 이후 국민보다는 '민중'이라는 용어를 자주 쓰는 것으로 보아 국민이 아닌 '민중'의 개념을 확실하게 세우는 계기는 3·1 민족기의가 아닌가 한다. 이는 신채호가 잠시 1910년대 전반기에는 국가주의를 선호하였지만, 점차 국가주의 사고에서도 멀어지고 있다는 느낌을 받는다. 신채호는 아마도 3·1 민족기의를 경험(소식으로)하면서 국민이라는 용어보다는 민족·민중이라는 단어가 더 가슴에 와닿았던 것 같다. 여기서 중요한 것은 신채호가 일찍이 일제에 의해 대한제국이 식민지화됨으로써 전통적 '왕조국가'의 존재는 이미 소멸되었다고 본 점이다. 그래서 민족과 민중에 대하여 새롭게 인식하게 된 것이 아닌가 하는 생각이다. 곧 신채호는 3·1 민족기의 이후, 량치차오의 계몽군주제든, 입헌군주제든 군주제 사고에서 벗어나 민족과 민중을 민족사의 담당 주체로 인식하게 되는 게 아닌가하는 생각이다. 그리고 이러한 사고와 역사철학적 인식은 1920년대 「조선혁명선언」에서 꽃을 피우고 열매를 맺는다고 본다.

그래서 신채호는 3·1 민족기의에 대하여 다음과 같이 인식하

였다. 3 · 1 민족기의의 도화선 역할을 한 것은 애국계몽운동을 주
도한 지식인층들이지만, 사실상 3 · 1 민족기의를 이끌고 간 중심
적 세력들은 지식인층보다는 민중이었다는 시각을 드러낸다. 여기
서 신채호가 보는 민중은 바로 중소도시의 상인, 공장노동자, 농촌
의 소작농과 자작농, 도시의 일반 지식인과 학생층이었다. 신채호
는 이들 중 특히 노동자, 농민이 3 · 1 민족기의에 적극적으로 참여
하였다고 판단하였다. 그래서 신채호는 새로운 역사 담당의 주체는
애국계몽기 신지식층이 아니라 이를 뛰어넘는 대중 · 민중/민인이
라는 역사철학적 인식을 새롭게 하게 된다.

이렇게 신채호는 3 · 1 민족기의 이후, 민본적 역사철학적 입장
에서 민족과 민중에 대한 인식을 새롭게 해나간다. 곧 "하나는, 민
중/민인은 역사적인 공감대의 형성자다. 때문에 각 나라의 민중은
그 속에 나름의 특성이 있다. 이 때문에 세계는 각자의 특성을 갖는
민족으로 발전한다. 둘은, 한국 민중/민인은 자기 역사의 담지 세력
임에도, 우리 역사에서 소외되고 주체성을 잃고 살아왔다"[23]라고
현실 속의 우리 역사와 민중에 대한 본 모습과 역사와 민중의 관계
에 대하여서도 진단하였다. 대한제국이 일제의 강제된 병탄으로 소
멸되면서 우리 땅은 가슴 아프게도 일제 한구석의 행정구역에 불과
한 식민지 조선이 되었다. 신채호가 볼 때, 식민지 조선은 나라가
아니다. 그래서 신채호는 국가 대신 민족을 그의 머릿속에 역사철
학적으로 인식을 했는지도 모른다. 그가 볼 때, 민족은 역사가 존재
하는 한 영속적으로 존재한다. 따라서 민족의 역사는 각 민족사마

---

23 "조선사 정리에 대한 사의", 『단재 신채호 전집 7』, 205-221.

다 각자의 특성이 있지만 안타깝게도 우리 민족의 역사는 엘리트 지배층에 의하여 하강하는 미끄럼을 타면서 끝내는 식민지로 전락하였다고 인식하였다.

이와 같이 신채호의 민족주의에서 핵심은 민중이다. 그의 민중의식은 곧 민본주의 사상이다. 그래서 민중이 곧 민족이고, 역사적 실체이며 주체다. 곧 민족=민중이다. 민중이 미래사회의 진화·발전을 주도할 중심적 존재라고 보았다. 이러한 신채호의 역사철학적 인식은 민중/민인을 일제에 의한 식민 통치를 격퇴하고 민족해방·주권 독립을 이끌어낼 희망적 존재로 승화시킨다. 민중과 민족을 역사의 주체적 존재로 파악하였다. 그래서 신채호는 우리 역사는 민족의 역사이며 민족의 역사는 민중의 역사가 되어야 한다고 인식하였다.

이렇게 신채호가 1910년대 후반기부터 민족·민중을 기초로 하는 역사철학적 인식을 심화시켜나가는 과정에서 지도자·지배자를 강조하는 엘리트주의적 발상은 무의미하다고 생각하였다. 이런 인식에서 신채호는 엘리트에 의하여 왜곡된 그간의 역사를 강력히 거부하였다. 우리가 다 알고 있듯이 신채호가 민족정신으로 내세우고 있는 사상은 낭가사상이다. 신채호는 낭가사상이 우러나는 강인한 민족사를 새로 쓰고 싶었다. 그것이 『朝鮮史研究草조선사연구초』, 『朝鮮史조선사』의 저술로 나타났다고 본다.[24]

신채호의 낭가사상 발굴은 강권주의를 가지고 있는 외세 열강

---

24 이만열, "단재 신채호 전집 제1권 역사 조선상고사 해제", 『단재 신채호 전집 1』, 역사 독립기념관, 2007, 1.

에 의한 영토의 짓밟힘과 나라 사람들이 노예 상태로 침몰해 가는 현실을 바라보며, 이러한 민족적 위기에서 나온 사상의 몸부림이었다고 본다. 신채호는 민본주의적 민족주의를 새롭게 발견하고 항일운동의 성격도 항일구국·항일독립운동이 아닌 민족해방운동으로 의식 전환을 한다.

일제 식민 통치에 대한 저항운동에 대하여 연구자들이 항일독립운동과 항일민족해방운동 등 서로 다른 용어를 쓰고 있다. 민족주의 입장에서는 항일독립운동으로 쓰고, 사회주의자(공산주의자·아나키스트)들 입장에서는 민족해방운동이라고 쓰고 있다. 곧 식민지 조선의 상태를 어떻게 평가하느냐에 따라 연구자들의 용어 선택이 달라진다. '독립운동'의 용어를 선택하는 연구자들은 식민지 조선을 나라의 주권을 빼앗긴 상태로 보고 주권을 되찾아오는 운동을 일으켰다는 입장이다. 그리고 민족해방운동의 용어를 선택하는 연구자들은 식민지 조선의 상태를 민인들이 일제의 노예 상태에 있었다고 보고, 노예 상태에서 민인·인민의 해방운동이라는 의미에서 쓰고 있다.[25]

끝으로 신채호의 1910년대 역사철학적 인식을 정리해 보자. 첫째, 신채호는 특정 종교적 인식을 가지고 역사를 서술한 것에 반대하였다. 그래서 고려시대 일연이 쓴 『三國遺事삼국유사』(1394)에서 단군의 역사는 우리나라 고유의 역사적 사실이라기보다는 불교적 이해로 썼다고 보았다. 둘째, 전통적 문화 일반적 이해를 바탕으로, 중국에 대한 문화 식민지를 극복하려는 의지를 분명히 하고 있다.

---

25 이만열, "항일독립운동과 3·1운동"(서울: 함석헌평화포럼, 2011).

셋째, 일제의 침략기와 병탄기에 우리 민족의 반일 전쟁 기지가 만주 · 연해주에 집중되고 있다. 이 세 가지 인식 중에서 특히 신채호는 우리 항일민족운동세력들이 만주와 연해주로 집결하는 이유에 대하여 정치적이 아닌, 문화 · 정신적으로 다음과 같이 설명한다.

우리 항일민족운동세력들이 만주와 연해주에서 집결하는 데에는 정당성과 당위성을 모두 가지고 있다. 그 까닭은 우리 고대 역사의 주무대가 만주와 연해주였기 때문이다. 이 땅의 처음 주인이었던 단군조선의 정신을 계승하여 만주를 국권 회복의 전진기지로 삼아 반식민운동을 일으키는 것은 당연하다고 보았다. 단군조선, 부여, 고구려, 발해의 땅인 이곳은 단군조선의 역사 정신이었던 선민사상, 낭가사상이 스며있다. 바로 이 선민 · 낭가사상이 일제에 대한 저항정신(민족주의)의 핵심이 된다는 역사 인식을 하였다. 1910년대에 들어와 신채호는 시대 · 개인적 한계를 극복해 들어간다. 신채호는 1900년대는 민족주의와 자유주의를 동시적으로 수용하여 저항 민족주의를 가지고 제국주의에 맞서는 외경력(외세와 경쟁할 수 있는 역량을 키움)을 키우고 자주독립을 도모하자고 하였다. 1910년대에 들어와서도 국민의 자유 · 자주 · 복리 등의 증진과 수호 등 사회진화론적 입장을 계속 견지하고 있었다. 그러다가 본격적으로 사회주의 사상을 접하면서 신채호의 사상에 큰 변화가 온다. 이에 따라 1910년대 후반기에 들어서면, 역사철학 인식도 저항 민족주의를 벗어던지고 자주적 민족주의로 변신을 도모한다. 그러면서 1917년 러시아의 사회주의 혁명의 성공과 1919년 우리나라의 3 · 1 민족기의를 목도하면서 아나키즘을 사상적으로 수용하게 된다. 그리하여 신채호는 자주적 민족주의에다 아나키즘을 접목하여 역사철학적 인식을 새롭게 하게 된다. 이러한 인식의 결과는 신채호로 하여금, 민중 직접 혁명을 민족해방운동의 핵심 투쟁 수단으로 삼게 만든다. 한편 1910년대 신채호는 '사회경제적 역사 인식'을 조선사에 새로 도입 · 적용하고 있다. 곧 근대의식의 소산인 계급제적 관점에서 지배층과 피지배층 간의 갈등 논리를 단편적이나마 해석 · 부각시키고 있다. 그는 계급제에 속박된 사회적 모순을 해결하기 위하여 시도된 '반역혁명叛逆革命'의 흐름을 민중사관의 입장에서 검토하고 있다. 그리고 반역혁명의 실패와 좌절의 원인을 대내적인 지배층의 무자비한 억압보다 반혁명적 외구外寇(당, 몽골, 일제 등 외국 도적놈들) 탓으로 돌리는 등 독특한 역사 인식을 보여주고 있다("浪客의 新年漫筆", 『단재 신채호 전집 6』, 585).

신채호는 「낭객의 신년만필」에서 삼국 이래 우리 역사를 사회적 신분제의 존재로 인하여 왕 · 귀족 등 지배층과 피지배층인 민중세력이 갈등 · 대립 관계로 파악하고 있다. 그래서 지배층이 만들어내는 모순에 대하여 민중 세력은 이에 대응하여 사회개혁의 움직임을 보여왔다. 그렇지만 이러한 민중 세력에 의한 사회개혁의 움직임은 지배층에 의하여 좌절되는 게 아니고 외부세력의 침입으로 좌절되었다고 파악하고 있다. 곧 삼국시대는 당의 대 고구려 · 대 백제에 대한 영토 침입에 의해 좌절되었다고 보았다. 그리고 고려시대는 군주와 귀족 간의 마찰 · 대립, 귀족과 노예 간의 대립으로 여러 차례 지배층에 대한 노예계급의 기의가 일어났으나 몽골의 침입으로 좌절되었다고 인식하였다. 그리고 조선시대 여러 차례에 걸쳐 전제개혁이 일어났지만, 여전히 양반계급의 사회적 특권과 지주전호제라는 제도적 모순으로 부의 편중이 극대화되었다고 보았다. 이러한 사회·계급적 모순이 첨예화되면서, 소년·검·양반살 륙계 등 반체제적 비밀 혁명단체가 계속 생성되어 양반지배층에 저항을 하였다고 주장한다. 그러나 임진왜란 때문에 멸절되었다고 평가하고 있다. 이렇듯 "사회진화의 경로를 개척하려는 혁명이 매 양 반혁명적인 왜구 때문에 붕괴되었다"고 봄으로써 외국 도적놈 들, 곧 왜구를 우리 역사에서 반혁명의 주요 원인이 된다고 보았다 (앞의 글,『단재 신채호 전집 6』, 585). 이는 우리 역사가 일제의 침략으 로 좌절되고 있는 당시의 현실을 역사적으로 설명하고 싶었던 신채 호의 심정을 엿볼 수 있다.

4장
1920~1930년대 민족주의적 아나키즘

　신채호는 1900년대 사회진화론적 민족자강주의 사상을 바탕으로 애국계몽운동을 하였다. 애국계몽운동 초기에는 주로 사설학원을 통한 개화사상의 교육이었다. 그러다가 장지연, 박은식, 양기탁 등 언론인들의 소개로 언론(황성신문과 대한매일신보)에 종사하면서 논설과 사론 등을 통하여 애국계몽운동을 이어갔다. 이 당시 신채호의 민족주의는 사회진화론에 바탕한 침략·반동민족주의에 대응한 저항·식민지 민족주의였다. 그러다가 나라의 운명이 풍전등화처럼 위태로워지자, 일제를 격퇴하기 위한 무력투쟁을 신념으로 삼고 해외 망명을 떠난다.

　1910년대 접어들었다. 신채호는 해외, 러시아 땅의 블라디보스토크와 중국 땅 미산, 상하이, 베이징을 오고 가며 망명 생활을 하면서, 당시 유행하는 신사조인 사회주의 사상을 접하게 된다. 사회주의 사상을 접하면서 신채호는 저항 민족주의를 밀어내고 자주적 민족주의로 무장하게 된다. 자주적 민족주의를 바탕으로 민중/민인을 자각하게 된다. 그리하여 국가 대신에 민족을, 엘리트 지배층

대신에 민중/민인을 역사의 주체로 보게 된다. 그런데 그 민족이, 민중이 일제에 의해 노예 상태에 놓이게 되었다는 현실을 가슴 아프게 인식하게 된다. 이런 현실 인식을 바탕으로 1910년대 신채호는 국권 회복을 위한 항일독립운동이라는 방략으로는 부족함을 느낀다. 하여 민족이, 민중이 노예 상태에서 반드시 해방되려면 무장투쟁밖에 없다는 운동전략을 갖게 된다. 그리고 무장투쟁을 통한 민족해방운동은 해외 망명 세력들의 단결한 단일조직이어야 한다는 전략적 판단을 하게 된다. 이러한 와중에서 임시정부가 수립되고 신채호는 일제와 투쟁전략이자 신념인 무장투쟁을 견지하면서 타협주의로 나가는 임시정부와 갈등·대립을 하게 된다.

신채호의 망명 여정은 1920년대로 접어들게 된다. 신채호의 민족해방운동의 성격을 알기 위해서는 먼저 1920~1930년대 국내·외 역사 상황을 알아야 신채호의 항일민족해방운동의 시대적 배경을 잘 이해할 수 있을 것으로 본다.

그래서 먼저 ① 1920년대 이후 국내·외 역사 상황을 대략 살펴보았다. 그리고 이 시기에 신채호가 아나키즘으로 사상적 무장을 하게 된다. 그래서 아나키즘이란 어떤 사상인지를 알아야 한다는 입장에서 ② 아나키즘의 일반성과 수용에 대하여 검토하였다. 그리고 신채호가 수용하는 아나키즘은 어떤 내용이고 신채호의 이 시기 역사철학적 인식은 어떻게 나타나는지를 알기 위해 차례로 ③ 신채호와 아나키즘, ④ 신채호의 역사철학적 인식이라는 항목으로 나누어 살펴보기로 한다.

1. 1920년대 이후 국내·외 역사 상황

1920~1930년대 세계의 역사 시간은 엄청난 변화를 겪고 있었
다. 한국은 일제의 억압적 식민 통치 제2기(1920~1930)에 들어간다.
그리고 세계는 자본주의가 갖는 필연적인 모순에 의해 제국주의가
일으킨 제1차 세계대전이 1918년 말, 막을 내리고, 베르사유 체제가
시작된다. 1929년에는 자본주의 모순이 폭발하는 경제대공황(1929~
1933)도 일어난다.

이러한 시기인 1920년대 대한제국의 정치적 상황은 일제의 총
검에 의한 무자비한 무단정치가 우리의 3·1 민족기의에 의하여
막을 내리면서 민족 분열을 획책하는 기만적인 식민 통치가 시작된
다. 이름하여 '문화정치'다. 사실은 문화정치가 아니고 문화통치다.
일제의 문화통치는 일종의 민족을 분열시켜 최후에는 민족을 말살
하려는 기망 정책의 전초적인 성격을 갖는다.

그리고 경제적으로는 일제 내부의 산업화가 본궤도에 진입하면
서 농촌의 많은 인구가 도시의 공장으로 이동을 하게 되면서 일제
는 식량(쌀) 생산에 차질을 빚게 되고 쌀값이 상승하게 된다. 쌀값
의 상승은 노동자의 임금도 더불어 상승하는 처지에 놓이게 만든
다. 그래서 일제 자본가의 이익 확대를 위하여 노동자에 대한 저임
금정책이 필요했다. 이에 일제는 대한제국을 그들의 식량 생산지로
만드는 정책을 쓴다. 그것이 산미증산계획(1921~1935)이다. 이 탓으
로 당시 대한나라는 일제 자본가를 위한 쌀 수탈지로 변하게 된다.
또 4대강과 지류 주변의 삼각주를 중심으로 뚝(독; 제방)을 쌓아 논
과 밭을 개간해 나갔다. 수천, 수만 년을 두고 형성된 우리 땅 하천

의 자연환경이 이때부터 파괴되기 시작하고 독방을 중심으로 신작로들이 생겨난다. 이 때문에 강폭은 좁아지고 폭우가 내리면 대홍수를 만나게 되는 원인이 되었다. 강둑으로 조성된 비옥한 땅에 대량의 논과 밭이 조성되고 쌀생산이 극대화되었다. 그럼에도 불구하고 대한 땅의 민인들은 오히려 배고픔이 거지 수준으로 전락하게 된다. 일제가 우리 농민들이 힘들여 생산한 쌀을 죄다 일제 본토로 가져갔기 때문이다.

또 일제 식민지 조선에서 민족자본의 성장을 막고, 우리 땅을 일제의 자본시장으로 만들기 위해 조선총독부에 의하여 강제되었던 회사령(1910. 12. 29.)이 허가제에서 신고제(1920. 4. 1.)로 바뀐다. 이로부터 일제 독점 자본이 대한 땅에 침투하면서 일제식 자본주의가 이식하게 된다. 이러한 문화통치를 기반으로 1931년 이후는 일제가 우리 민족에 대한 언어도단의 민족말살정책을 쓰게 된다.

사회문화적으로는 언론·출판의 자유가 제한적으로 허용되면서 나약한 문화예술인들이 일제가 파놓은 음모와 함정에 빠져들어, 일제에 대한 자발적 노예로 전락해 갔다, 이런 시기에 일제 문화정책에 편승하여 언론지들도 창간하게 된다. 「朝鮮日報조선일보」(1920. 3. 5.)와 「東亞日報동아일보」(1920. 4. 1.)가 창간되어 나왔지만, 당시의 시대 분위기에서는 친일적 성격을 띠고 나온다.

이와 함께, 아나키즘과 공산주의를 포함하는 세계 사상조류의 하나인 사회주의운동이 반동민족주의와 함께 최고조에 달하는 시기가 된다. 사회주의 사상이 이데올로기로서 우리 땅에 소개되자, 동아일보 사설에서는 볼셰비즘(마르크스-레닌주의)과 함께 사회주의를 과격주의로 표현한다(1920. 5. 12~14.). 그리고 사회주의 사상의 전파에 대하여 게재하되, 민중들의 태도는 "묵시적 태도를 보였으며, 일종의 새로운 복음처럼 생각하고 있었다"라는 표현도 하고 있다(동아일보 1920. 8. 12자.). 동아일보 기사에서 과격파ㆍ과격주의는 사회주의 사상을 의미한다. 당시 일제의 문화정책에 호응한 식민지 조선인의 문화운동은 자본주의적 경제 제도+자유주의적 정치 제도를 갖는 신한국의 건설이라는 목적을 가지고 출발을 한다. 이 당시 가장 많이 소개된 근대 용어는 자유주의ㆍ실용주의ㆍ인본주의ㆍ사회주의ㆍ볼셰비즘ㆍ아나키즘ㆍ생디칼리즘(syndicalisme)이었다. 또 이 당시 자주 소개된 인물과 사상에 관련된 것은 생시몽(1760~1825)의 이상적 사회주의, 마르크스(1818~1883)의 역사적 물질주의, 레닌(1870~1924)의 공산적 볼셰비즘, 크로폿킨(1842~1921)의 상호부조적 아나키즘 등이다. 당시 국내 언론들은 이들 인물과 사상을 모두 과격파 인물, 과격주의 사상으로 표현함으로써 일제 총독부의 대변지 역할을 하고 있었다.

이렇게 소개된 이른바 과격주의 이론은 당시 지식인들에게 어떻게 인식되었을까. 당시 언론과 지식인들은 공산주의를 공유주의로, 아나키즘을 무정부주의로 번역하여 사용하고 있었다. 그러나 아나키즘(무강권주의ㆍ절대 자유주의)을 무정부주의, 허무주의로[1] 인식한 것은 착각이었다고 본다. 사회주의에 대한 부정확한 인식은 이 시대의 일반적 현상으로, 당시 지식인들의 시대적ㆍ지식의 한계라고 볼 수 있다. 언론에서조차 레닌의 혁명사상과 무정부주의(아나키즘)를 동일시하고 있었던 것은 이 당시 지식인들이 사회주의

---

1 아나키즘은 모든 제도와 관습의 속박에서 개인을 해방시켜 자유로운 사회를 만들자는 사상임에도 이를 부정적(허무주의)으로 해석, 보도함.

사상을 인식하는 보편적 현상이었다(동아일보, 1921. 6. 1자).

그러다가 시간이 가면서 사회주의의 여러 갈래 사상에 대한 구분을 거의 정확하게 인식하기에 이른다. 그러면 1920년대 초 대한사회와 지식인들이 사회주의를 수용하게 되는 배경을 살펴보자. 첫째, 차르tsar의 전제적 지배와 착취 관료계급을 몰아낸 러시아 사회주의 혁명(볼셰비키 10월 혁명)의 소식은 식민지하에서 민족·계급적억압을 당하고 있던 대한나라 사람들에게는 복음과 같았다. 둘째, 당시 제국주의 열강들과 국제회의에서는 피압박 민중의 독립과 민족해방운동을 탄압 내지 냉대하고 있었다. 이에 비하여 소비에트혁명정부는 피압박민족의 민족해방을 지원하고 있었다(평화포고령). 셋째, 3·1 민족기의와 일부 항일운동가들의 타협주의 외교노선의 실패에 대한 반성과 민중 스스로 식민 통치로부터 자유·평등을 위한 조직적인 투쟁의 필요성에서 합리적인 사상이 요구되었다. 넷째, 3·1 민족기의의 경험에서 민족민중운동의 중요성이 부각되었다.[2] 곧 청년운동, 노동운동, 농민운동 등의 확산이다. 청년운동은 신교육을 받은 청년들의 전국적인 조직으로 '조선청년회연합회'를 결성한다(1920. 12.). 이들은 교육 진흥, 산업진흥, 도덕 수양등을 통한 '문화운동'을 전개해 나갔다. 그러나 사회주의 사상을 수용하면서 조선청년회연합회는 민족주의자와 사회주의자가 갈등·대립을 하게 된다. 이러한 가운데 사회주의 계열의 청년들은 서울청년회, 화요회 등을 창립하고 사유재산제 철폐를 주장해 나갔다. 이러한 여건과 배경에서 사회주의 사상을 본격적으로 수용하는 분

---

2 임대식, "사회주의운동과 조선공산당", 『한국사 15』(한길사, 1994. 159-161).

위기가 조성된다. 그리하여, 반일민족해방투쟁에 뜻을 가진 의인 · 지사들에 의하여 사회주의가 수용되고 사회주의 단체들을 결성하기에 이른다. 대표적으로 서울靑年會청년회(1921. 1.), 無産者同志會무산자동지회(1922. 1.), 朝鮮勞動聯盟會조선노동연맹회(1922. 10.), 新思想硏究會신사상연구회(1923. 7.), 火曜會화요회(1924. 11.), 北風會북풍회(1924. 11.) 등이다.

또 사회주의 사상을 대중적으로 보급하기 위하여 사회주의 잡지들도 발간하여 보급하였다. 대표적으로 朝鮮勞動共濟會조선노동공제회(서울, 1920. 4. 3.)가 발행하는 「共濟공제」(1920. 9. 10., 1921. 6. 통권 8호로 종간), 이동휘 등이 상하이에서 발간한 「大韓獨立報대한독립보」(1920. 11.), 박희도가 주도하여 대한협회보 후신으로 발간한 「新生活신생활」(1922. 3. 11.), 장도빈이 발행하는 「朝鮮之光조선지광」(1922. 11.) 등이다. 신생활의 경우, 이 잡지의 필진(이동휘, 김명식 등)들이 일제 경찰에 강제로 붙잡혀 재판을 받게 되는데 당시 국내 언론지 동아일보에서는 이를 '사회주의 재판'이라고 보도하였다(동아일보, 1922. 12. 27자 사회면). 사회주의 사상의 유입은 노동자와 농민의 의식수준을 끌어올렸다. 그 결과 노동쟁의, 소작농의, 소작쟁의 등 민족민중적 항일투쟁이 일어난다.

대중적인 사회주의자들도 결성이 된다. 앞의 조선노동공제회는 도시에서는 노동쟁의를 농촌에서는 소작쟁의를 선동 · 지원해 나갔다. 조선노동공제회에서 윤덕병(1884~?), 김한(1887~1938), 신백우 등은 무산자동지회를 따로 만들고 '신사회 건설'과 '계급적 단결'을 강령으로 내걸면서 조선노동연맹회를 결성했다. 이들은 우리 땅에 최초로 '메이데이 행사'를 열고(1923. 5. 1.), 경성여자고무직공조합과 경성양말직공조합의 파업을 지원했다. 이러한 가운데 서울에서 대

한나라 사회주의 계열 모든 청년단체(220여 개)가 연대하여 朝鮮靑
年總同盟조선청년총동맹(1924. 4.)을 결성한다. 이 단체는 평양과 서울의
인쇄직공 파업(1925), 목포의 제유공 파업(1926. 3.)을 지원해 나갔다.
조선노농총동맹은 뒤에 노동운동과 농민운동의 분리 원칙에 따라
朝鮮勞動總同盟조선노동총동맹과 朝鮮農民總同盟조선농민총동맹으로 분리
되었다(1927. 9. 7.). 이리하여 조선노동총동맹은 노동쟁의를 지원하
면서 1928년 영흥노동자총파업(1928. 11. 3개월간 지속), 원산총파업
(1929. 1. 13. 4개월간 지속) 등 파업을 지원·독려하였다. 노동운동은
노동자 개인의 권익 수호 차원에서 점차 반일민족해방운동으로 전
개되어 갔다.

조선농민총동맹이 분리되어 나오기 전, 조선노동공제회는 소작
쟁의도 지원하였다. 당시 소작료는 살인적인 6~8할이었다. 도적도
이런 도적이 없었다. 농민들의 의식이 깨이면서 소작료 인하를 위
한 소작쟁의를 일으켜 나갔다. 대표적인 것이 '암태도 소작쟁의
(1924)'다. 소작쟁의를 하는 농민들을 일제 군경들이 끌어내어 걷어
차고 두들겨 팼다. 농민들은 매를 맞은 대가로 소작료 4할을 관철
시켰다. 이에 자극을 받은 전국 소작농들도 소작쟁의를 연달아 일
으켜 나갔다. 이에 가장 큰 소작쟁의가 일어났다. 東洋拓殖株式會
社동양척식주식회사(東拓, とうたく, 1908년 설립)의 농장이 있는 황해도 재령
군 북률면에서 소작료 인상 반대 및 소작료 불납쟁의가 있었다
(1924. 10. 31.). 또 不二興業株式會社불이흥업주식회사(1914년 설립), 평안북
도 용천군의 서선농장에서 일어난 소작쟁의(1926~1930)를 들 수 있
다. 이렇게 시작된 일제 지주를 상대로 한 농민투쟁 또한 항일민족
운동의 성격을 띠며 발전되어 갔다. 그리하여 농민투쟁은 소작쟁의

와 함께, 소작료 불납동맹, 공동경작동맹, 불경동맹, 기아아사동맹, 추수거부운동 등을 다른 사회주의 단체와 연대투쟁을 벌여나갔다. 이에 일제 총독부 권력은 농민투쟁을 무력으로 탄압해 들어왔다. 그것은 고율의 소작료가 바로 일제 본국에 대한 안정적 식량 공급이 되었기 때문이다. 이에 맞서 농민·노동자들은 "노농 계급의 해방과 신사회의 실현"이라는 목표를 내걸고 소작료 3할까지 내리는 투쟁을 계속해 나갔다. 이러한 농민 투쟁을 뒷받침해주는 단체가 또다시 결성되었다. 朝鮮共産黨조선공산당(1925. 4. 서울)의 창립이다.

조선공산당은 동양척식회사 폐지, 일본인 이민 반대, 군농민회 철폐, 소작료 불납 등, 운동의 방향을 농민의 지위 향상에서 항일투쟁으로 바꿔나갔다. 「조선공산당선언」(1926)은 본격적으로 농민조합을 결성하면서 공산주의의 '본질적 경제질서'인 "지주제 타파, 토지혁명"을 주장하면서 항일투쟁을 벌여나갔다. 한편 1920년대 식량증산계획 차원에서 대한나라 곳곳에 저수지가 조성되면서 수리조합이 만들어졌다. 이에 농민들은 수리조합 반대 투쟁도 하였다.

잠시 수리조합의 성격에 대하여 살펴보자. 일제가 산미증산사업을 추진하면서 가장 역점을 둔 사업이 '수리조합'의 설치를 통한 토지개량사업이었다. 토지개량이라는 말은 저수지를 만들기 위해 수리조합을 설치하여 농경지에 관개, 배수함으로써 토지생산성을 높인다는 뜻이다. 명분은 그렇지만 그 내막은 수리조합을 통하여 대한제국 농민의 지배와 수탈에 있었다. 곧 수리조합의 결성권은 식민성 대지주인 조선총독부, 일인이 대표로 있는 조선토지개량주식회사, 동양척식주식회사, 불이흥업주식회사 등에게만 있었다. 여기에 친일적 대한제국 지주도 포함이 되었다. 일제는 이들 수리조합을 통하여 대한제국 농민들에게서 인위적인 수리시설에 필요한 공사비의 과다 염출, 물세의 과다부담, 수리시설을 위한 토지의 강제 차출 등 대한농민(소자작농)에게 부담을 지우는 악질적 사업을 위한 사전, 사후 사업이 수리조합의 결성이었다. 이러니 대한의 농민들은 수리조합 반대운동을 하지 않을 수 없었다. 이는 농민의 권익 차원도 있었지만 항일민족운동의 성격을 띠면서 전농민적으로 전개되었다.

3·1 민족기의 이후, 사회주의적 민족 감정을 표출하는 전국적인 학생운동도 일어났다. 대한제국의 왕 이석李坧(묘호: 순종純宗)의 인산일因山日을 기하여 6·10 학생만세기의가 일어났다(1926). 이어 일제의 기차통학 학생들과 충돌하면서 광주학생기의(1929. 10. 30.)도 일어난다. 광주학생기의는 1930년 3월까지 계속된다. 이러한 가운데 서울에서 사회주의 세력(아나키즘 포함)과 민족주의 세력이 "민족유일당민족협동전선"이라는 명분을 걸고 연대하여 新幹會신간회를 창설한다(1927. 2. 창립, 1931. 5. 16. 해소). 그만큼 일제로부터 민족의 독립·해방이 급선무라고 생각했기 때문이다. 그러나 국내에서는 일제의 매 눈 같은 감시와 가혹한 탄압으로 민족해방운동이 어렵게 된다. 그리하여 1910년대 의인·지사들이 일찍이 만주·연해주로 몰려들었다.

만주·간도에서는 대한의 독립군·민족해방군들에게 적지 않은 일들이 일어난다. 일제 관동군에 의하여 만행이 이루어지는 간도참변(경신간도학살사건, 1920. 10. 20.~1921), 자유시참변自由市慘變(흑하사변黑河事變, 1921. 6. 28.), 만주사변(1931. 9. 18.) 등의 잔인한 사건들이다. 간도참변은 옛 우리 땅이었던 중국 둥베이 지역 중국의 지린성

(옌볜)에서 랴오닝성에 이르는 넓은 지역에 흩어져 살던 대한제국인들을 무참하게 학살한 사건이다(『朝鮮統治史料 2』, 159). 이는 이 지역에 있는 무장독립군·민족해방세력(무기는 체코제를 구입함)들이 국경을 넘나들며 일제 기관을 공격하고 주요 적들을 저격하는 일을 자주 일으켰다. 게다가 봉오동전쟁(1920. 6. 7.)과 청산리대첩(1920. 10. 21~26)에서 일제 제19 사단의 월강추격대대를 전멸할 정도로 대파하니 이에 대한 보복으로, 일본군은 혼춘사건琿春事件(1920. 10. 2.)을 조작한다.3 그리고 이를 빌미로 간도 지역 대한제국인들을 참혹하게 학살, 방화, 약탈, 성폭력 등 만행을 저지른다(조선통치사료 2, 349).

자유시참변(흑하사변, 1921. 6. 28.)은 현재 러시아 땅 아무르주의 스보보드니Svobodny(自由市)에서 러시아군에게 우리 독립군 부대·민족 해방 운동 세력들이 사상 최대의 학살을 당한 사건을 말한다. 원인은 일제가 간도참변을 일으키자 만주 지역에서 활동하던 김좌진(1889~1930)이 이끄는 북로군정서와 홍범도(1868~1943)가 이끄는 대한독립군 등이 활로를 모색하기 위하여 원래 백두산 지역으로 들어가려던 계획을 세우고 그 지역으로 가고 있었다. 그러나 청산리 지역에서 일본군 추격대와 전쟁을 벌이는 과정에서 계획을 바꾸어 북간도 미산으로 모여들게 된다. 여기에다, 상하이에서 조직된 고려공산당의 상하이파(이동휘 계열: 서시베리아 집단)+자유대대(오하묵, 최고려 계열)와 이르쿠츠크파+사할린 의용대(박일리아 계열: 동시베리아 집단) 사이에 갈등·대립이 발생하게 된다. 이에 홍범도 계열의 독립군이 미산에서 자유시로 이동을 한다. 여기서 문제가 발생

---

3 일제는 만주 마적을 사주하여 일제 영사관을 습격케 하고, 이것을 야비하게 우리 대한인이 한 것으로 꾸밈.

하였다. 이 두 공산 계열의 지휘계통을 통합·통일시키려던 러시아가 설득에 실패하자 러시아적군(볼셰비키혁명당)들이 자유시로 들어오는 자유대대, 사할린의병대, 홍범도의 대한독립군, 최진동(?~1941)의 도독부군 등 한인 무장 부대들을 그나저나 할 것 없이 포위하여 무차별로 대대적인 학살을 하였다. 이렇게 한인 독립군·민족해방군 부대들이 러시아 적군들에게 차마 생각하기도 끔찍한 참살을 당한 사건을 역사에서 자유시참변이라고 한다.

여기에다 일제는 태평양지역까지 먹어 삼키기 위해 만주사변(1931. 9. 18.)을 조작한다. 곧, 만주 지역을 일제가 전쟁에 필요한 군수물자 조달과 주요 자원의 공급처로 삼기 위해 이 지역을 식민지화하려는 계획의 일환이었다. 그리하여 류탸오후사건(柳條湖事件: 만주철도 폭파사건)을 조작한다. 일제는 만주 철도의 파괴가 중국인의 소행이라고 트집을 잡아 만주 지역에 대한 침략을 시작한다. 그 결과 박정희도 장교로 소속되어 있었던[4] 관동군으로 하여금 만주 전역을 점령케 하고 만주괴뢰국을 세운다(1932. 3. 1.). 그리고 일제는 국제연맹을 탈퇴(1933. 3.)한 다음, 파시즘 체제로 돌입한다.

이어 또다시 루거우차오사건(盧構橋事件, 1937. 7. 7.)을 조작한다.[5] 이렇게 해서 발생한 중국과 일제가 싸우게 된 전쟁을 중일전쟁(1937. 9., 일제는 이를 지나사변이라 부른다)이라 한다. 루거우차오사건을 계기로 중국대륙은 일제에 대항하기 위해 중국공산당(1921. 7.)과 5·4 운동 이후 상하이에서 성립되는 중국국민당이 본격적인 통일

---

4 러허성 주둔 만주군 보병 제8사단에 배속됨. 1944. 7.
5 루거우 다리 근처에서 일본군 한 명이 실종(사실이 아님)된 것을 핑계로 일본군이 중국군을 공격한 사건

전선을 형성한다. 곧 제2차 국공합작(1937. 7.)의 본격화다. 그만큼 아시아에서는 일제 타도가 당면과제로 떠오르고 있었다는 것을 말 해준다.

2. 아나키즘의 일반성과 수용

1920~1930년대는 이와 같이 국내·외에서 민족주의와 사회 주의 사상(아나키즘도 포함된)에 바탕을 둔, 자주적 항일독립운동· 반일민족해방투쟁이 일어나고 있었다. 이들 항일독립운동·반일 민족해방투쟁은 1910년대까지는 제국주의의 반동 부르주아 민족 주의에 대한 반강권사상으로서, 저항 민족주의를 사상적 기반으로 하고 있었다. 그러나 사회주의 사상을 수용하면서는 반일·항일투 쟁의 성격도 새롭게 변화를 일으키게 된다. 곧 앞에서도 이야기한 바와 같이 부르주아 민족주의 계열이 이끄는 항일투쟁은 항일독립 운동의 성격을 띠고 있었으며 사회주의 계열이 벌이는 항일투쟁은 반일민족해방운동의 성격을 띠고 있었다.

1920년대 신채호가 자신의 자주적 민족주의 사상과 접목하는 아나키즘도 침략 세력에 대응하여 사회주의·공산주의 세력과 연 대하면서 일제 권력에 반대하여 맞서 싸워나갔다. 이러한 와중에 국내 서울에서 사회주의 세력(아나키즘 포함)과 민족주의 세력이 "민 족유일당민족협동전선"이라는 명분을 걸고 연대하여 신간회를 창 설한다(1927. 2. 창립, 1931. 5. 16. 해소). 그러나 일제 타도 이후의 사회 기구, 조직을 위한 사회질서를 논할 때는 분명히 세 사상끼리는 서 로 갈등과 대립을 빚게 된다. 아나키즘은 국가 건설보다는 자유와 평등공동체를 지향했던 까닭에 권력을 정점에 두면서 권력 기구의 창설을 지향(국가주의)하는 공산주의와 사회주의와는 분명한 선을 그었다. 물론 부르주아 민족주의 사상과는 말할 것도 없었다.

아나키스트들은 운동노선에서 권력 지향의 국가 건설을 반대하면서 본질적 반일인민해방투쟁에 핵심을 두었다. 그래서 일제 권력과 타협하는 자치론, 민족개조론, 준비론, 외교론, 위임통치론 등 타협주의자들과 대립하는 태도를 취하는 것은 당연하였다. 신채호는 타협논자들의 타협이라는 말에는 ① 일제 지배의 기정사실화: 일제 통치의 순응 ② 주권 독립·민족해방정신의 포기 ③ 무장투쟁·해방전쟁의 전략을 반대한다는 속내가 담겨있다고 지적을 하였다. 이는 곧 무장투쟁, 민족해방전쟁을 도모하는 민족 세력에 대한 분열을 획책하는 동시에, 일제의 의도에 부응하는 짓거리임에 틀림이 없다고 보았다. 1900년대부터 우리 민족이 주체적으로 자주적인 민족 해방·주권 독립을 주장해 왔던 반타협주의자 신채호는 이러한 타협주의자들의 속내를 간파하고는 더욱더 아나키즘을 자신의 전략적인 투쟁사상으로 받아들이게 되었던 것으로 생각된다. 이것은 당연한 이치였다. 1920~1930년대 신채호의 역사철학적 인식과 관련하여 깊이 생각해 볼 문제는 우리가 익히 알고 있는 『天鼓천고』創刊辭창간사(1921. 1.), 『朝鮮上古史조선상고사』總論총론(1924), 「朝鮮革命宣言조선혁명선언」(1923. 1.), 「北京會議宣言북경회의선언」(1928) 등이다. 이들 주장에서 나오는 내용은 모두 신채호가 '민족 아나키즘'으로 사상적 진화를 한 이후의 역사철학적 인식이 담겨있다. 그러면 이 시기, 신채호의 역사철학적 인식을 이해하기 위하여, 아나키즘의 일반성에 대하여 잠시 이야기하고 넘어가자.

인간 삶의 울타리인 사회·나라는 어떤 형태든 존재할 수밖에 없다. 그러나 국가(나라가 아닌)의 존재가 꼭 필요하다는 논리에는 고개를 갸우뚱하게 만든다. 그것은 인간 스스로가 모순을 만들어내는 사고를 가졌기 때문이다. 쉽게 말하면 국가는 '국가=권력=통치'라는 등식을 갖고, 인간은 '인간=자유=자율'이라는 등식을 갖고 있다. 따라서 국가와 인간은 등치관계가 일치하지 않는다(국가≠인간). 국가의 속성과 인간의 본질은 서로 상치되는 개념이기 때문에 절대 자유 정신을 가진 사람과 사회에 정상적인 국가가 존재한다는 것은 기대하기가 어렵다. 때문에, 인간이 국가의 존재를 반드시 인정해야 한다는 것은 자기모순이다. 자율과 통제는 서로 상치되는 개념이다. 상치라는 모순은 필연적으로 충돌을 야기한다. 여기서 아나키즘은 '권력의 울타리'를 거부하는 반反국가=반反통제=반反권력의 핵심적 명제를 갖게 된다.

아나키즘이 '무정부주의'로 불리는 것에는 많은 문제가 있다. 이 문제에 대하여 잠시 살펴본다. 아시아의 근대개화기, 유럽의 사상들이 파도가 넘실대듯 쏟아져 들어왔다. 이 시점에서 일제 학자들은 자국의 근대화를 위하여 서유럽의 사상들을 적극적으로 수용하고 유럽의 근대 용어를 당대의 지식 수준에서 자기네 입맛대로 번역해 놓았다. 법적 평등, 삼권분립, 시장경제, 개인 권리를 특징으로 하는 리버리즘Liberalism은 자유주의自由主義로 그리고 생산수단의 사회적 관리와 소유, '일한 만큼의 소득'을 통한 자유·평등·사회정의의 실현을 목적으로 하는 소셜리즘socialism은 사회주의로, 이외 내셔널리즘nationalism은 민족주의로 번역하였다. 이런 번역어들은 어느 정도 원어의 의미에 가깝게 번역·유통되었다고 본다. 그러나 독재·폭력적 통치 권력이 없는 탈권위주의, 비폭력주의, 반강권주의 사회 건설을 핵심적 실천 사상으로 삼는 아나키즘은 무정부주의 또는 허무주의로 번역하였다. 이는 크게 잘못된 오역이다. 시대의 한계로 본다. 아니면 짧은 지식 또는 고의일 수도 있다.

아나키즘은 인간의 절대 자유를 억압·압제하는 권력과 제도, 기구를 갖는 국가기관과 정부 체제에 반대(부정 no가 아닌 not)하는 사상일 뿐이다. 때문에, 주로 사적 소유(재산사유제)의 부정을 통한 완전한 경제적 평등사회의 실현을 목표로 하는 프롤레타리아 독재 권력도 반대한다. 또 생산수단의 공유화와 국가적 통제를 주장하는 사회주의의 집단주의 권력도 반대한다. 이와 함께 선거를 통한 대의민주주의 뒤에 숨어있는 특권적 관료체제를 옹호하는 자본주의의 엘리트 관료주의 권력도 반대한다. 즉, 권위적인 지배 체제 제도와 권위·권력적인 통치기구를 모두 반대한다는 뜻이다. 이 때문에 일제 식민 통치기 아나키스트(이하 아나키라 함)들은, 앞에서도 이야기한 바와 같이, 공화주의자와 공산주의자, 사회주의자들과 연합·연대하여 민족해방운동을 벌이다가도, 노선 문제에서는 대립하면서 등을 돌리게 된다. 곧 통치 권력을 인정하느냐 안 하느냐의 문제에서 아나키스트들은 공화주의자, 공산주의자, 사회주의자들의 권력 지향적인 노선에 대하여 분명하게 반대 입장을 취한다. 때문에 이들에 의하여 아나키즘은 무정부주의자, 테러리스트라고 악의적으로 선전되는 음모에 빠지게 되었다는 생각이다.

유럽에서 아나키즘이 근대사조의 하나로서 입지를 세우는 시기는 18세기 경이다. 아나키즘이 세상에 등장하는 시대적 배경은 이렇다. 자유주의 세상을 만들어내는 프랑스혁명(1789~1794)과 사회주의 국가를 만들어내는 러시아의 볼셰비키혁명(1905, 1917) 사이에 유럽은 다시 사상의 혼돈 시간을 갖게 된다. 이러한 사상의 혼돈 속에서 아나키즘은 자신의 본 모습을 드러낸다. 유럽의 아나키즘은 그리스에서 탄생하였으나 고대, 중세 시기의 왕조적 전제권력 때에는 자신을 드러내지 못하고 있었다. 그러다가 르네상스와 종교개혁으로 힘을 얻게 된다. 시간이 흘러 18세기 말 프랑스 혁명기에 활약한 영국의 고드윈Godwin에 의해 아나키즘이라는 씨앗이 뿌려지기 시작한다.

아나키즘의 처음 말은 아나키였다. 우리가 아는 바와 같이 아나키라는 말은 원래 그리스어로 부정을 나타내는 안an과 최고의 지위(통치 권력)을 뜻하는 아르코arche의 합성어(아나르코anarchos)이다. an는 지금까지 알려져 온 것처럼, 부정만의 뜻을 갖고 있는 게 아니다. 아닌(not) 또는 없는(without)의 뜻도 있다. 그리고 arche는 주인 또는 권력자·독재자(인간에 대한 생사여탈권을 갖는 ruler, master)를 뜻한다. 따라서 아나키라는 말은 나라 구성원의 자유를 강제 통제·압제하는 통치 권력을 반대한다는 뜻을 강하게 가지고 있다. 강압적 통치 권력이 없어야 한다는(not=without) 뜻이다. 그러니까 아나키라는 말은 인간의 자유를 빼앗고 '노예적 존재'로 취급하는 권력·권력자가 없는 상태를 뜻하는 말이다. 아예 정부나 국가가 없어야 한다는 말이 아니다. 곧 인간의 '절대 자유주의', '무노예주의'를 뜻하는 것이지 '무정부주의'를 뜻하는 용어가 아니다.

고대 그리스의 철학자 제논Zenon(BCE 495?~430?)이 창시한 스토아학파에서 나온 자연법사상(인위적인 법치가 아닌)이나 '개인의 자유'(아나키)를 바탈로 하는 세계시민주의를 일컫는 '코스모폴리타니즘'은 아나키적 인식의 원천이 된다고 볼 수 있다. 이러한 의미의 '아나키'라는 말은 유럽의 왕조적 고대 로마 사회나 봉건적 영주 중심의 중세 공동체 사회에서는 당연히 관심 밖으로 몰려 있을 수밖에 없었다. 그러다가 근대의 서막을 여는 르네상스와 종교혁명, 세계의 발견을 통한 '인간적' 사고에 눈을 뜨면서 '인간의 발견'이 나타난다. '인간의 발견'이 곧 아나키적 정신이다. 인간의 발견 중에 가장 큰 가치는 '천부·개인적 자유'에 대한 발견이다. 곧 유럽의 봉건시대 말기에 나오는 인문주의자들에 의해 농노 지위에 있는 인간들도 '천부적 자유'가 있다는 것을 발견한 데서 비롯된다. 당시 유럽의 인문주의자들은 인간이 태어날 때부터 받아가지고 나온 '천부적 자유'는 인간 권력에 의하여 만들어진 어떤 천부외적인 인위적 제도나 기구·조직에 의하여 침해를 받아서는 안 된다는 진리를 발견하게 된다. 이 천부·개인적 자유의 발견은 봉건사회 질서를 무너트리고, 17세기 계몽주의라는 새로운 시대를 만들어낸다.

그러나 계몽주의 시대의 서막을 열어주는 영국의 홉스Hobbes (1588~1679)나 로크Locke(1632~1704) 모두 시민의 주권은 강조하였으나 아나키를 "무엇보다 피해야 할 악"으로 규정하고 왕권신수설에 바탕한 권력을 비호하였다. 그러다가 '자연의 질서', '무노예주의'를 가장 신성시하는 아나키적 사고가 사람들 가슴 속에서 분출하기 시작하는 것은 18세기에 들어오면서다. 이 시기에 들어오면, 왕권신수설을 무너트리고 시민사회(비록 당시는 상인계급만이지만)의 초단을 만들어낸다. 더 나아가 왕조적 절대권력을 붕괴시킨다. 이것이 부르주아 계급만의 자유가 아닌, 전 계급·계층(여성은 제외)의 자유를 찾는 프랑스혁명(1789. 7. 14.)이다.

아나키즘은 프랑스혁명을 거쳐 오면서 그 용어가 정착을 보게 된다. 프랑스혁명은 그 당시 절대적 가치였다. 따라서 이를 부정하는 것은 반동이었다. 그런데 당시 혁명 세력들은 고대 그리스 시대에 현실·독재적 정치 현상을 부정적으로 사용하던 '아나키'를 반동으로 해석하였다. 그래서 반동=아나키라는 말이 정치세력 간에 유행하게 되었다. 당시 프랑스에서는 혁명 이후의 정치 형태에 대하여 입헌군주제를 주장하는 온건적 지롱드파와 공화제를 주장하는 강경적 산악파(자코뱅당)가 정치적 대립을 하고 있었다. 이에 두 혁명 세력은 서로 상대방을 '아나키'라고 비방하였다. 특히 지롱드파(우파)는 산악파(좌파)를 "법도, 정부도, 정의도 부재"하는 사회를 추구하는 집단·사람으로 몰아붙였다. 이 때문에 아나키=무정부주의=아나키즘이라는 말이 유행하게 된다.

프랑스 혁명기에 나타나는 반동의 뜻을 갖는 아나키 용어를 바르게 돌려놓은 사람은 앞에서 말한 영국 출신 고드윈(1756~1836)이다. 그는 '지식의 진보'를 진화된 '진정한 사회질서'로 규정하면서 반동의 뜻으로 사용되고 있던 아나키라는 용어를 아름다운 열매를 맺는 씨앗으로 배양해 놓았다.

고드윈은 그의 저서 *Enquiry Concerning Political Justice*(정치적 정의에 관한 문의, 1793)에서 "정치 제도를 폐지함으로써 인간 사회가 갖는 일절 사회악에서 해방될 수 있다"라고 주장하였다. 곧 국가·정부가 해야 하는 역할의 본질은 "가장 바람직한 인간의 상태는… 개인의 자유를 침해하는 요인을 최소화하면서 사회적인 안전"을 확보하는 것이라고 하였다. 그리고 경제 사상으로도, 사적 소유권은 인간의 빈부격차를 만들어내는 불평등의 원인이 된다고 보았다. 그래서 국가 권력에 의해 법이라는 이름으로 만들어진 정치 제도 및 사적 소유권 폐지의 실현은 폭력을 수반한 혁명적 방법 (프랑스혁명을 지칭)이 아닌 계몽(교육)에 의한 인간 지식의 계발로 가능하다고 보았다.[6]

이어서 고드윈이 갖고 나온 아나키라는 자연스러움의 씨앗을 거름이 잘된 텃밭에 뿌리며 싹을 키워낸 이는 프랑스 출신의 조제프 프루동Produdhon(1809~1865)이다. 그는 프랑스혁명의 주도 세력들에 의하여 아나키의 개념이 호도되자, 아나키에 대한 개념을 역설적으로 정립하였다. 프루동은 프랑스 최초로 스스로 아나키스트라고 자칭하고, 인간 사회 삶의 양식을 '상호주의'에 두었다. 그리고 프랑스혁명에 대하여 비판하였다. 프랑스대혁명은 '혁명'일 수 없다고 했다. 프랑스대혁명에는 봉건적 재산제도에 전혀 무관심했다고 이를 비난하였다. "개인재산은 모든 악의 근원이다. 재산의 사회적 평등 없이 정치적 평등도 있을 수 없다"라고 인간의 평등은 사유재산을 폐기할 때만 가능하다고 보았다. 따라서 그는 사회적 부는 상호 협동하는 노동의 결과물이므로 어느 특정인(엘리트 귀족계급 및 자본가 계급)이 독점해서는 안 되며 사회 전체의 소유여야 한다는 경제원칙을 내세웠다. 그래서 개인이 재산을 갖는 것은 '도둑질'이라고 비판을 했다.[7]

프루동에 의해 배양되고 움튼 싹을 든든한 나무가 되도록 거름을 주고 성목으로 키워낸 이는 프루동과 같은 시기에 살았던 독일의 헤겔 좌파 출신의 막스 슈티르너Stirner(1806~1856)이다. 그는 '고유

---

6 윌리엄 고드윈/강미경, 『최초의 아나키스트』(지식의 숲, 2006, 150-264).
7 장 프레포지에/이소희 등 역주, 『아나키즘의 역사』(이룸, 2003, 170-172).

한 자기 자신의 실존'만을 강조함으로써 개인주의적 색채가 농후한 아나키즘을 만들어냈다. 곧 나(我)라는 존재를 국가에 대한 상대적 존재로 인식하고 '창조적 인격을 가진 나'만을 인정하였다. 이것은 나(개인)를 배제하는 국가 권력을 부정(국가는 유령이다)함으로써 인간의 실존을 바탕으로 하는 아나키즘적 인식을 드러냈다고 볼 수 있다. 이를 개인주의적 아나키즘이라 한다.[8]

막스 슈티르너에 의해 성목이 된 아나키즘이라는 신비의 나무에 서서히 아름다운 열매가 맺게 된다. 이와 같이 아나키스트들은 특정 계급(권력과 자본)과 이를 옹호하는 제도·기구·법에 의하여 인간 개개인의 자유가 제한·통제·억압되면서 노예적 나락으로 떨어져 나가는 것을 거부하였다.

아름다운 아나키즘 나무에 혁명의 열매를 맺게 한 이는 제정러시아 출신의 바쿠닌Bakunin(1814~1876)이다. 바쿠닌은 아나키즘을 혁명적 사상으로 발전시켰다. 그는 마르크스Marx(1818~1883)와 대립하면서, 노동자계급의 정신에 자본가로부터 해방과 자유를 가져다주는 혁명 사상으로써 아나키즘을 인식시켰다.

조금 길지만 바쿠닌의 말을 인용해 보자.

"산다는 것은 이해하는 것이다. 악은 존재하지 않으며, 모든 것은 선하다. 제약만이 악일 뿐이다. 모든 것은 정신의 삶이고, 모든 것에 정신이 스며있으며, 정신만 존재할 뿐이다. 정신은 절대적 인식이고, 절대적 자유이고, 절대적 사랑이며, 따라서 절대적 행복이다. … 의식은 인간

---

8 장 프레포지에/이소희 등 역주, 앞의 책, 160-162.

을 유한성에서 무한한 존재로 되돌아가게 한다. … 정신은 절대적 가능
성이고 전능한 근원이다."[9]

이렇게 바쿠닌은 인간의 정신을 제약하는 정치 권력을 악으로
규정하고, 인간의 정신은 '절대 자유'라고 정의하였다. 그리고 변증
법적 논리로 "파괴욕은 동시에 창조욕"이라는 명제를 갖고 긍정적
인 힘에 대한 부정적인 힘을 강조하였다. 그래서 기존의 권력이 긍
정의 정신이라면, 이에 대한 '저항하는 사명'은 혁명, 곧 부정하는
정신이 된다. 또 그는 위로부터 통제를 핵심으로 하는 중앙집권주
의를 부정하고 지역의 작은 조직들이 합의를 이루어 아래로부터
위로 올라가는 연맹 · 연대주의(유익한 무질서)를 주장함으로써 마르
크스와 대립을 하게 된다.

그는 저서 *Statism and Anarchy*(국가사회주의와 아나키, 1873)에
서 "공산사회로 가기 위해 프롤레타리아 독재가 국가 권력의 장악
을 하게 되면, 국가 권력을 장악한 새로운 계급(엘리트 프롤레타리아)
들의 권력욕에 의해 또 다른 독재 권력을 만들어낸다. 이는 사회주
의를 표방하는 국가자본주의에 지나지 않는다"라고 비판하였다. 또
바쿠닌은 민중에 뿌리박지 못한 사상, 곧 "민중의 본능적 표현에
충실하지 않은 사상은 처음부터 실패한 사상"이라고 보았다.[10]

이후 아나키즘이라는 열매는 러시아의 크로폿킨에 의하여 상호
부조론이라는 상큼하고 아름다운 열매를 맺으면서 세상에 희망의

9 장 프레포지에/이소희 등 역주, 앞의 책, 221-261.
10 장 프레포지에/이소희 등 역주, 앞의 책, 221-261.

빛을 전하게 된다. 반압제 공산주의자였던 크로폿킨은 그의 저서 *Mutual Aid: A Factor of Evolution*(상호부조론: 진화의 요인, 1902)에서 찰스 다윈의 생물진화론, 허버트 스펜서의 사회진화론에 대항하여 하늘이 보내준 최고의 선물, 상호부조론을 주장한다. 크로폿킨은 "자연에는 상호경쟁의 법칙도 있지만, 상호부조의 법칙도 존재한다. 자연은 생존경쟁에서 살아남기 위해(종의 진화)서는 상호부조의 법칙이 중요하다"라는 이론을 전개하였다.[11]

상호부조론은 이후 아나키즘 핵심 이론의 하나가 된다. 개인의 '천부적 절대 자유'라는 원리를 바탕으로, 전 인류가 상호부조, 다양한, 소박한 삶을 추구하는 작은 정치기구('아주 작은' 자율적 소공동체)를 만들어 서로 연대하면서 정부에 '직접 참여'를 하자는 주장이 크로폿킨의 아나키즘 사상이다. 크로폿킨의 정의를 빌려 아나키즘의 본질을 정리해 보면, 인간 개개인과 자연이 개인적 자유를 바탕으로 한 상호우애적 · 상호부조적 · 상호배려적 · 상호호혜적으로 '자유연대'하는 사상을 말한다.

이러한 사상적 본질을 갖는 아나키즘은 마르크스주의와 갈등하고 대립하는 가운데 이론적 성장을 거듭하면서 여러 분파로 나뉘며 발전되어 간다.[12] 그러면 이러한 아나키즘이 조선 · 대한나라에 유

---

11 크로폿킨/김영범, 『만물은 서로 돕는다』 (르네상스, 2005), 33.
12 아나키즘의 분파: 개인주의적 아나키즘, 자본주의 아나키즘, 공동체주의적 아나키즘(아나르코 코뮤니즘), 조합주의적 아나키즘(아나르코 생디칼리즘), 복음주의적 아나키즘(톨스토이 아나키즘: 절대 자유적 아나키즘), 신채호의 민족 아나키즘, 황보윤식의 민본아나키즘 등이 있다. 아나키즘 분파가 생기게 된 배경은 개인의 자유(주체적 인권)와 사회조직(공동체)을 결합시키는 방식에 차이를 두고 견해를 달리하기 때문이다. 그러나 이들의 공통된 목적은 정치적 지배, 통제의 종식과 함께 민인(천부적 자유를 지닌 인간 개체)이 주체가 되는 '자주적, 자율적, 자치적 사회'의 건설

입되는 시기는 언제인가?

　우리 역사에서 아나키즘이 유입 · 수용되는 시기에 대해서는 서로 엇갈리는 주장들이 있다. 우리나라에 사회주의로서 아나키즘이 유입되는 시기는 1880년대라는 주장이 설득력을 갖는다. 그리고 수용하는 시기는 대한나라가 일제의 강제에 의하여 '식민지 조선'으로 전락된 시기라는 주장이 타당성을 갖는다. 유럽 열강에 의한 서세동점의 영향으로 대한나라의 땅에도 유럽에서 발생하는 새로운 사상 조류들을 접하게 된다.

　아시아(특히 동아시아)는 19세기 서양 부르주아적 제국주의의 반동민족주의에 침략을 당하면서 식민지 · 반식민지로 전락을 하게 된다. 그리고 반동민족주의에 대항하는 사회진화론적 식민지 민족주의 · 저항 민족주의도 발생을 한다. 아나키즘은 이들 저항 민족주의와 함께 아시아에 사회주의 사상으로서 유입이 된다. 그러나 이 시기는 단순한 유입이었지, 본격적인 수용은 아니었다.

　당시 대한나라의 지식인들이 유럽의 사상 조류를 접하는 것은 중국의 캉유웨이(1858~1927)가 북경에서 창간한 「萬國公報만국공보」(1877)를 통해서다. 이의 영향으로 조선의 「독립신문獨立新聞」(1896)은 사회진화론에 입각하여 약육강식론을 두둔하는 기사를 쓰기도 한다. 이후 본격적으로 유럽의 신사조를 수용하게 되는 것은 량치차오(1873~1929)의 『飮氷室文集음빙실문집』(1902)과 『飮氷室自由書음빙실자유서』(1903)를 통해서다.[13] 이 때문에 개화기 조선의 지식인들은 중

　에 목적을 두고 있다.
13 량치차오의 『飮氷室專集』에서 나오는 「중국역사 연구법」이 시중판매 목적으로 출판되는 시기는 1922(민국 11)년이다.

국의 량치차오를 통하여 유럽의 근대 사조(특히 사회진화론)를 쉽게 받아들이게 된다. 그래서 일제강점기 지식인들(특히 박은식, 신채호 등 망명 지식인)의 글에서도 사회진화론과 관련된 용어(우승열패, 적자생존 등)가 자주 보인다.

한편 아나키즘(무정부주의 사상으로 오역된)을 접하게 되는 것은 조선의 최초 근대신문인 「漢城旬報한성순보」(1883. 10. 31.)를 통해서다.[14] 한성순보는 개화기 중국과 일본의 잡지에 나온 사회주의와 아나키즘 사상을 인용하여 보도하였다. 그런데 당시 한성순보는 사회주의를 사회당으로, 아나키즘을 허무당으로 소개한다. 이로 보아 국내에도 아나키즘이라는 사상이 일부 지식인 사이에서 전파되고 있었던 것으로 본다. 그러나 아나키즘이 대한 사회에 전파되어 있었다고 보더라도, 본격적으로 아나키즘에 대한 지식을 터득하고 수용되는 것은 1919년 3·1 민족기의 전후로 보는 게 맞다는 생각이다. 그러나 이 당시 아나키즘이 지식인들 사이에서 유입·수용되었다 하더라도, 인간의 삶 자체에 대한 문제보다는 당대의 당면과제인 식민지 민족주의 또는 반일민족해방투쟁의 방편으로 수용되었다고 보는 게 옳다는 생각이다.

당시 성리학적 유가 지식인은 유럽 열강의 중국 분열 정책으로 반식민지화로 전락되어가고 있던 중국의 자주독립과 관련하여 량치차오가 사회진화론에 바탕을 두고 쓴 글들에서 영향을 많이 받는다. 량치차오는 "論中國之强논중국지강"(중국의 부국강병을 논함, 1904),

---

14 『漢城旬報』는 우리나라 최초의 근대 신문으로 정부간행물(외교·통상업무를 관장하는 統理衙門 博文局에서 발행)로 10일에 한 번씩 발행하는 순보(旬報)였다. 뒤에 『漢城週報』로 전환한다(1886. 1. 25.).

"論俄羅斯虛無黨논아라사허무당"(러시아의 허무당에 대해 논함, 1904) 및
"中國歷史上革命之研究"(중국 역사에 있어서 혁명 연구, 1904)[15] 등
글에서 아나키즘을 허무당으로 인식하고 이들의 암살, 테러 행위를
죄악시하는 논조로 쓰고 있다, 그러면서도 량치차오는 러시아혁명
의 원인, 동기, 전도와 영향 등에 대해 긍정적으로 서술한다. 이러
한 그의 글들이 1900년대에 일본과 중국을 통해 국내 지식인들에
게 소개된다. 어쨌든 반식민지 중국과 식민지 조선의 일부 지식인
과 실천가들에게 각각 전통 국가의 모순과 군벌주의, 식민·반식민
이라는 지배 체제의 모순을 극복하는 전술로 혁명 수단이 필요하다
는 인식을 심어준 것은 사실이다. 곧 중국은 청 정권과 서양 열강의
배척, 식민지 조선은 일제 침략의 배척과 민족해방운동의 방편으로
아나키즘과 니힐리즘을 수용하고 있었다.

일제의 일부 지식인들과 비폭력평화주의자들도 침략전쟁을 통
한 상대방 나라의 인민을 압제하는 일제의 침략 통치에 반대하는
수단으로 아나키즘을 수용하고 있었다. 그럼에도 불구하고 일제는
이를 무정부주의로 번역하여 유통시킨다. 이는 무식이든 아니든,
일제가 악의적으로 이용을 한 것으로 보인다. 마치 아나키즘이 사
회를 혼란시키는 나쁜 사상처럼 호도하는 음모였다는 생각이다.

당시 아나키즘에는 ① 이념적으로는 크로폿킨의 상호부조론적
인 반강권적·무권력적 이상사회를 피압박 민중들의 자유 연대에
의해 건설하자는 전략 ② 피압박민족(약자)이 탄압 권력(강자)에 암

---

15 「論中國之强」『飮氷室文集 2』 13), 량치차오는 虛無黨을 아나키즘으로 인식하고 있
다. "彼黨之宗旨, 以無政府爲究竟", 「論俄羅斯虛無黨」, 『飮氷室文集 15』,(中華書局,
1988), 30.

살, 파괴, 폭동 등, 대응폭력이라는 전술적 측면을 가지고 있었다. 테러리즘은 20세기 초 제국주의가 약소 민족을 침탈해 들어갈 때 피압박민족들의 투쟁 전술이었다. 그러나 폭력전쟁이 일단 종결되는 시대가 도래하면 아나키즘은 평화적인 상호부조의 연대사회를 추구한다. 각 나라·지역의 권력자들이 다시 독재 권력을 휘두르거나 파쇼정치를 통하여 민인의 개인적 자유를 탄압하게 되면, 아나키즘은 권력자·독재자들에게 전술적 테러리즘을 수단으로 이용하게 되지만, 테러·폭력·파괴·폭동은 아나키즘의 본질이 아니다.

그러면 이제 신채호와 아나키즘은 어떤 관계를 가지고 있는지를 살펴보자.

3. 신채호식 민족 아나키즘

앞에서 본 바와 같이 신채호는 강도 일제의 폭력이 날로 강대해지는 극한상황에서 피치 못할 대응폭력이라는 투쟁방식을 정당화할 수밖에 없었다. 그가 민중에 의한 직접 혁명을 강조한 것은 "① 민중을 위하여 일절 불평, 부자연, 불합리한 장애를 타파해야 한다는 민중적 각오가 있어야 한다는 점 ② 민중의 각오가 이루어지면 숫자상 강약 비교의 관념을 타파하고 폭력을 통한 혁명은 이루지 못할 것이 없다"(「조선혁명선언」)라고 한 그의 의지에 있었다. 이렇게 신채호가 조선 혁명에서 이야기한 핵심은 '민중의 직접적 행동'이었다. 그리고 행동의 수단은 대응폭력이었다. 곧 민중에 의한 직접적 폭력 혁명이었다. 폭력 혁명 운운은 아나키즘을 사상적 기저로 삼으면서 나타나는 사고는 아니다. 그는 이전부터 강强에는 강强

으로 해결해야 한다는 도전과 응전의 법칙을 잘 알고 있었다. 그래서 민중의 직접 혁명으로 강도 일제를 타도한 이후에 만들어야 할 우리 사회에 대하여도 신채호는 지배계급 위주의 종교 · 도덕, 정치 · 법률, 학교, 문화를 부인하고 민중/민인이 주체가 되어 아나키즘에 바탕한 경제 · 사회 · 문화의 건설을 이상사회로 제시하였다.

신채호가 아나키즘 관련 지식을 접하는 시기에 대하여서는 그 자신이 밝힌 바가 있다. 그러나 아나키즘을 사상적 이념으로 삼게 되는 시기는 분명하게 말하지 않았다. 한 연구자는 1905~1906년경에 신채호가 아나키즘으로 사상적 무장 · 수용을 했다고 한다(이호룡, 2013, 154). 그 근거로 신채호가 타이완 지룽에서 일제 경찰에 강제 체포되어 중국지역 다롄의 일제경찰서에서 경관으로부터 심문을 받을 때, "언제부터 무정부주의에 공명하였는가"라는 물음에 신채호는 자신이 아나키스트에 공명한 시기는 "내가 황성신문에 있을 때에 고토쿠 슈스이의 무정부주의에 대하여 쓴 글 『長廣舌장광설』(1902. 2. 20. 출간)을 읽은 때부터이오"라고 말한 데서 근거를 찾고 있다. 이어 다시 일제 경관이 "그대는 아나키스트인가"라고 묻자. "나는 의심 없는 무정부주의자요"라고 대답을 한다(『단재 신채호 전집 8』, 920).

그러나 신채호가 아나키즘 망명 이전부터 아나키즘을 자신의 사상적 바탕으로 했다는 주장에는 고개를 갸우뚱하게 만든다. 신채호 자신이 말했듯이 아나키즘 관련 지식을 접하고 공명한 시기는 1905~1906년경이 맞다고 본다. 그러나 신채호가 아나키즘을 접하는 시기가 꼭 아나키즘을 그의 사상적 무기로 받아들이는 시기와 일치한다고는 볼 수 없다. 다시 말하면, 아나키즘에 공명을 하였다고 한 말이 곧바로 신채호가 자주적 생명을 핵심으로 하는 민족 ·

민족정신을 버리고 아나키즘을 그의 기저 사상으로 삼았다는 뜻은 아니라고 본다. '공명'은 교감(같은 느낌)을 갖는다는 뜻이지, 당장 아나키즘을 자신의 사상으로 삼았다는 뜻으로 볼 수는 없다고 본다. 마치 신채호가 량치차오의 글에서 영향을 받았다고 보는 우리 역사학계의 연구자들에게 문제가 있는 것처럼 말이다. 공명이라는 말은 신채호가 량치차오의 글에서 교감을 느꼈다는 것이지, 영향을 받아 그의 추종자가 되었다는 뜻은 아니기 때문이다. 그리고 그가 아나키스트라고 시인을 했다고 하는 시점은 1928년 4~5월경의 일이다. 그러니까 신채호가 다롄의 일제 경관의 심문을 받던 그 시점에서 자신이 아나키스트라는 현재 진행형으로 한 말이지, 1905년 당시부터 아나키스트였다는 과거형으로 말한 것은 결코 아니었다고 본다.

그러면 여기서 고토쿠 슈스이의 '장광설'에 대하여 조금 살펴보고 가자.

아나키스트였던 고토쿠 슈스이는 이 책에서 사회주의를 "위대한 이념, 위대한 이성으로 표현하고 공업이 있고, 군비가 있고, 빈부의 격차가 있고, 생존을 위한 고투가 있고, 다수의 곤란과 기아, 죄악이 있는 곳에 사회주의가 반드시 구세주로 도래할 것이다"고 강조하고 있다.16 그리고 「暗殺論」(1901. 6.)이라는 글에서도 "무능한 사회에 의해 다수의 복리가 훼손당하는 것을 방관하는 것은 암살보다 더 큰 죄악이다. 이것이 어찌 순교자의 마음이 아니겠는가. 암살자들은 개인이나 당파의 행위에 대한 사회의 판단과 제재가

---

16 幸德秋水/임경화, 『나는 사회주의자다』(교양인, 2011. 151-155).

무력한 데 절망하여 스스로를 대신해서 판단과 제재를 하려는 사람들이다. 곧 국가와 사회에 대한 개인의 절망이 무정부주의와 암살을 만들어냈다"[17]라고 암살의 불가피성을 강조하였다. 이런 사회주의 · 아나키즘의 이념을 가지고 쓴 장광설을 보았다고 해서 신채호의 아나키즘 수용 시기를 1905년으로 잡는 것은 무리라고 본다.

신채호가 암살 · 폭력 등 아나키스트식 투쟁 방식을 거론하는 것은 러시아의 볼셰비키혁명(1917)에서 보인 민중에 의한 무장투쟁의 소식을 접한 1918년 이후부터라는 생각이다. 또 어떤 연구자는 신채호가 1916년 단편소설인 「꿈하늘」을 쓴 시기부터 아나키즘적 사상 경향을 보였다고 한다(최옥산 2003. 27). 그러나 앞장에서도 이야기를 한 바 있지만, 꿈하늘에는 신채호의 아(한놈)와 비아(침략세력)의 투쟁 논리와 암살단의 이야기는 있어도 아나키즘을 그의 사상 기조로 삼고 있었다고 확신할 수 있는 내용은 없다. 어찌했든 가장 반일적인 신채호가 일제의 사회주의 선구자인 고토쿠 슈스이의 저서를 '합리적'이라고 말한 것으로 보아 고토쿠 슈스이의 다른 책, 곧 사회주의의 핵심 본질이라는 책 제목의『社會主義神髓사회주의신수』(1903, 가을)라는 책도 읽었을 것으로 본다. 이외 신채호는 프랑스에 거주하는 중국인 아나키스트들이 창간한 잡지인 「新世紀신세기」(1907. 6.)도 읽었다고 한다. 그렇다면, 이 잡지에 번역되어 실린 러시아의 아나키스트 바쿠닌(1814~1876), 프랑스의 아나키스트 푸르동(1809~1865), 러시아의 아나키스트 크로폿킨의 글들도 읽었을 것으로 본다. 여기서 신채호는 크로폿킨의 민중 직접 혁명이론과 개인

---

17 幸德秋水/임경화, 앞의 책, 157-160.

의 자유를 바탈로 하는 상호부조이론에서 크게 감명을 받았다고 한다(조세현, 2010, 50). 크로폿킨의 상호부조론에서 감명을 받은 신채호는 자강론적 애국계몽운동, 자강론적 저항 민족주의에 대한 오류를 발견하게 되는 것으로 본다. 이러한 사상적 변화가 있은 후 1910년대 후반기, 러시아의 볼셰비키혁명과 3·1 민족기의 등에서 보였던 민중·민족기의를 통하여 민중/민인의 존재와 인민의 자유를 보았다. 여기서 신채호는 반권력적 반침략적 인식을 확실하게 하는 것으로 보인다.

따라서 신채호가 1905년 무렵에 아나키즘에 관심을 보인 것은 사실일지라도, 그 당장 자신의 기저 사상으로 수용했다고 보기에는 어려움이 있다. 신채호가 베이징에 머물고 있을 때, 1910년대 말 무렵(1918) 중국에서는 아나키스트 모임인 파리巴里 그룹이 상당한 세력을 형성하고 있었다. 당시 베이징대 총장은 차이 위안페이였다. 차이 위안페이는 중국 무정부주의 창시자로 파리그룹 회원이었다. 신채호는 베이징에 있으면서 이들 리스쳉 차이 위안페이와 교류하면서 아나키즘을 폭넓게 이해하면서 자신의 사상으로 품게 되었다고 본다. 그리고 생디 아나키스트 크로폿킨 사상을 실천하고 있던 중국 아나키스트 류스푸가 에스페란토 보급과 노동운동을 목적으로 발간하는 「晦鳴錄회명록」(1912. 7.)에 게재된 논설을 읽으면서 크로폿킨의 이론에 많은 공감을 하였던 것으로 본다.

한편, 신채호가 「조선혁명선언」을 집필할 무렵 당시 아나키즘의 이론가로서 중국 리스쳉의 영향을 받은 유자명을 통해 아나키즘 이론에 대하여서도 학습하였던 것 같다(이만열, 1990, 43). 이렇게 일본, 중국, 대한나라 아나키스트들의 영향을 받으면서 신채호는 아나키즘에 바탕하여 역사철학적 인식을 하게 되었고, 그 결과물이 「조선혁명선언」이었다고 본다.

상하이 국민대표회의가 실패로 끝난 무렵(1923.8.)에는 이회영을 통해서도 아나키즘에 관련하여 학습을 하였던 것으로 보인다. 이에 근거를 두고 신채호가 아나키즘을 수용하는 시기를 1923년 가을로 보는 연구자도 있다(박걸순, 2010). 그러나 여러 가지 정황상으로 볼 때, 신채호가 아나키즘을 그의 반일민족해방투쟁의 이념으로 받아들이는 시기는 1918년 전후가 아닐까 하는 생각이다. 곧 신채호가 아나키즘을 교감·공명한 것과 자신의 사상적 기저로 받아들이는 문제는 별개라고 본다. 그리고 1924년, 잠시 베이징의 관인시에 머물고 있을 때, 아나키스트 이회영, 유자명과 교류하고 베이징대 중국인 아나키스트 리스쳉과도 만나 토론을 한다. 그리고 이후 신채호가 만나는 인물은 자본주의적 민족주의자들이 아니고 대한나라의 아나키스트인 이을규李乙奎(생몰미상), 이정규李丁奎, 정화암鄭華岩(1896~1981), 백정기白貞基(1896~1934) 등이었다. 신채호가 관인시에 들어가게 된 동기 중 하나가 국민대표회의의 무산(각 세력 간의 파쟁과 대립)에 대한 실망이 컸기 때문이라고 앞에서 말한바가 있다. 이에서 신채호는 대외적으로 부르주아적 반동민족주의·제국주의의 확대일로 등으로 비추어 볼 때 대규모 무장투쟁은 불리하다고 생각을 하였던 것 같다. 그리고 항일투쟁세력 내부의 뿌리 깊은 파쟁과 반목이라는 당시 형세 판단을 보아 장차 대규모의 무장투쟁·전쟁은 무의미하다는 판단을 한 것으로 보인다. 그래서 신채호는 소집단적 무장투쟁인 테러, 암살, 파괴, 폭동이 더 유리한 전술이자 파급효과가 클 것이라는 생각을 갖게 되는 것이 아닌가 한다.

한편 신채호가 「天鼓」(제1권 2호)에 발표한 「對於古魯巴特金之死之感想」(크로폿킨의 죽음에 대한 감상, 1921. 2. 1.)이라는 글에서 보면, 신채호가 아나키즘으로 사상적 바탈로 삼는 시기를 가름해 볼 수 있다.

"무정부주의는 내가 조사하고 연구하여 깨달은 바는 아니나, 그렇다고 해서 어찌 아니라고 말하겠는가? … 나는 비단 무정부주의를 궁구(窮究: 깊이 연구하지 않음)하지 않았을 뿐 아니라, 곧 그 역사의 전말을 상세히 보기에 이르진 못했고, 비단 크로폿킨의 죽음이 언제인지 모를 뿐 아니라 곧 그 태어난 해가 어느 해인지 미처 기록하지 못하였다. 그가 평생 한 일에 대해 내가 아는 것은 ① 니콜라이 정부에서 축출되었다. ② 레닌 정부에게서 뜻을 얻지 못하다가 기구하게 떠돌아다니는 생활로 끝마쳤다는 것뿐이다. … 레닌의 성공을 보고 크로폿킨의 고집을 나무라는 사람은 진실로 어리석은 사람이다. … 레닌이 옛사람이 되고 크로폿킨이 말하는 바는 어린아이도 이해하는 것이 될지 아닐지 어찌 알겠는가? 봉건을 깨트리고 하나의 존엄한 자가 정해지니 서민은 전제의 폭위로 머리가 아팠다. 폭군을 죽이고 헌법을 세우니 노동자와 자본가의 불평등한 문제가 또한 만들어졌다. 세계의 혼란은 과연 언제 그치는가. … 인류의 진보는 그칠 때가 없고, 1,100년은 진실로 한순간이다. 사물의 생겨남을 모두 깨달으면, 타인과 내가 모두 공해지니 무정부주의 또한 유치하고 부족한 도道가 되고 크로폿킨을 옛 사람으로 여기지 않을지 어찌 알겠는가"(일부 발췌하였음, 『단재 신채호 전집 5』, 411-416).

이 내용에 비추어 보면, 신채호는 아나키즘에 대하여 자신이 직접 공부한 적이 없다고 하였다. 그러나 볼셰비키가 크로폿킨의 사상을 배제하는 것은 어리석다고 하였다. 결국 신채호는 레닌의 사상과 크로폿킨의 사상, 즉 볼셰비즘과 아나키즘이 서로 다른 가치관을 갖고 있음을 인식하고 있었다. 볼셰비키당(공산당)의 정치를 전제정치로 인식하고 공산주의에 반대하는 입장을 분명하게 나타내고 있다. 이는 신채호가 아나키즘을 자신의 사상으로 받아들이고 있음을 말해준다.

어찌했던 신채호는 사회주의사상으로서 아나키즘과 공산주의를 비교했을 때, 아나키즘 쪽으로 기우는 입장을 분명히 하고 있다. 그렇다면 그의 글들을 통하여 보았을 때 아나키즘의 사상을 가지고 글을 쓰는 시기는 1918년 이후로 볼 수 있다. 곧 1921년의 천고 창간사를 통해서도 신채호의 아나키즘적 사고를 읽을 수 있다. 그리고 신채호가 아나키스트 크로폿킨을 거론하는 처음 글들은 1921년을 기해서다. 말하자면 신채호는 1905년 이후부터 그의 뇌세포에서 오랜 세월 배양·공감되어 오던 아나키즘을 1918년에 싹 틔우고, 1921년경에는 천고를 통하여 아나키즘 사상을 이론적으로 수용하고, 1923년에는 「조선혁명선언」을 통하여 아나키즘 사상을 집대성한 후, 1924년 이후부터는 본격적으로 아나키즘이라는 아름드리나무에 의지하여 역사철학적 인식을 하고, 반일민족해방전쟁을 위한 항전 준비를 하였다고 볼 수 있다.

앞에서 보았듯이 신채호는 1910년대에 들어오면서 계몽논리의 자강주의적 저항 민족주의에 대한 회의가 오기 시작한다. 계몽에 의한 자강정신·실력주의를 추구할 게 아니라 무조건 일제를 구축·타도하는 게 맞다는 생각으로 사고의 전환을 하게 된다. 바로 일제에 대한 무조건 타도는 무력에 의한 투쟁 논리가 맞다는 생각을 하게 된다.

신채호에게 이러한 무력에 의한 투쟁 논리를 심어준 사상은 '민족해방의 위업'을 주체적으로 달성해야 한다는 '자주적 민족주의'였다. 그래서 신채호의 민족주의 사상은 저항적 성격에서 자주적 성격으로 승화된다. '자주적 민족주의'라는 말은 '자주를 생명으로 하는 민족정신'을 뜻한다. 신채호가 자주적 민족주의로 정신적 무장을 하게 되는 것은 그가 망명 후에 사회주의 사상을 폭넓게 접하게 되면서이다.

사회주의가 본질적으로 갖고 있는 기본 사상은 인간해방이다. 인간해방이라는 말은 기본적으로 인간의 자유를 빼앗는 엘리트 중심의 억압적 지배 체제에서 벗어나 사회구성원 모두의 자유와 행복을 추구하는 사상이다. 여기서 신채호는 대한제국의 민족과 민인이 바로 일제에 의해 피압박상태에 놓여 있다는 것을 인식하게 된다. 그래서 그가 1910년대 그렇게 강조하고 주장하였던 국가주의와 민족주의에서 민족만을 강조하고, 왕조 대신에 민중을 보게 되었다. 그가 민중/민인을 발견하는 결정적인 시간은 볼셰비키에 의한 러시아혁명(1917)과 3·1 민족기의(1919)에서 민중의 가치를 보면서이다. 이러한 사상적 전이가 일어나고 있을 때, 신채호는 국가독재도, 공산독재도, 자본독재도 아닌, 진정한 민인의 자유와 해방을 추구하는 아나키즘이 갑자기 섬광처럼 뇌를 울렸을 것으로 본다. 이리하여 신채호는 그의 기저 사상인 자주적 민족주의에다 순수한 인간해방의 정신을 담고 있는 아나키즘을 올려놓게 된다. 여기서 신채호의 민족 아나키즘이 나오게 되는 사유가 된다.

신채호의 민족 아나키즘에는 민족과 민중/민인만 존재한다. 민족과 민중의 논리에서 '아와 비아'라는 이분법적 인식이 나오게 된다. 곧 『조선상고사 총론』(1922년경)에서 보이고 있는 아와 비아의 투쟁 논리다. 아는 우리 대한나라의 민족과 민중이고 비아는 일제 침략자다. 아가 비아와의 투쟁에서 살아남으려면 비아인 일제를 구축·타도해야만 한다. 그래서 신채호는 일제를 구축하는 수단으로 "민중에 의한 직접 혁명"이라는 대명제를 만들어낸다.

그러면 직접 혁명은 무엇을 말하는가. 그것은 민중 전체의 힘에 의한 대응폭력을 뜻한다. 대응폭력은 무엇인가. 신채호는 말한다. 침략자에 대한 암살·폭동·테러·파괴라고. 이렇게 해서 신채호의 투쟁사상이 완성을 보게 된다. 신채호의 투쟁사상은 자주적 민족주의+민본·시민적 민족주의+자유평등의 아나키즘을 융합한 민족 아나키즘이다. 그리고 일제를 구축하는 투쟁 전략은 민중 직접 혁명이다. 민중 직접 혁명의 투쟁 전술은 암살·파괴·폭동의 대응폭력이었다. 이렇게 민족 아나키즘으로 사상적 무장을 한 신채호는 이제 실천단계로 들어간다. 그것이 폭탄과 무기의 제조였다. 그리고 외국 기술자의 초빙과 폭탄·무기를 제조하는 공장의 건축이었다. 여기에는 많은 자금이 소요된다. 자금을 마련하기 위하여 신채호는 동료 아나키스트들과 외국환을 위조한다. 그리고 위조외국환은 유치시킨 은행으로부터 이를 찾는 과정에서 억울하게도 일제 경찰에 강제 체포되는 비운을 맞게 된다.

그러면 앞으로 다시 돌아가 신채호의 민족 아나키즘에 대하여 좀 더 구체적으로 살펴보자. 신채호는 민족 아나키즘 입장에서 민족해방운동에 대하여 깊은 성찰을 한다. ① 식민지 이전의 조선이라는 나라는 올바른 민족의 역사를 계승하지 못한 것은 고사하고, 반동민족주의에 적절한 대응을 못하고 끝내 노예국으로 전락시키는 역사적 과오를 범하였다. ② 독립운동을 주도하는 임시정부의 관료·지도자들의 민족반역적 행위와 함께 타협적인 항일독립운동을 주도하는 미지근한 태도로 볼 때, 그들에게서는 기대할 것이 없다.

이러한 성찰을 통하여 그가 내린 결론은 민중이 직접 나서는 혁명이어야 한다는 생각이었다. 민중에 의한 직접 혁명만이 해방전쟁의 위업을 달성할 수 있다고 보았다. 이러한 결론을 도달점으로 갖게 되는 것은 신채호의 지나온 삶의 여정에서 나온다. 그는 의식적 아나키즘을 자기 철학으로 수용하는 게 아니다. 그는 직접 민족해방운동을 해나가면서 점점 더 깊게 고통 속으로 빠져들어가는 민족, 민인의 노예 상태를 보았다. 이러한 민족의 민인의 노예 상태에서 해방전쟁의 위업을 달성하는 데는 아나키즘 이외는 달리 답이 없다는 판단을 한 것으로 보인다. 곧 아나키스트 고토쿠 슈스이가 주장한 "전제정부(제국주의)는 아나키즘의 제조공장"[18]이라고 한 말이 떠올랐다. 신채호가 당시 고토쿠의 생각에 공감을 했지만, 뇌세포 속에 저장만 하고 있었다. 그러다가 노동자·농민 등 민중에 의한 러시아의 불셰비키 혁명의 성공과 민중에 의한 3·1 민족기의를 보면서 1905년경에 보았던 고토쿠의 말이 불현듯 떠올랐던 것 같다.

신채호의 「帝國主義와 民族主義제국주의와 민족주의」 (1909)[19]라는 글

---

18 고토쿠 슈수이 글에서는 아나키즘을 당시 쓰던 용어로 무정부주의라고 명기하였다. 그러나 당시 아나키스트들은 아나키즘의 본질을 인간의 절대 자유를 제한하는 법치가 존재하지 않는, 사실상의 무정부를 지향했는지도 모른다.

에 비추어 보면, 고토쿠 슈스이의 주장과 비슷한 내용이 많다. 신채호의 평소 신념이 고토쿠의 주장과 서로 교감을 일으켰던 것으로 본다. 신채호는 이후 1910년대 무장투쟁론을 주장하고, 1920년대는 민중에 의한 직접 혁명론(크로포킨의 사상)을 주장하게 된다. 그렇지만 신채호는 진보된 자주적 민족주의+주체적 민중을 바탈로 하는 민본주의를 끝까지 끌어안고 있었던 것으로 보인다. 곧 그의 역사철학적 인식에서는 자주적 민족주의와 자율적 아나키즘은 충돌을 일으키지 않았다. 그는 1900년대 민족주의를 사회진화론적으로 이해하였고, 1910년대는 민족주의를 민중과 연계하는 민본주의적으로 이해하였다. 그리고 1920년대 이후는 민족주의와 아나키즘을 함께 이해하면서 민족 아나키즘을 낳게 되었다.

여기서 짚고 넘어갈 문제는 아나키즘과 민족주의와의 관계다. 아나키즘은 분명히 반국가주의, 반민족주의, 반폭력주의를 핵심적 이론으로 가지고 있다. 앞에서도 이야기했지만, 아나키즘의 반국가주의는 제국주의를 반대한다는 뜻이고, 반자본주의는 침략적 반동 민족주의를 반대한다는 뜻이다. 따라서 당시 아나키즘이 주장하는 반민족주의는 제국주의 속의 부르주아적 반동민족주의와 침략적 국가주의를 반대한다는 뜻이었다고 본다. 이렇게 아나키즘을 이해한 신채호는 저항 민족주의를, 자주적 민족주의로 승화시켰던 것으로 생각이 된다. 곧 신채호가 새롭게 이해하게 된 자주적 민족주의는 국가와 국가 간의 침략과 약탈의 관계, 나라 안의 지배와 피지배 간의 억압과 착취의 관계를 부정하는 자주적 민족주의였다고 본다.

---

19 「대한每日申報」, 1909. 5. 28.: 『단재 신채호 전집 6』, 431.

그래서 신채호의 자주적 민족주의는 온갖 형태의 간섭과 통제, 억압의 지배를 반대하고 그 누구(권력자와 침략자)에게도 구속을 받지 않고, 자주적으로 존립하고 발전하는 민족의 자주정신(반강권·반권력·반폭력)을 말한다. 곧, 역사 속에서 자연스럽게 형성되어 온 민족공동체의 역사정신과 문화가치를 의미한다. 때문에 신채호는 '자주성을 생명'으로 하는 민족정신=자주적 민족주의를 죽는 그 날까지 버리지 않았다고 본다. 이는 그의 강한 자유의지(의=민족의 이익)에서 비롯되었다고 본다.

그는 자신이 쓴 원고(역사, 논설 사론 등)를 신문사나 잡지사에 보낼 때도 "본인의 원고 전부를 부정하는 것은 좋지만, 글자를 가감하는 것은 절대 안 된다. 곧 구절의 가감은 연구의 기초와 방법이 피차 서로 다르기에 글자의 가감은 안 된다"("전후삼한고", 1924, 『단재 신채호 전집 2』, 7)라고 주장할 정도로 자기의 굳은 자유의지를 갖고 있었다. 그래서 신채호는 자기 민족과 민중에 대한 애정적 역사의식과 애민적 문화의식을 옥사하는 그 날까지 버리지 않았다.

연변대학교 총장을 지낸바 있는 김병민金柄珉(1951~)이 편집한 『신채호문학유고선집』(1994)에 실린 신채호의 글 중에 "문예계 청년에게 참고를 구함"(1920 추정)에서 보면, 글 끝부분에서 다음과 같은 말을 한다.

"우리 사회는 … 남을 따라가는 사회다. 10년 전에 돌아다니던 지사들은 모두 애국자이더니 오늘날은 모두 공산당이며, 10년 전에는 병학兵學을 배우려 하더니 오늘날은 거의 문학을 배우려 한다. 어느 나라이든 시대의 조류를 밟지 않겠느냐마는 그러나 무슨 주의이든, 무슨 사상이든 늘 그 사회의 정황에 따라 성행하기도 하고 쇠퇴하기도 한다. 그런데 우리 사회는 그렇지 않다. 누가 외씨버선을 신으면 자기는 발이 아프든 말든 외씨버선을 신는다면, 이것은 노예사상이다. 사람이 사람 노릇을 못 한다면 나는 차라리 괴물이 되겠다. 괴물, 괴물"(글쓴이가 오늘날 문체로 바꾸어 씀. 전집, 7권 380-384).

이 글 내용에서 신채호는 민족 · 나라 사람들의 주체성 · 자주성을 강조하고 있다. 그가 강조하는 나라 사람(민인)의 주체성 · 자주성은 '민족의 생명'을 뜻한다. 이러한 그의 민족에 대한 강한 주체성과 확고한 자유의지는 그를 '자주적 민족주의자'로 만들어냈다고 본다. 신채호는 더 이상 사회진화론에 오염이 되었던 저항 민족주의자가 아니다. 그렇다고 해서 신채호가 누구의 저서나 주의/주장에 따라 자기 소신을 바꾸는 그런 사람도 아니었다. 당 시대를 살았던 지식인들, 누구나가 그랬던 것처럼 신채호도 사상의 진화를 겪었다고 본다. 신채호의 다음 이야기를 들어보자.

1925년 동아일보에 발표한 「浪客의 新年漫筆낭객의 신년만필」(1925. 1. 2.)에서 "그러므로 인류는 이해 문제뿐이다. 이해 문제를 위하여 석가도 나고 공자도 나고, 예수도 나고 마르크스도 나고 크로폿킨도 났다. 시대와 경우가 같지 않으므로 그들 감정의 충돌도 같지 않으므로 그 이해 표준의 대소, 광협은 있을망정, 이해는 이해다. 그의 제자들도 본사本師(자기 스승)의 정의精義(깊은 뜻)를 잘 이해하여 자가의 이를 구하므로, 중국의 석가가 인도와 다르며, 일제의 공자가 중국과 다르며, 마르크스도 카우츠키의 마르크스와 레닌의 마르크스와 중국이나 일제의 마르크스와 다름이다"(『단재 신채호 전집 6』,

200-203, 583)와 같이 "도덕과 주의가 인류의 이해의 표준에서 생기 었다"라고 함으로써 나라·환경의 사정과 시대의 변화에 따라 사상의 기준이 달라진다고 보았다. 외부에서 들어오는 사상도 민족의 토양과 민족이 처해 있는 시대 상황에 따라 "주의의 조선"이 되어야 한다고 강조했다. 따라서 신채호는 세상의 물결에 이리저리 흔들리는 그런 사람이 아니었다. 그는 자기 '사상의 자유의지'에 따라 세상의 주장과 사상을 취사하여 받아들였다. 이 때문에 1900년대 저항 민족주의에서 1910년대 '민본주의적 민족주의'로, 1920년대는 민족주의에 아나키즘까지 융합하여 민족 아나키즘을 낳게 된다. 그러니까 신채호의 아나키즘은 당대 아나키스트들이 갖고 있던 '원색적 아나키즘'이 아니었다. 낭가사상, 민족주의, 민본주의, 민중사관, 투쟁논리, 선비사상 등이 복합적으로 융합된 상태에서 받아들인 아나키즘이었다.

다시 말하면 신채호가 민족주의를 바탕으로 하여 아나키즘을 수용한 것은 그 자신에 내재 되어 있던 신념이 아나키즘에 녹아들었기 때문이 아닌가 하는 생각이다. 곧, 자신의 정신적 이념(민중적 민본주의/자주적 민족주의)+양심적 행동(대응폭력에 의한 민중 직접 혁명)+미래적 희망(근대 아나키즘)='민족 아나키즘'이라고 하는 무지개 사상(융합철학)이 나왔다는 생각이다.

신채호가 아나키즘에서 찾아낸 정신적 이념은 아나키즘의 원리가 엘리트 중심의 지배·통치구조가 없는 무권력이었다. 곧 조선이 식민지로 전락한 것은 엘리트 중심의 지배 체제가 문제였다고 보았다. 그래서 민중이 주체가 되는 역사와 나라를 만들어야 한다는 자신의 인식이 아나키즘을 수용하는 계기가 되었다고 본다. 따라서 신채호에게 아나키즘이 내비치고 있는 강권자·침략자가 없는 무통치·무권력 사상은 너무나 매력적이라고 생각한 것으로 본다. 그리고 신채호의 양심적 행동은 일제 탄압 세력의 강압적 폭력을 물리치는 수단인 '대응폭력'을 내세우고 있다. 이는 아나키즘의 혁명적 사상과 일치하는 측면이 있다. 신채호는 늘 독립운동을 하는 지식인, 임시정부가 외세의존적 외교론·독립준비론·위탁관리론, 일제 조선총독부가 인정하는 자치론 등의 주장은 나약한, 비굴한 타협이 아닐 수 없었다. 따라서 일제와 비타협적인 대응폭력만이 민족해방의 위업을 달성할 수 있다고 보았다. 바로 그의 올곧은 양심이다. 그에게서 아나키즘이 갖는 '민중의 직접적 행동'에 의한 폭력 혁명, 곧 제국주의 폭력에 대한 약소 민족의 대응폭력에 의한 혁명은 대단히 매력적이 아닐 수 없었다. 아나키즘의 이념적 양심과 신채호의 양심적 행동이 합치하는 부분이다.

신채호의 정신적 이념과 양심적 행동은 해방된 민족의 미래도 생각하지 않을 수 없게 만들었다. 해방된 민족의 미래는 민본주의 사회여야 한다고 생각하였다. 곧 주권의 독립을 갖는 대한나라(고유한 조선의), 무권력의 정치체제(자유적 조선의), 균산적 경제질서(민중적 경제의), 평등적 사회제도(민중적 사회의), 자유적 문화창달(민중적 문화의)이었다. 신채호가 볼 때, 아나키즘에는 미래 민족의 희망적 모습이 흠뻑 담겨있다고 보았다(「조선혁명선언」). 그리하여 그는 아나키즘 사상으로 부르주아 지배권력체제(자본주의), 프롤레타리아 독재권력체제(공산주의), 전체 인민을 통제하는 국가통제체제(사회주의) 등 통제체제를 극복할 수 있다고 보았다. 그래서 신채호는 '민인에의, 민인에 의한, 민인을 위한' 민족사회를 추구하였다.

신채호는 국가체제와 조직, 사유제 재산제도는 불평등을 낳고, 불평등은 인간사회에 악을 조성한다고 보았다. 따라서 민족의 해방 이후에도, 불평등사회를 종식시키고 민중이 평등하게 그리고 천연적 자유천지에서 살 수 있게 해줄 수 있는 사상적 희망을 아나키즘에서 찾았다는 생각이다. 이렇듯 신채호는 아나키즘을 반일항전의 전략적 이념으로 받아들이고 아나키스트의 민중에 의한 폭력 혁명을 투쟁전술로 활용하고, 아나키즘의 자유와 평등정신을 해방된 나라의 미래이념으로 받아들이고 있었다. 신채호의 '민족 아나키즘' 속에는 반동민족주의도, 저항 민족주의도 없는 이상적 세계로서 '민본주의적 · 자주적 민족사회 · 민족공동체'만이 담겨 있었다.

신채호의 민족 아나키즘을 다시 정리해 보자.

민본아나키즘에는 첫째, 전략적으로 제국주의의 강권주의를 타도하는 사상적 이념이 있다. 둘째, 전술적으로 제국주의가 약소 민족을 침탈하고 탄압하는 현실에서 피압박민족들의 대응폭력이라는 투쟁 전술을 가지고 있었다. 셋째, 대응폭력으로 침략 세력을 몰아내고 평화의 시대가 오면, 개인 간의 자유 연대에 의한 상호부조의 민족사회를 건설할 수 있다는 희망이 들어 있었다. 따라서 일제를 타도하고 해방 위업이 달성된 민족주의 사회에서는 상호부조의 자유 연대 사회가 만들어져야 한다. 그런데 민인의 자유를 파괴하는 권력자가 또다시 나타난다면, 이에 대응하여 전술적 테러리즘은 반드시 필요하다는 논리가 신채호의 민족 아나키즘이다.

따라서 신채호의 민족 아나키즘은 이념적으로는 반강권사상이다. 권력에 의한 통제와 간섭이 없는 개개인의 '자유연대'에 의해 상호부조론적 자유 사회를 건설하고자 하는 사상이었다. 그리고 실천적으로는 탄압 권력(강자)의 침략폭력에 대항·저항하여 암살, 파괴, 폭동 등, 대응폭력, 곧 테러리즘을 정당화하였다. 일제 세력이 날로 강대해지는 극한상황에서 아나키즘의 전술인 대응폭력·테러리즘을 신채호는 정당화하였다.

신채호는 1920년대 이후, 이러한 민족 아나키즘으로 역사철학적 인식을 하게 된다. 그리하여 "민인에 의한, 민인을 위한, 민인의 직접 혁명"을 내세운다. 곧, 앞에서 본 바와 같이 첫째, 인민을 위하여 일절 불평, 부자연, 불합리한 장애를 타파해야 한다는 민중의 각오. 둘째, 민인·민중의 각오가 이루어지면 숫자상 강약 비교의 관념은 의미가 없다는 점. 이것이 신채호가 민중에 의한 대응적 폭력 혁명을 주창하는 이유다.

여기서 우리는 한 가지 짚고 넘어가야 할 문제가 있다. 아나키즘 본질의 문제다. 분명 유럽에서 발생 되어 나온 아나키즘의 핵심 본질은 반국가주의, 탈민족주의, 비폭력주의다. 그런데 신채호는 이와 배치되는 역사철학적 인식을 가지고 있었다. 이런 점에서 글쓴이는 신채호의 아나키즘을 원색적 아나키즘이 아닌, 민족 아나키즘이라고 이름을 붙인 사유가 된다.

4. 신채호의 1920년대 이후 역사철학적 인식

그러면 이제부터 1920~1930년대에 나타나는 신채호의 민족 아나키즘에 바탈을 둔 역사철학적 인식에 대하여 살펴보자.

1918년 이후 신채호의 역사철학적 인식을 살펴볼 수 있는 글들이 상당히 많지만, 여기서는 『天鼓천고』 創刊辭창간사(1921. 2. 29.), 「朝

鮮革命宣言조선혁명선언」(1923), 『朝鮮上古史조선상고사』總論총론(1922),
「北京會議宣言북경회의 선언」(1928) 등 네 가지만을 골라서 살펴보기로
한다. 이들 주장이 담긴 선언문은 모두 명문장으로 되어 있다. 네
가지 글을 통하여 신채호의 무지개 사상이자, 융합철학인 '민족 아
나키즘'을 바탕으로 그의 역사철학적 인식이 어떻게 나타나고 있는
지를 살펴보기로 한다.

1917년 러시아의 볼셰비키혁명과 1919년 3·1 민족기의 전후
로 그의 가슴 속으로 파고드는 아나키즘의 정신은 1918년을 기점
으로 확연하게 자리를 잡아가다가 1921년대 무렵에는 아나키즘을
그의 주된 사상으로 뇌세포에 주입이 되는 것으로 본다. 그러나 신
채호의 아나키즘은 이제까지 이야기해왔듯이 민족주의와 융합된
민족 아나키즘이었다. 그러한 사실들은 다음에서 이야기하려는 글
에서 엿볼 수 있다.

먼저 「천고」 창간사에서는 신채호가 반일민족해방항전을 어떻
게 풀어나가야 하는지에 대한 방략들을 역사철학적으로 이야기하
고 있다. 그리고 「조선혁명선언」에서는 아나키스트 신채호의 역사
철학적 인식과 민족해방투쟁의 방법론에 대하여 구체적으로 적고
있음을 본다. 곧 민중의 폭력에 의한 직접 혁명이다. 이어서 조선상
고사 총론에서는 역사를 '아와 비아의 투쟁'으로 역사철학적 인식을
한 다음 민족 아나키즘의 입장에서 민중에 의한 대응폭력(직접 혁명)
의 방략에 대하여도 이야기하고 있다. 끝으로 그가 일제에 의한 강
압적 체포를 당하기 전에 쓴 북경회의 선언에서는 실천적 역사철학
적 인식을 살펴볼 수 있는데, 「조선혁명선언」보다 세련된 문장과
함께 아나키즘 사상이 보다 구체화되어 나타나고 있다.

1) 천고 창간사에서 보이는 신채호의 역사철학적 인식

앞에서 살펴본 바와 같이, 신채호는 상하이에서 임시정부의 압력으로 「신대한」이 폐간되면서 베이징으로 이동해 온다. 그리고 김창숙과 박숭병의 도움으로 순한문체(필진이 중국인인 경우는 백화문으로) 월간지 「天鼓천고」(톈고)를 발행하게 된다(1921. 1., 종서체). 천고는 「大同대동」과 같은 형식의 표지디자인을 하고 있다. 다만 천고의 표지 디자인에는 맨 밑에 영문으로 CHIUNKO/TIENKU라는 글자가 쓰여 있다는 게 차이로 보인다.

잡지 이름 '천고'라는 말은 제석천왕帝釋天(단군의 할아버지, 석제환인)이 머무는 공간 도리천에서 세상 인간의 선악에 대하여 논의하는 모임 공간(회당)이 있는데 이 회당을 선법당이라 한다. 이 하늘나라 선법당 안에는 저절로 울리는 북이 있는데 이 북에서 나는 소리라는 뜻이다. 이 북은 치지 않아도 저절로 소리가 난다. 곧 천명의 소리라는 뜻이다. 신채호는 천고를 내는 「天鼓頌천고송」에서 "나는 톈고(천고)가 우는 까닭을 안다. 천고가 우는 것은 애통함의 소리요, 분노의 소리다. 애통의 소리, 분노의 소리는 어마어마하게 장엄하여 2천만 동포의 혼을 불러일으킬 것이다. 이에 의연히 죽을 결심을 하고 조상 대대로 내려온 조종(근본적인 나라)을 빛내고 영토를 회복하리라. 섬나라 왜놈들의 피가 다 마를 때까지, 나의 천고에서 그것을 깨닫게 하리라"(『단재 신채호 전집 5』, 38)고 하였다. 이는 "천명에 의한 성토를 단행하는 신성한 매개체"를 통하여 중국인들에게 대한의 독립 의지와 대한제국인의 역사를 일깨워 한·중 공동으로 일제에 대항하기를 기대하는 희망을 가지고 천고를 낸다고 하였다.

천고는 『常綠樹상록수』(1935)를 지은 심훈沈熏(1901~1936)이 잠시 도와 준 적이 있지만, 지면(60쪽 분량) 모두 필명을 바꾸어 가며 혼자서 채웠던 것으로 보인다.

그러면 천고 창간사를 통하여 신채호의 역사철학적 인식을 살펴보기로 하자. 이에서 보면, 명문장으로 된 천고를 발행하는 의미를 네 가지로 밝히고 있다.

첫째, 고려 시대부터 조선의 국권 강탈까지 짐승 같은 일제의 만행을 일일이 열거하였다.

"왜倭는 우리나라만의 오랜 원수일 뿐 아니라 또한 동양의 구적舊敵이다. 오랜 세월 우리의 해안 지방을 침범 능멸하여 우리의 선조들은 대대로 편안히 쉴 날이 없었다. 그렇게 만든 놈들이 왜놈이다. 피로 전국의 산하를 물들게 하고, 후대 우리 역사를 읽는 후손들로 하여금 뼈가 부닥치고 피가 끓게 만든 놈들이 바로 왜놈이다. 강화도조약 이후 우리의 독립을 보장하고 우리의 행복을 증진시켜 준다는 소리는 헛소리고, 국권을 빼앗고 우리 인민을 도탄에 빠지게 만든 놈들이 왜놈이다. 우리 교육을 피폐하게 만들고 경제적 수탈로 우리 인민을 곤궁케 만든 놈들이 왜놈이다. 우리 땅 삼천리 강역을 감옥으로 만들고 부녀자 겁탈, 촌락에 대한 방화, 아녀자 도살을 하는 놈들이 왜놈이 아니던가. 왜놈의 죄를 성토하여 원악을 없애고, 중국과 대한제국의 순치(입술과 치아) 관계를 다시 일깨워 같은 배를 타고 있는 위급한 상황을 구제하려고 하니 이것이 천고가 우는 첫 번째 의미이다"(원문을 간추렸음, 『단재 신채호 전집 5』, 39).

이어서 일제는 "아시아를 유린하고 세계조류를 무시하고 분수를 모르니, 그 죄는 죽여 마땅하다"라는 취지로 「천고天鼓」를 낸다고 첫발을 뗀다. 이로 보았을 때, 세계는 민족자결의 조류가 일어나고 있음에도 왜놈들은 이를 모르쇠하고 있는 현실을 직시해야 한다는 점과 일제에 대한 반일 투쟁은 중국 민인들과 운명을 같이 해야 한다는 점도 부각시키고 있다. 이와 같이 창간사 전체에서 신채호의 비장한 전운(한 번 싸워보자는 살기 띤 각오)을 읽을 수 있다. 그는 전장에 나가는 전사들 앞에서 일장 연설을 하되, 생사를 초월하는 투로 창간사를 썼다고 본다. 이러한 전투적 문구는 분명 신채호가 '절대인민해방', '절대주권독립'이라는 아나키즘 사상으로 정신적 무장을 하고 있음을 엿볼 수 있다.

둘째, "왜를 막지 않으면 자존할 수 없다. 신라 이래로 수천 년 역사는 왜와 혈전의 역사라 해도 과언이 아니다. 이미 여러 선열이 앞뒤에서 분기하여 맨손으로 사자와 호랑이를 잡고 맨주먹으로 창과 포에 대적하여 머리를 치고, 목을 베면서 강한 도적들과 수없이 싸워(백전百戰) 차가운 바람과 처절한 피로 세상을 씻어냈으니, 인의를 성취하여 후세에 보이도록 한 것은 1919년 3·1 민족기의다.[20] 왜놈들의 속성을 익히 알아서 싸움을 잘하는 데에는 우리가 다른 사람들보다 월등하다. 왜놈들이 우리에게 저지른 음모·학정들과 이에 대항한 우리의 투쟁 노력을 두루 널리 찾아내어 이웃 나라의 원수를 같이하는 인민들에게 소개하는 것이 천고가 울리는 두 번째

---

20 천고 창간사는 『단재 신채호 전집 5』, 304-308(역주본)에 있다. 창간사 원문에서는 "丁未 獨立運動"으로 되어 있는 것을 필자가 1919년 3·1 민족기의로 고쳐 썼다(『단재 신채호 전집 5』, 39).

뜻이다"(원문을 간추렸음.『단재 신채호 전집 5』, 39).

이 글의 핵심적 내용은 왜놈들이 저지른 음모 · 학정과 그에 대항하는 우리의 투쟁 노력을 두루 찾아내어 원수를 갚겠다는 의지를 보이고 있다. 여기서 보이는 일제에 대항하는 투쟁 의지와 함께 "창과 대포로 대적하고, 머리를 치고, 목을 벤다"는 말과 "처절한 피로 세상을 일어낸다"는 등의 표현은 신채호식 분노의 강한 표현이다. 이는 분명 제국주의의 침략폭력에 직접으로 대응하는 아나키스트식의 대응폭력을 그대로 수용했다고 본다. 이로 보아 신채호는 「조선혁명선언」을 쓰기 이전부터 아나키스트의 테러리즘(대응폭력)으로 역사철학적 인식을 하고 있었다는 말이 된다. 곧 당시의 비열한 일제의 강권 · 침략폭력에 대하여 정의 · 공리가 이길 수 있는 방법은 칼에 칼일 수밖에 없는 상황인식에서 아나키스트의 테러리즘을 수용하였다는 생각이다.

또한 두 번째 대목에서는 왜놈들이 저지른 음모 · 학정과 그에 대항하는 우리의 투쟁 노력을 두루 찾아내어 원수를 갚겠다는 의지를 드러내고 있다. 이렇듯 테러리즘이 신채호의 주된 전략과 전술로 받아들이고 있는 대목을 천고 간행사 곳곳에서 많이 볼 수 있다. 아나키즘 사전에는 폭력이라는 말이 없다. 그러나 침략 폭력, 국가폭력, 권력 폭력에는 반드시 대응폭력으로 응대해야 한다는 논리는 아나키스트의 논리다. 따라서 신채호가 말하는 대응폭력의 논리는 선한 의지에 나온 폭력의 개념이자, 신채호의 역사철학적 인식에서 나온 행동철학으로 보인다.

셋째, "중국의 고대 역사학자들이 자기네 역사를 쓰면서 우리 강역을 축소하였다. 그런데 왜놈들도 우리 땅을 병탄한 이래 우리 역사를 왜곡하여 지금 우리 대한제국 사람들을 몹시 욕되게 할 뿐만 아니라 또한 역사를 날조하여 선대를 나쁘게 무고하고 있다. 누추한 풍속을 과장되게 그리고 치우치게 묘사하여 우리 민속의 야만과 우매를 증명하고, 도서 저술에 대해서는 오로지 말단의 약점만을 지적하여 우리나라의 바탕이 미약하다고 단정하고 있다. 또 식민지사관(남한경영설 등)으로 우리 역사를 왜곡하고 있다. 이에 삐져나온 것을 밀어 넣고 굽은 것을 바로 펴 잘못을 분별하고 오류를 바로잡아 진실을 돌려놓는 것이 긴 밤에 해와 별을 밝혀 놓는 일이요. 한창 창궐하는 사설을 종식시키는 일이니, 또한 어찌 우리에게 이득이 있지 않겠는가? 이것이 천고를 내는 세 번째 뜻이다"(원문을 간추림. 전집 5, 40)라고 한 이 말의 뜻은 우리 민족의 강역이나 역사적 사실에 대하여 중국도 일제도 왜곡하여 날조하고 있다는 점을 강조하고 있다. 이런 잘못된 것을 바로 잡지 않으면, 세계 사람들에게 못난 민족으로 낙인될 우려가 있다. 그래서 이를 바로 잡아 결코 일제보다 못난 민족이 아니며 우리가 못나서 일제의 식민 지배를 받는 게 아니라는 것을 세계인에게 알려야 한다.

곧 신채호는 천고를 통하여 일제의 그릇된 침략의 습관으로 우리 민족이 역사 속에서 늘 괴롭힘을 당해 왔고 오늘의 현실을 만들어냈음을 천하에 알리고자 한 글로 보인다. 바꾸어 말하면 민족주의적 입장에서 일제의 습관적 침략성을 폭로하는 심정을 나타낸 부분이다.

이렇게 신채호는 아나키즘으로 포지하고 있으면서도 그의 기저 사상에는 민족주의가 짙게 깔려있음을 이 글에서도 볼 수 있다. 글쓴이도 신채호가 살고 있던 시대이든 오늘의 시대이든 자기 민족을 등진 별난 이념은 있을 수 없다고 본다.

넷째, "유독 「매일신보(每日新報)」 등과 같은 저들의 총독부기관지는 적에게 붙어 천성을 잃고 미친 것들은 의병을 가리켜(칭稱) 폭도라 하고, 열사를 흉한으로 바꾸어 놓았다. 무릇 독립운동 계열에 있는 자들도 이를 난민으로 만들고, 선량하지 못한(불령不逞) 무리라고 쳐 내지(주誅) 않은 경우가 없다. 왕과 적이 뒤바뀌고, 충과 역의 자리가 뒤바뀜이 이처럼 심한 지경에 이른 것이다. 왜가 화가 되는 이유는 오직 살아남은 사람을 때려눕히고 그 후손(종자種子)까지 멸하려 할 뿐만 아니라, 애국자로 불리며 지하에 묻힌 사람의 귀신까지 싫어 한다. 그들은 살아생전에 칼틀형벌(도거刀鋸)을 받았거나 팽형烹刑(삶 아죽이는 형벌)으로 살육을 당한 사람들이다. 그런데 이들까지 사후 에 흉명凶名(흉하고 나쁜 이름)과 악시惡諡(의미가 나쁜 시호)로 덧붙이고 있다"(원문을 간추렸음. 『단재 신채호 전집 5』, 40-41).

이 글의 참뜻은 왜놈들의 교활한 문화정책에 현혹되어 일제에 부화뇌동하는 언론이 생겨나고 있음을 고발하고, 역사를 바로잡아 결코 일제의 농간(우리를 돕는다는)에 속아 넘어가서는 안 된다는 취 지의 글이다. 일제의 정책은 말이 문화정치이지, 그 내막은 우리 민족을 깎아내리고, 일제의 정책에 따르지 않는 의병과 열사, 지사, 의인들을 폭도나 흉한으로 몰고, 해외 민족해방운동 · 반일독립운 동을 하는 독립군 · 해방군들을 해외에서 떠도는 난민으로 깎아내 리고 이들을 불령선인으로 낙인하여 민족을 분열시키려는 일제의 간악한 획책임을 폭로하고 있다. 따라서 일제의 문화정책이 얼마나 간악한 정책인지 그 내막을 폭로하려는 의지의 반영이라고 말할 수 있다.

그뿐만 아니라 우리 민족 자체를 멸족시키려는 정책이 문화통치임을 대한제국 사람들과 중국인들이 다 같이 알아야 한다는 비분의 감정을 드러낸 글임을 알 수 있다.

이렇듯 아나키즘과 테러리즘이 신채호의 주된 전략, 전술로 받아들이고 있는 사실을 천고에서 많이 볼 수 있다. 어떤 연구자는 신채호가 천고를 발행하면서 아나키즘으로 사상적 전환을 하였다(이홍기, 2013, 98)고 하지만, 이는 아니라고 본다.

천고 1권 2호에서 보면, 앞에서도 본 바와 같이 필자가 남명南溟으로 된 "크로폿킨의 죽음에 대한 감상"(『단재 신채호 전집 5』, 411-416)[21]이라는 글이 있는데 남명은 신채호의 또 다른 필명으로 보인다. 이에서 보면, 신채호가 아나키즘과 관련된 내용을 접하는 시기는 1905년대라고 자신이 직접 밝히지만, 당시는 그의 말 따라 "석가가 한국에 오면 한국의 석가가 되어야 한다"라는 지론처럼 아직은 신채호가 아나키즘을 자기 사상화하지 않았던 것으로 보인다. 그런데 이 천고에서 보면, "크로폿킨이 노농정부(볼셰비키 독재정부를 일컬음)의 행위를 비판"했다는 내용이 있다. 이는 분명 신채호가 아나키즘 사상에 바탕을 두고 쓴 글로 보인다. 여기서 보면 우리는 신채호가 1921년 이전부터 아나키즘으로 역사철학적 인식을 하고 있었음을 알 수 있다(천고 창간사 전문은 뒷부분 '별첨'을 참고 바람).

---

21 크로폿킨의 사망 일자는 1921. 2. 1.

2) 「조선혁명선언」에서 보이는 신채호의 역사철학적 인식

「조선혁명선언」은 6,400자에 이르는 방대한 내용이다. 그리고 문체 또한 옛글이다. 그래서 가급적 원문을 살리되 어려운 고문체는 오늘날의 문체로 바꾸었다. 또 어려운 한자는 괄호를 열어 뜻을 달아 두었다. 별첨, 부록을 참고 바란다.

「조선혁명선언」이 ① 본인의 의지였는가. ② 의열단의 주문에 맞추어 의열단 투쟁방법을 합리화하여 쓴 것인지의 검토가 필요하다고 주장하는 학자도 있지만(신용하, 1986, 295) 「조선혁명선언」은 앞의 천고에서 보는 바와 같이, 한놈 신채호 개인의 역사철학적 인식으로 썼다는 것을 분명하게 알 수 있다. 또 아나키스트 유자명의 지도 아래 썼다는 주장도 있으나 이는 유자명 자신의 수기(유자명, 1999, 133)를 보아도 그렇지 않다는 것을 알 수 있다. 「조선혁명선언」은 모두 다섯 부분으로 나뉘어 있다.

첫째 부분에서 "강도 일본이 헌병정치, 경찰정치를 힘써 행하여 우리 민족이 한 발자국의 행동도 임의로 못하고 언론·출판·결사·집회의 일체 자유가 없어 고통과 울분과 원한이 있어도 벙어리의 가슴이나 만질 뿐"이라며 일제 식민 통치의 가혹성을 강하게 비판하고 있다. 「조선혁명선언」은 일제뿐 아니라 "내정 독립이나 참정권이나 자치를 운동하는 자가 누구냐" 하면서 국내의 친일 성향의 운동가나 개량주의자들의 타협노선에 대해서도 강하게 비판하고 있다. 일제를 완전히 내쫓고 독립을 쟁취하자는 게, 반일민족혁명 투쟁노선이라면, 일제의 지배를 인정하면서 부분적으로나마 정치적 권리를 얻자는 주장은 개량주의 타협노선이다. 신채호의 입장에서 볼 때, 타협노선은 내정독립론, 참정권론, 자치론, 외교론 등을 들 수 있다. 신채호와 의열단은 개량주의자와 타협론자들의 이러한 주장은 자신들의 정치적 야욕을 달성하기 위한 투항 노선이라고 보고 있다.

「조선혁명선언」의 둘째 부분에서는 "일본 강도 정치하에서 문화운동을 부르는 자가 누구냐?"라고 꾸짖고, "우리는 우리의 생존의 적인 강도 일본과 타협하려는 자나 강도 정치 하에서 기생하려는 주의를 가진 자나 다 우리의 적임을 선언하노라"고 공포하고 있다. 내정독립론자, 참정권론자, 자치론자 이외에 일제의 문화정책에 부화뇌동하는 문화운동가들도 우리 민족의 적이라는 뜻이다.

「조선혁명선언」의 셋째 부분에서도 외교독립론과 독립준비론에 대해서도 강하게 비난하고 있다. 외교독립론에 대해, "이들(외교독립론자)은 한 자루의 칼, 한 방울의 탄알을… 나라의 원수에게 던지지 못하고, 탄원서나 열국공관列國公館(외국대사관)에 던지며, 청원서나 일본 정부에 보내어 국세의 외롭고 약함을 애소哀訴(슬픈 척하며 비굴하게 호소하는)하여 국가 존망·민족 사활의 대문제를 외국인, 심지어 적국의 처분에 맡기어 그 결정만을 기다리고 있다"고 비판하고 있다. 또 독립준비론에 대해서도 "실로 한바탕의 잠꼬대가 될 뿐"이라고 비난하였다. 그러면서 신채호는 "이상의 이유에 의하여 우리는 '외교', '준비' 등의 미몽迷夢(꿈속에서 헤매는)을 버리고 '민중 직접 혁명'의 수단을 취함"을 선언하였다. 곧 민중 직접 혁명이 우리민족 전체의 민족해방투쟁의 전략임을 밝히고 있다.

「조선혁명선언」의 넷째 부분에서 신채호는 "강도 일본을 구축하려면 오직 혁명으로써 할 뿐이니, 혁명이 아니고는 강도 일본을 구축할 방법이 없다"면서 민중에 의한 직접 혁명만이 반일민족해방 투쟁의 유일한 전략·전술임을 선언하고 있다. 이 부분은 의열단의 투쟁 전술이었던 민중혁명론을 반영한 것으로 보인다. 또 '구시대의 혁명'으로 말하면, 인민은 국가의 노예가 되고 그 위에 인민을 지배하는 상전, 곧 특수세력이 있어 그 소위 혁명이란 것은 특수세력의 명칭을 변경함에 불과하다. 금일 혁명으로 말하면, 민중이 곧 민중 자신을 위하여 하는 혁명인 까닭에 '민중혁명', '직접 혁명'이라고 하였다. "조선의 완전 독립, 절대 독립은 혁명밖에 없다. 곧 민중에 의한 직접 혁명이다. 오직 민중이 민중을 위하여 일체 불평균, 부자연, 불합리한 민중 향상을 가로막는 장애부터 먼저 타파해야 한다"라고 주장하고 있다. 여기서 신채호는 의열단의 민중혁명론을 구체화하여 민중에 의한 직접 혁명을 강조한 것으로 보인다. 이 말은 '민중의', '민중에 의한', '민중을 위한' 직접 혁명이어야 한다는 뜻이다. 곧 폭력 혁명으로 이끌어낸 평화의 나라·시대에 와서도 같은 민족공동체 내에 어떠한 차별과 억압과 착취가 없어야 한다는 주장이다.

신채호는 대한나라의 미래사회 모습까지 생각하는 깊은 뜻을 이 부분에서 담고 있다. 민중 직접 혁명의 의미가 「조선혁명선언」이 담고 있는 "민중/민인에 의해, 민중/민인이 다스리는, 민중/민인을 위한" 사회를 만들기 위해서는 민중의 직접 혁명만이 그런 사회를 만들 수 있다고 보았다. 민중/민인이라는 말은 '민중 직접 혁명' 속 깊이에 내재된 아나키즘 정신의 핵심이다. 아나키즘 정신은 정당성이다. 정당성은 용기로만 확보되고, 용기는 정의에서 만들어진다. 이런 정신의 반영이 곧 '민중직접혁명론'이다. 민중 직접 혁명을 해야 되는 이유는, 미래 사회·나라는 엘리트 귀족이 다스리는 강권 사회가 아니라 민중이 직접 다스리는 자유·평등사회이어야 하기 때문이다. 아나키즘의 핵심은 제도화된 정치조직과 권력, 사회적 계급과 권위를 강하게 부정하는 데에 있다. 여기서 신채호가 민중+혁명=폭력적 혁명이라는 용기 있는 혁명주의자가 되어 있다는 것을 발견하게 된다.

신채호는 '민중'과 '폭력'을 혁명의 2대 요소로 보고 있다. 그리고 민중의 대응폭력(암살·파괴·폭동)에 의해 제거·파괴되어야 할 대상들을 열거하였다. "① 조선 총독 및 각 관공리, ② 일본 천황 및 각 관공리, ③ 정탐꾼·매국적, ④ 적의 일체 시설물" 등을 폭력의 대상에 넣었다. 이외, 신채호는 우리의 혁명운동을 방해한 죄가 없을지라도 만일 언어, 혹은 행동으로 우리의 운동을 느슨하게 만들고, 우리의 혁명운동을 모략중상하는 자도 우리의 폭력으로 대처해야 한다고 보았다. 여기에 해당되는 사람들은 일제 강도정치에 생각 없이 끌려다니며(기계機械) 우리 민족의 생존을 위협하는 일제 이주민도 폭력으로 구축할 대상에 넣었다. 또한 '이민족 통치', '특권계급(엘리트 중심의 지배세력)', '경제약탈제도', '사회적 불균형', '노예적 문화 사상'도 파괴 대상으로 규정하였다.

「조선혁명선언」은 "이천만 민중의 하나 된 마음과 힘으로 폭력파괴의 길로 나아갈지니라"하면서 "폭력파괴의 길로 나가는 민중은 우리 혁명의 대본영(총사령부)이다. 폭력은 우리 혁명의 유일한 무기다. 우리는 민중 속으로 가서 민중과 손을 잡고 끊임없는 폭력(암살·파괴·폭동)으로써 강도 일본의 통치를 타도하고, 우리 생활에 불합리한 일체 제도를 개조함으로써 다시는 인류로써 인류를 압박하지 못하며, 사회로써 사회를 수탈하지 못하는, 이상적 조선을 건설할지니라"라고 끝을 맺고 있다.

여기서 잠시 「조선혁명선언」에서 말하는 민중의 개념을 신채호의 역사철학적 인식으로 살펴보자.

신채호가 말하는 민중은 마르크스주의에서 자본가와 노동자를 대립 · 갈등 관계로 보는 계급개념이 아니다. 크로폿킨이 말하는 개인의 자유를 바탕으로 한 상호부조의 대상으로서 민중을 의미한다. 곧 신채호가 말하는 민중은 권력(국가 폭력)에 의하여 자유를 억압당하고 있는 피압박 민인을 말한다. 다시 말하면, 일제로부터 강제된 식민지 조선 안에서 인권 · 자유의 압제와 경제적 수탈, 문화적 노예화를 강제당하는 민인[22] 모두를 의미한다. 따라서 「조선혁명선언」에서 말하고 있는 민인 · 민중은 공산주의에서 말하는 프롤레타리아 계급을 뜻하지 않는다. 신채호는 우리 역사를 마르크스의 유물사관에 의한 변증법적 계급 투쟁에 의해서 진화 · 발전해 왔다고 보지 않았다. 특히 그가 「조선혁명선언」에서 말하는 '자유적 조선민족'이라는 말은 프롤레타리아 · 노동자가 자본가로부터 자유로워진다는 뜻이 아니다. 일제 탄압권력으로부터 해방되는 자유 대한제국인(자유조선민족)을 말한다. 그것은 선언에서 한 "固有고유한 朝鮮조선", "조선민족의 생존을 유지하자면", "조선민족의 생존을 위협하는"(『단재 신채호 전집』 8, 898-899)이라는 용어를 쓰고 있는 데서도 알 수 있다.

---

22 신채호는 1920년대에 오면 민중을 인민으로 표현하고 있다. 인민의 바른 용어는 민인이다. 하여 글쓴이는 인민을 민인으로 표현하였다.

또한 선언에서 '경제적 약탈제도의 파괴', '사회적 불평균의 파괴' 등 주장은 자유방임적 자본주의에 대한 비판과 함께 사회주의 · 공산주의적 재산공유제도도 거부하고 있음을 알 수 있다. 이는 마르크스의 계급투쟁을 통한 사유재산제 파괴와는 전혀 다르게 보는 점이다. 신채호의 수필 「問題문제 없는 論文논문」(1924. 10. 3.)이라는 글에서 보면, 날로 팽배해 가는 금전주의, 자본주의에 대한 비판을 하고 있다. "금전 이외에 조선도 있느니라. 금전 이외에 동지同志도 있느니라. 금전 이외에 치욕恥辱도 있느니라"(『단재 신채호 전집 6』, 579-582)고 한 것처럼, 체제나 제도나 기구 이전에 인간존중 · 자유평등의 아나키즘 정신이 있음을 말하고 있다.

신채호는 강도 일제에 의하여 조국이 병탄되었다는 현실을 아나키즘과 연결한다. 그는 늘 조선, 동지, 동족을 강조하는 단어를 곧잘 쓰고 있다. 그리고 1923년 이후, '이상적 조선'이라는 개념을 자주 끄집어낸다. 이상적 조선이라는 것은 일제하의 식민지 조선, 일제하 인민의 노예 상태, 일제하 민족자본의 수탈, 일제하 노예적 문화 상태에서 해방된 조선 · 대한제국을 말한다. '이상적 조선'의 건설이라는 뜻은 당시 1920년대 아나키즘 사상에 바탕을 둔 개인적 테러리즘(위 5파괴)의 정당성을 확보하기 위한 이론적 근거였던 것으로 보인다.

신채호는 「조선혁명선언」에서 "일제의 경제약탈정책+자본집중원칙=상인층의 몰락, 경제적 생존권의 위협, 특권계급의 압박이라는 경제침략"의 등식을 만들어놓고 대응폭력을 '보다 더 큰 가치'를 쟁취하기 위한 건설 수단으로 보았다. 곧 외세의 폭력(침략과 강권)에 대하여 합당한 저항 · 대응은 폭력밖에 없다고 보았다. 따라서 폭력 세력에게 비폭력으로 대응하거나 제3의 힘에 의존하여 폭력 세력과 타협하려 하고, 폭력적 약탈 세력에 기생하여 발전을 도모하겠다는 발상을 패배주의라고 일축하고 있다. 오직 희망을 걸 수 있는 존재는 민중의 일체화된 폭력적 저항 · 응전이라고 보았다. 이렇게 하여 신채호는 민중을 '자각된 주체'로 승화시켜 놓았다.

신채호는 「조선혁명선언」에서 '민중 직접 혁명'을 거론하는 이유로 또 한 가지 예를 든다. 한말 국권 회복을 위한 노력에서 안중근의 이토에 대한 테러, 이재명(1886~1910)의 이완용 테러, 의병의 일경에 대한 저격 행동을 높이 사면서도 한편으로 이를 비판하는 것은 민중적 역량의 기초가 없었기 때문에 성공으로까지 연결하지 못하여 아쉽다는 말을 하고 있다. 크로폿킨의 혁명 논리에 의하면, 혁명은 부화기 → 진화기 → 완성기의 과정을 필연적으로 밟게 되는데 혁명의 완성은 폭력에 의하여 이루어진다고 하였다. 그래서 신채호는 「조선혁명선언」에서 3 · 1 민족기의를 실패로 보고, 실패 원인은 민중은 있었으나 '폭력적 중심'이 없었기 때문으로 보았다(『단재 신채호 전집 8』, 898). 곧 기존의 지배권력에 의하여 세뇌되어 존재하는 권위 · 전통, 윤리 · 도덕, 문화 · 예술 · 종교 등을 민중의 착취 세력으로 보았다. 그래서 민중에 대한 착취 · 억압 · 탄압 세력을 제거하는 방법은 혁명이고, 혁명의 수단은 제국주의 침략폭력에 대한 약소민족의 대응폭력으로만 가능하다고 보았다. 폭력의 단계에서 행해지는 적에 대한 암살과 테러, 시설에 대한 폭파, 적을 전면으로 거부 · 반대하는 폭동 등은 혁명의 일환이라고 하였다.

신채호의 무장투쟁론은 1910년대부터 두드러지게 나타난다. 그러나 1910년대는 무장투쟁을 강조하되 군사력에 의한 무장투쟁의 개념이었지, 폭력적(암살, 테러, 폭동, 파괴 등) 수단은 거론하지 않았었다. 그런데 1920년대 「조선혁명선언」·1928년 선언·용과 용의 격전 들의 글에서 보면 폭력을 혁명 수단으로 거론하고 있다. 이는 신채호가 아나키스트의 폭력적 수단을 전술적으로 활용하고 있음을 보여주고 있다는 생각이다. 그런데 그 폭력은 다른 것이 아니고 반드시 민중에 의한 폭력이어야 한다고 하였다. "[民衆민중과 暴力폭력, 이 두 개의 용어에서 만일에 하나라도 빠진다면, 굉렬장쾌轟烈壯快(벼락을 치듯 강렬하고 기세 좋게 날센)한 거사擧事라고 할지라도 또한 전뢰電雷(번개와 천둥) 같이 수속收束(한꺼번에 그치고 마는)하는도다"라고 하였다.

또 "민중의 폭력적 혁명이 발생치 아니하면, 이ㄹ거니와(이미 끝나 버렸다)"라고 한 말과 같이 폭력만이 유일한 민족해방의 길이고 그 폭력은 민중/민인 전체가 주도하는 폭력이어야 한다고 보았다. 그래서 신채호의 민족해방을 위한 전략은 "민중의 폭력에 의한 직접 혁명"이었다. 그리고 앞에서 열거한 바와 같이 폭력 혁명으로 타도해야 할 대상들을 열거하였다. 이러한 인식과 사고는 1920년대 역사 상황에서 나올 수밖에 없는 '시대적 해법'이었다고 본다. 침략 세력인 강도 일제의 입장에서는 테러·파괴·폭동을 비합법적인 악랄한 폭력 수단이라고 말하겠지만, 침략을 당한 약자 조선이 할 수 있는 방법이 무엇이 있었겠는가. 신채호는 이렇게 말한다. "勇者(용감한 자)는 의분 때문에, 弱者(힘이 없는 자)는 고통 때문에, 貧者(가난한 자)는 기아 때문에 거족적·거국일치로 혁명대열에 참여해야 한다. 곧 혁명만이 奸猾殘暴간활잔폭(간사하고, 교활하고, 잔인하고, 폭악적인)한 강도 일본을 두둘겨패서 몰아내는 길이다. 우리가 살 길은 혁명뿐이다"라고 폭력에 의한 혁명을 힘주어 강조하고 있다.

아나키즘은 결코 폭력 수단을 선호하지 않는다. 오히려 폭력(전쟁·탄압 등)을 반대하는 사상이 아나키즘이다. 그렇지만 '절대 자유'를 지향하는 아나키즘은 이 절대 자유를 인위적으로 억압하고 제한하고 통제할 소지를 안고 있는 권력적·권위적·자본적·문화예술적 폭력을 가장 반대하는 사상이다. 따라서 강자(국가 권력과 침략 세력)가 약자(피지배계급·식민지대중)의 자유를 침해하고 박탈하는 상황에서 약자가 취할 수 있는 자기방어는 당연히 '대응적 폭력수단' 밖에는 없다고 보았다. 신채호가 당시 침략 세력으로서 우리 민족의 적인 일제에 대항하는 수단으로 대응폭력을 내세운 것은 당연한 이치였다.

'민중 직접 혁명'과 신채호가 「조선혁명선언」에서 말하고자 하는 1920년대 국가에 대한 역사철학적 인식도 살펴보자.

신채호의 국가 존재에 대한 인식은 이전의 인식과 판이한 점을 발견하게 된다. 신채호가 아나키즘 사상으로 역사철학적 인식을 하고부터는 국가를 민중 약탈의 합법적 제도·기구로 인식하고 있다. 국가는 억압의 도구이며 반민중적 조직·기구라는 생각이다. 따라서 민본주의적+자주적 민족정신+아나키즘적으로 역사철학적 인식을 가지게 된 신채호로서는 민중 약탈의 합법적 조직·체제인 국가를 거부하고 있다. 그러면서 민중/민인 중심의 사회체제가 무엇인지를 고민할 수밖에 없었다. 그래서 신채호는 「조선혁명선언」에서 다음과 같이 민중에 의한 아나키즘적 투쟁전술(민중직접혁명론)을 제시한다.

민중의 직접 혁명의 수단은 대응폭력인데 폭력의 방법은 파괴다. 민중의 직접 행동에 의한 '5가지 파괴'를 다음과 같이 들고 있다. ① 이족異族통치의 파괴, ② 특권계급의 파괴, ③ 경제약탈제도의 파괴, ④ 사회적 불균형의 파괴, ⑤ 노예적 문화 사상의 파괴 등이다. 이 '5가지 파괴 대상'은 모두 국가 제도와 관련이 있다. 따라서 신채호는 민중을 착취·약탈하는 국가 제도를 거부하고 있다는 사실을 알 수 있다. 이러한 신채호의 민중에 의한 직접 혁명으로 파괴해야 할 대상 5가지는 아마도 중국의 아나키스트 잡지 「신세기」에서 선언한 반강권주의(반군국주의, 반엘리트주의), 반사회진화론, 반유가주의(전통주의, 가족주의), 폭력적 테러리즘, 친민중주의에서 영향을 받은 것으로 보인다. 신세기에서는 반민족주의도 주장하고 있지만, 신채호는 반민족주의를 주장하지를 않았다. 이로 보았을 때 신채호가 아나키즘에 경도되었다 하더라고 반민족주의자는 아니었다는 생각이다. 그것은 이미 신채호가 사회진화론에 바탕한 저항 민족주의를 자주적 민족주의로 승화시켰기 때문으로 본다.

한편 1920년대 이후에 신채호는 국가라는 존재에 대하여서도 '민족 아나키즘'에 바탈을 두고 다음과 같이 인식한다. 국가라는 존재는 "하나, 불평등 인간관계를 체계화하는 통치기구다. 둘, 도덕적 인간성과 공동소유체제를 파괴하는 조직이다. 셋, 국가=모든 인간 사회 악의 근원인 불평등을 제도적으로 구조화하는 존재다. 따라서 이러한 국가의 존재를 폐지할 때만이 인간의 본질적인 도덕성을 회복할 수 있다"라고 보았다.[23] 그래서 신채호는 민중/민인을 사회

23 姜在彦, 『近代朝鮮の思想』(일본 紀伊國屋書房, 1971, 143-164).

의 핵심적 가치로 보고, 미래 민족공동체 사회는 러시아의 프롤레타리아 계급독재, 서유럽의 자본주의 부르주아 엘리트 독재는 안된다고 생각하였다. 그리하여 민중의 가치성을 가장 잘 구현시킬 수 있는 사회(국가가 아닌) 체제는 아나키즘에서 찾아질 수 있다고 생각하였던 것으로 본다.

이러한 신채호의 역사철학적 인식의 변화는 사회진화론적 저항민족주의 입장에서 가졌던 1900년대 영웅주의(자주적 민족국가)와 1910년대 중반기까지의 자강주의(부국강병형 자강국가)에 바탕을 둔 국가주의에 대한 자기부정이 된다. 다방면에서 민족의 역량·실력, 곧 강권을 배양하여 일제 국가를 타도해야 한다는 기존의 사고를 접고, 아나키즘적 반강권적 자유주의와 평등주의로 사상적 진화를 하고 있음을 볼 수 있다. 국가의 존재에 대하여 새롭게 인식한 신채호는 사회사상으로서 자주적 민족주의와 정치사상으로서 아나키즘을 이데올로기적으로 접목하였던 것으로 생각된다. 이렇게 새롭게 융합된 사상(민족 아나키즘)을 가지고 새로운 반일민족해방전쟁을 준비해 나갔던 것으로 보인다.

앞에서도 언급하고 왔지만, 아나키즘은 같은 사회주의 범주에 속하지만, 정치 구조·체제를 논할 때는 갈등과 대립을 가지고 있다. 곧 사회주의는 인민에 의한 지배 체제·재산의 사회공유라는 국가주의·공산주의를 기본으로 하고 있지만, 아나키즘은 인민이든 엘리트든 어떠한 지배 체제를 갖는 국가주의를 부정·거부한다. 때문에 사회주의·공산주의와 아나키즘은 침략 세력에 의한 통치·지배 권력의 타도라는 공통 목적을 가지지만, 종국에서는 함께 갈 수 없는 사상적 운명이 있었다. 그래서 신채호의 생애 마지막 그의 역사철학적 인식은 자주, 주체, 자율을 생명으로 하는 민족정신을 근간으로 하는 민족주의와 무권력·무권위를 강조하는 아나키즘을 이데올로기적으로 결합한 사상에 바탕을 두고 있었다. 그리하여 「조선혁명선언」의 끝부분에서 "인류人類로서 인류人類를 압박壓迫치 못하고 사회로서 사회를 박삭치 못하는 이상적 조선을 건설할지니라"로 끝을 맺고 있다. 여기서 '인류'는 아나키즘적 '세계'를 말하는 것이고, '이상적 조선'은 자주적·주체적 '민족, 곧 민족공동체'를 말한다. 그래서 신채호가 말하는 아나키즘적 이상세계·조선은 무권력, 반권위에 근본을 두는 인간의 절대 자유, 상호부조에 의한 균산적 경제, 평등주의에 바탕한 자유 사회, 자유로운 예술문화가 꽃피는 사회를 말한다.

신채호가 「조선혁명선언」에서 국가라는 용어보다는 사회라는 용어를 더 많이 담고 있는 것도 아나키즘의 영향으로 보인다. 신채호의 「조선혁명선언」의 민중에 의한 직접 혁명 논리와 폭력투쟁 논리, 파괴는 곧 건설이라는 논리는 이후 많은 아나키스트에게 영향을 준 것으로 보인다. 곧, 일제 본토에서 아나키스트 박열朴烈(1902~1974)과 그 부인 가네코 후미코(金子文子, 1903~1926)의 테러 행위(1923. 9.), 의열단 단원 나석주(1892~1926)의 서울 동양척식회사(1908)와 조선식산은행(1918. 6.)에 폭탄 투척(1926. 12. 28.) 등이 신채호의 「조선혁명선언」에서 영향을 받았다는 인상을 받는다.

한편 신채호의 역사철학적 인식은 「조선혁명선언」에서 정치·경제면에서만 한정되지 않는다. 일제의 식민지 조선에 대한 사회·문화정책에 대해서도 비판적 인식을 담고 있다. "자녀가 나면 '일어를 국어라, 일문을 국문이라'고 하는 노예양성소 학교로 보내고, 조선 사람으로, 혹 조선사를 읽게 된다 하면, '단군을 무誣(왜곡)하여 소전오존素箋烏尊(스사노 오노 미코토: 일본 고대의 삼신 중 하나)의 형제'라 하며 '삼한시대 한강 이남을 일본의 땅'이라 한 일본 놈들이 적은 대로 읽게 되며, 신문이나 잡지를 본다면 강도정치를 찬미하는 반일본화한 노예적 문자뿐이며…"라고 개탄하면서 일제의 문화정치 속에 숨은 대한인의 일인화 정책(국어·국사 교육)을 강하게 비판하였다. 이렇듯 「조선혁명선언」을 기점으로 신채호의 반일민족해방투쟁의 방략은 1900년대의 사회진화론에 입각한 애국계몽운동론과 상하이임시정부의 독립전쟁준비론을 모두 비판하게 된다.

단재는 "일제의 정치·경제 두 방향의 압박으로 경제가 날로 곤란하여 생산기관이 전부 박탈되어 의식의 방책이 끊어지게 된 형편에 무엇으로 어떻게 실업을 발전시키며 교육을 확장하며, 독립군을 양성할 수 있나, 독립전쟁준비론은 실로 잠꼬대가 될 뿐"이라고 비분강개한다. 이러한 현실 인식들은 아나키즘적 사상이 자리를 잡아가고 있던 시기에서 나온 것임을 알 수 있다. 이렇게 신채호가 확실하게 아나키즘으로 정신적 무장을 하는 시기는 1918년 이후, 천고의 발간과 제2회 보합단의 성토문(1921. 4.)을 작성한 이후부터인 것으로 보인다.

이상과 같이 보았을 때, 신채호의 「조선혁명선언」을 통하여 신채호의 전략·전술의 변화를 읽을 수 있다. 곧 신채호는 한낱 언론과 저술을 통한 민족 계몽적 차원의 민족해방운동가가 아니었다. 이제 그는 폭력에 의한 '민중혁명이론'으로 자신을 사상적으로 무장하고 이를 실천에 옮기면서 자기혁신을 하고 있는 실천적 '민족해방운동가'로 성장하고 있었다. 다시 말하면, 신채호는 민중에 의한 직접 혁명을 전략적 목표로 삼고, 대응폭력을 전술적 투쟁으로 내세웠다. 그리고 대응폭력으로는 암살, 파괴, 폭동 등 수단을 들었다. 따라서 「조선혁명선언」의 핵심은, 민중에 의한 직접 혁명, 대응폭력(테러=암살, 파괴, 폭동)으로 일제를 쳐부수고 몰아내야 한다는 것을 대한제국인들에게 선포한 선언이었다고 볼 수 있다.

3) 『조선상고사 총론』에서 보이는 신채호의 역사철학적 인식

이만열에 의하면, 『조선상고사』 집필은 1915년부터 시작하여 1922년까지로 보고 있다(『단재 신채호 전집 1』, iii). 이만열이 일찍이 지적하였듯이, 신채호의 『조선상고사 총론』은 중국 량치차오의 『中國歷史研究法중국역사 연구법』(1922)[24]에서 많은 교감을 나눈 것으로 보인다. 곧 신채호가 쓴 『조선상고사 총론』을 보면, 차례와 제목이 량치차오의 서술체계와 유사함을 보인다.

이를 비교해 보면 다음과 같다. 1) 신채호, "역사의 정의와 조선 역사의 범위" → 량치차오, "史之意義及其範圍"(역사의 의의와 그 범위) 2) 신채호, "역사의 삼대 원소와 조선 구사의 결점", "구사의 종류와 그 득실의 약평" → 량치차오, "過去之中國史學界"(과거 중국역사 학계), 3) 신채호, "사료의 모집과 선택에 대한 상황" → 량치차오, "史料之募集與鑑別"(역사사료의 모집과 감별), 4) 신채호, "사의 개조에 대한 우견" → 량치차오, "史之改造"(역사의 개조) 등이다.

---

24 『飮氷室合集』 專集73(中華書局, 1988, 1-128), 7.

그러나 량치차오의 역사는 중국 역사에 관한 것이다. 그가 말한 역사의 정의는 "인류 사회가 지속적 활동해온 주체적인 모습을 기록하여 그 총체적인 성과를 따져보고, 그렇게 된 인과관계를 밝혀내어 오늘날을 살아가는 중국인의 일반적 활동의 자료와 귀감으로 삼는 것을 역사라고 이른다"고 하였다.25 그리고 량치차오가 내린 역사의 정의는 신채호가 내리는 역사의 정의와는 큰 차이를 보이고 있다. 신채호는 "역사란 무엇인가"라는 글에서 신채호 특유의 정의를 내린다. 곧 "아我와 비아非我의 투쟁"이라는 투쟁 사관으로 역사를 정의하고 있다. 역사에는 "'아'와 대립적인 '비아'가 있기 마련이다. 모든 사물에 '아'가 있으면 그 안에 '아'와 이에 대립하는 '비아'가 있기 마련이고, '비아' 또한 그 안에 '아'와 이에 대립하는 '비아'가 있기 마련이다. 이 때문에 '아'에 대하여 '비아'의 공격이 빈번해질수록 '비아'에 대한 '아'의 투쟁도 상대적으로 투쟁적이 된다"26라고 하여 변증법적으로 역사 발전 법칙을 설명하고 있다.

여기서 우리가 알 수 있는 것은 '아'는 주체로서 주관적 존재이고 '비아'는 객체로서 객관적 존재이다. 그런데 신채호는 '비아'가 존재하지 않으면 역사는 퇴보하거나 소멸된다고 보았다. 그래서 '아'에 대하여 '비아'의 도전이 빈번해질수록 '아'의 역사적 발전은 끊임없이 이루어질 수 있다고 하였다. 이는 곧 신채호가 당시 일제 침략이라는 현실은 비아고, 비아의 도전에 직면해 있는 우리는 아

---

25 "史者何, 記述人類社會賡續活動之體相, 校其總成績, 求得其因果關係, 以爲現代一般人活動之資鑑者也"(梁啓超, "中國歷史硏究法/史之意義及其範圍", 『飮氷室專集』 73, 中華書局, 1922, 1).
26 『단재 신채호 전집 1』, 225.

로 설정하면서 나온 이론이라고 생각된다. 그래서 역사는 "아와 비아의 투쟁"의 기록이 된다.

이것을 독일의 절대적 관념철학자 헤겔Hegel Georg Wilhelm Friedrich(1770~1831)의 변증법의 원리에다 대입을 해보면 정=아가 되고, 반=비아가 되고 합合='역사의 발전'이 된다. 그래서 비아非我(일제)의 도전을 아我(우리 민족)가 제대로 응전해 주지 않으면 합合(역사적 발전)은 없게 된다는 이치를 설명하고자 했던 것으로 본다. 곧 '비아'의 침략과 폭력에 응전이 없으면 안 된다는 입장을 반영한 것으로 보인다.

이어 신채호는 역사의 발전에는 두 가지 속성을 갖는다고 하였다. 곧 "시간적 연속성과 공간적 보편성"이다. 이 연속성과 보편성이 곧 '역사적인 아가 가져야 하는 속성으로 보았다. 그러나 역사적인 아는 동일한 역사 기록을 남기지 않는다고 하였다. 그것은 시간적 연속성과 공간적 보편성의 질량에 따라 다르게 나타난다고 보았기 때문이다. 예를 들어 같은 지원설地圓說(지구는 둥글다)을 주장한 사람을 보면, 한 사람(김석문金錫文)은 조선에서, 다른 한 사람(브루오 수사: 이탈리아의 조르다노 브루노Giordano Bruno[1548~1600], 별첨 참조)은 유럽 이탈리아에서 주장했다. 그런데 조선의 경우는 연속성이 없었고, 유럽의 경우는 '지리상 발견'과 '세계의 전개'에 영향을 주었다. 곧 공간적 보편성이 발생하였다. 따라서 유럽의 지원설은 연속성과 보편성을 가짐으로써 세계사 기록에 남았지만, 조선의 지원설은 세계사의 역사 기록에 남지 못하고 조선사에만 기록되는 데에 그치고 말았다. 이것이 역사의 연속성과 보편성의 속성이라도 말한다.[27]

---

27 『단재 신채호 전집 1』, 225.

이 문제에 대하여서는 량치차오도 언급을 한 바 있다. 이러한 역사의 정의를 내리고 신채호는 아의 입장에서 조선사를 서술해 나갔다. 조선사를 서술함에 있어서, 그간의 유가적 기전체, 편년체, 통사적 역사 서술 방식을 비판하고 기사본말식 역사 편찬 방식으로 조선사를 서술해 나가고 있다. 이 책 부록의 "조선상고사 총론"에서 보는 바와 같이 신채호가 ① 전통적인 유가학파식 역사 서술인 기전체·편년체 서술을 비판하고 사건별 역사 기술(기사본말체적)을 선호한 점, 이는 곧 역사의 핵심을 왕조 중심의 역사가 아닌 나라 구성원 모두의 역사여야 한다는 점을 강조하기 위해서라고 본다. ② 역사의 정의를 변증법적인 아와 비아의 투쟁이라고 본 점, 투쟁 사관을 역사의 발전법칙으로 본 것은 헤겔 좌파에서 파생되어 나오는 아나키즘 사상의 영향으로 볼 수 있다. ③ 중국 중심의 존화주의를 배척한 점, 이는 자주를 생명으로 하는 민족정신을 강조하였다고 볼 수 있다. ④ 민족사관으로 역사를 재평가 한 점 등은 1920년대 엄밀히 말해 「조선혁명선언」을 쓴 이후에도 민족주의를 포유하고 있었다는 말이 된다. ⑤ 지배층 중심의 역사가 아닌 민중/민인 중심의 역사가 되어야 한다는 점을 주장하였다. 곧 '조선상고사 총론'에서 보이고 있는 신채호의 역사철학적 인식은 민족주의를 바탕으로 한 아나키즘적 인식이었다고 말할 수 있다.

4) 「북경회의선언」에서 보이는 신채호의 역사철학적 인식

「북경회의선언」은 『재중국조선무정부주의자연맹』(1924. 4. 북경에서 조직, 무련)이라는 단체가 북경 회의에서 발표한 선언을 말한다.

이를 신채호가 작성하였다(1928. 4.). 이 선언에 나타난 신채호의 역사철학적 인식을 살펴보기로 하자. 선언문 전문은 앞의 『한국아나키즘운동사』(310-312)와 『단재 신채호 전집 7』(393-395)을 참조하였다.

첫째, "우리의 세계의 무산대중… 그리고 동방 각 식민지 무산대중의 피와 가죽과 살과 뼈를 짜 먹어온 자본주의 강도 제국 야수군은 지금에 그 창자, 배가 터지려 한다. … 민중은 죽음보다 더 음산한 생존 아닌 생존을 계속하고 있다. 최대 다수의 민중이 최소수의 짐승 같은 강도들에게 피를 빨리고 살을 찢기는 것은 무슨 까닭인가. 그들의 군대 까닭일까, 경찰 때문일까, 그들의 흉측한 무기 때문일까. 아니다. 이는 그 결과이지 원인은 아니다. 그들은 역사적으로 발달 성장해온 수천 년 묵은 괴물들이다. 이 괴물들은 그 약탈행위를 조직적으로 백주에 행하려는 소위 정치를 만들며, 약탈의 소득을 분배하려는 소위 정부를 두며 그리고 영원 무궁히 그 지위를 누리고자 하여 반항하려는 민중을 제재하는 소위 법률·형법 등의 조문을 제정하며 민중의 노예적 복종을 강요하는 소위 명분·윤리 등 도덕률을 조작한다."

이 대목은 신채호가 강도 일제에 의해 강제로 식민지 조선에 놓인 참담한 현실을 무권력·반법치의 아나키즘 시각에서 그리고 있다. 곧 일제를 포함한 자본주의 강도 제국들은 식민지 조선과 세계의 무산대중들이 생존하기 어려울 정도로 착취하고 있는 상태라고 현실을 평가하고 있다. 이런 상태를 신채호는 "不生存^{불생존}의 生存^{생존}"으로 표현하고 있다. '불생존의 생존'이라는 말은 살아갈 수 없는 환경에서 겨우 목숨을 부지하고 있다는 뜻이다. 지금 제국주의 국가들에 의하여 식민지에 처해 있는 세계의 무산대중들이 참담한 간난을 강요당하고 있는 상태에 놓여 있다는 상황 설명이다. 이는 아나키즘 사상을 바탕으로 세계와 식민지 조선의 현실을 파악하고 있음을 보여주고 있다.

구체적으로 보면, 당시 조선의 현실을 ① 정치적으로 일제의 소수 엘리트 계급에 의해 다수의 조선 민중이 침략주의적 무력 폭력에 놓여 있다. ② 경제적으로는 식민지 조선이 소수의 유산계급의 착취상태에 놓여 있다. ③ 사회적으로는 엘리트 중심의 법치주의에 의한 다수 민중이 노예적 존재라는 나락에 빠져 있다. ④ 문화적으로도 엘리트 중심의 윤리, 도덕의 제정으로 다수 민중이 문화적 혜택에서 소외되어 있다. 이렇게 신채호는 자본주의, 강권주의, 엘리트 중심의 경제·사회현상을 괴물·야수·짐승으로 표현하고 있다. 신채호가 말하는 그들은 일제 지주와 친일파 조선인 지주도 포함되어 있다. 식민 조선 시대 민중의 삶은 "불생존의 생존"이고 지배계급은 "소유를 가진 자"로 표현하였다. 곧 아나키즘의 소유와 무소유라는 표현으로, 권력자와 민중을 대립 관계로 나타냈다.

둘째, (앞의 글, 줄임) "민중이 왕왕 그 약탈에 견디다 못해 반항적 혁명을 행한 때도 있지만 마침내 기개幾個(몇몇) 교활한狡猾漢(엘리트 지배 계급을 말함)에 속아 다시 그 강도적 지배자의 지위를 허여許與(허락)하여 '이폭역폭以暴易暴'(폭력으로 폭력을 부르는, 다스리는)의 현상으로 역사를 반복하고 말았다. 이것이 곧 다수가 야수에게 유린을 당해온 원인이다(앞의 글 줄임).

우리 민중은 참다못하여, 견디다 못하여… 재래의 정치, 법률, 도덕, 윤리, 기타 일체 문구文具(일용잡화)를 부인하고자 한다. 군대, 경찰, 황실, 정부, 은행, 회사 기타 모든 세력을 파괴하고자 하는 분노의 절규 '혁명'이라는 소리가 대지 위의 구석구석으로 울려 퍼지고 있다. 이 울림이 고조됨에 따라 그들 짐승의 무리도 신경을 곤두세워 극도로 전율하는 안광으로 우리 민중이 태도를 살펴보고 있다"(뒤의 글 줄임). 이 문장의 뜻을 보면 신채호는 "소수가 다수에게 지는 게 원칙인데 왜 다수(민중)가 소수(엘리트 지배계급)에게 도리어 착취당하고 박멸당하고 있는가?"라는 문제를 제기하고 이를 해결하기 위한 방법까지 제시하고 있는 대목이다. 곧 침략적 자본주의 강도를 야수적 강도라고 표현하고 앞의 식민지 조선이 처해있는 현실 상황을 해결하기 위해서는 피압박의 다수 민중에 의한 혁명이 필요할 때라고 강조한다. 혁명의 울부짖음이 대지를 적시고 있다고 함으로써 「조선혁명선언」에서 강조한 민중에 의한 직접 혁명의 필요성을 다시 강조하고 있음을 알 수 있다. 민중에 의한 직접 혁명은 신채호의 쉬지 않는 주장이다.

셋째, "우리 민중은 알았다. 깨달았다. 그들 짐승의 무리가 아무리 악을 쓴들, 아무리 요망妖妄(괴이한 헛된 꿈)을 피운들, 이미 모든 것을 부인한, 모든 것을 파괴하려는 세계를 울리는 혁명의 북소리가 어찌 갑자기 까닭 없이 멎을소냐. 벌써 구석구석 부분 부분이 우리 민중과 그들 소수의 짐승 무리가 진형을 대치하여 포문을 열었다. 알았다. 우리의 생존은 우리의 생존을 빼앗은 우리의 적을 섬멸하는 데서 찾을 것이다. 일절 정치는 곧 우리의 생명을 빼앗는 우리의 적이니, 제일보에 일절 정치를 부인하는 것 … (글 줄임). 그들의 세력은 우리 대다수 민중이 부인하며 파괴하는 날이 곧 그들이 존재를 잃는 날이며, 그들의 존재를 잃는 날이 곧 우리 민중이 열망하는 자유, 평등의 생존을 얻어 무산계급의 진정한 해방을 이루는 날이요 곧 개선의 날이니 우리 민중의 생존할 길이 여기 이 혁명에 있을 뿐이다."

이 문장에서 신채호는 일제의 강권주의에 대항하는 주체는 피압박 민중이어야 함을 강조하고 있다. 그리고 혁명의 시기가 왔음을 예언하고 있다. 곧 아나키즘적 무권력주의로 일제의 침략 정치라는 현실 상황을 부정하고, 피압박민족의 생존권은 스스로 쟁탈하는 길밖에 없다는 주장을 담고 있다. 그 스스로 혁명으로 일제 강권을 물리칠 때, 민중의 생존은 보장되고 자유와 평등의 세상이 올 것이라고, 아나키즘 정신에 입각한 선언을 하고 있다. 또 압박 세력은 종말을 고할 것이라고 단언함으로써 1923년 「조선혁명선언」을 발표한 이래 줄곧, 주장해온 피압박 민중의 직접 혁명에 의한 '해방의 길'을 제시하고 있다.

넷째, "우리 무산민중의 최후 승리는 확실한 필연의 사실이지만, 다만 동방 각 식민지의 무산대중은 자래自來(옛부터)로 석가, 공자 등이 제창한 곰팡내 나는 도덕의 '독' 안에 빠지며 제왕, 추장 등이 건설한 비린내 나는 정치의 '그물' 속에 걸리어 수천 년 헤매다가 일조(一朝: 하루아침)에 영·독·일 등 자본제국 경제적 야수들의 경제적 착취와 정치적 압력이 전속력으로 전진하여 우리 민중을 맷돌의 한 돌림에 다 갈아 죽이려는 판인즉, 우리 동방 민중의 혁명이 만일 급속도로 진행되지 않으면 동방 민중은 그 존재를 잃어버릴 것이다. 그래도 존재한다면 이는 분묘 속 … (글 줄임) 우리가 철저히 이를 부인하고 파괴하는 날에 곧 그들이 존재를 잃는 날이다."

이 대목에서는 동아시아 국가들이 제국주의의 침략을 받아 노예 상태로 떨어진 것은 호국불교와 유가적 도덕주의에서 기인되었다는 것을 비판하고 있다. 이러한 정신적 상태를 벗어나서 동아시아의 민중들이 혁명을 통하여 서양 제국주의에 의한 정치적 압박과 경제적 착취를 끊고 제국주의를 파괴할 것을 호소하는 내용이다. 곧 미래 사회는 세계 민중이 주체가 되는 사회여야 한다는 내용을 담고 있다. 곧 일제의 식민지 억압으로부터 민중이 혁명의 주인이 되고, 다시 나라를 되찾은 뒤의 나라에서도 민중이 주인이 되어야 한다는 취지다. 혁명의 주인이 되고 해방된 나라의 주인이 되려면, 아시아 민중이 스스로 급히 일제 야수를 몰아내는 혁명을 함께 일으켜야 한다는 주문이다. 곧 이 선언문은 중국 베이징에서 민족해방운동을 하던 대한의 의사義士·선인善人들이 제국주의적 자본주의와 사회주의·공산주의를 배척하면서 대한과 동아시아를 넘는 인류 구원의 이념체계로서 아나키즘을 설정하였다고 본다. 신채호의 민족 아나키즘은 점차 대한제국을 넘어 아시아와 전 세계로 그의 의식 세계를 넓혀 가고 있음을 본다. 이후 중국 관내는 물론 만주·조선·일본 등지에서 아나키즘 단체가 속출하면서 맥을 이어간다.

이제까지 신채호가 쓴 천고 창간사와 「조선혁명선언」, 조선상고사 총론, 북경선언을 통하여 신채호의 역사철학적 인식을 살펴보았을 때, 신채호는 지배와 강권에 대한 부정으로부터 그의 역사철학적 인식을 시작하고 있다. 아나키즘의 본래 이념은 인간의 자유와 정의의 실현, 평화와 행복의 증진에 있다. 신채호는 당시의 기존 질서를 권위와 지배, 강권과 전통이 지배하는 현실로 보았다. 따라서 강권과 권위가 지배하는 정부와 국가는 인간의 자유와 정의, 평화와 행복의 증진을 거부하는 현실적 실체로 보았다. 따라서 권력과 권위가 지배하는 기존 질서를 거부할 때만이 아나키즘의 세상—자유와 평등—이 온다고 보았다.

그래서 그가 건설하고자 하였던 이상적 사회는 아나키즘 사상에 바탕을 둔 무강권·무권력·반권위의 자유와 평등의 사회였다. 그는 "우리 생활에 불합리한 일체 제도를 개조하여 인류로서 인류를 압박치 못하며, 사회로써 사회를 박삭치 못하는 이상적 조선을 건설"해야 함을 강조하였다. 그러한 조선 사회는 "민중이 열망하는 자유·평등의 생존을 얻어 무산계급의 진정한 해방을 이루는" 사회라야 한다고 하였다. 즉, 지배계급에 의하여 이루어진 종교, 도덕, 정치, 법률, 학교, 교과서, 교당敎堂(예배당, 사찰 등), 정부, 관청, 공청, 은행, 회사 등은 민중에 대한 억압 기재요, 민중에 대한 기만 기재로, 엘리트 지배계급들이 민중을 복종시키는 지배 기재라고 보았다. 이러한 사고는 신채호의 완벽한 아나키즘적 인식에서 나왔다고 본다. 곧 「조선혁명선언」에서 보인 아나키즘적 역사 인식에서 더 진일보한 역사철학적 인식이었다. 그래서 신채호는 지배계급의 일체 권력기관이나 수단을 파괴하고, 지배계급이 제정한 일절 사회제도도 철폐시켜야 한다고 보았다. 그리고 모든 재화의 공유제가 실시되면, 사유재산이 존재하지 않는 평등사회가 자연적으로 이루어지고, 평등사회가 되면, 더는 착취 기구나 제도가 없는 사회가 된다고 보았다. 그래서 신채호가 건설하고자 한 사회는 "일절 지배계급과 지배기구가 없는 자유롭고 평등한 사회, 민중의 행복한 생활이 보장되는 사회"였다.

신채호가 아나키즘 사상을 견지하고부터는 『조선상고사 총론』에서 역사의 정의로 내세운 아의 투쟁 대상인 비아의 범주를 "비조선 민중적非朝鮮民衆的"정치, 경제, 사회, 문화에 국한시키지 않고, "자본주의 강도 제국"으로까지 확대시키고 있다. 곧 「조선혁명선언」(1923)에서의 비아=적의 범주를 일제의 천황, 총독부, 친일매국노, 참정자치론자로까지 확대하여 잡고 있다. 그런데 「북경회의선언문」(1928)과 「용과 용의 대격전」(1928)에서는 세계의 자본주의 제국세력 및 그 지배계급으로까지 적의 범주를 확대하고 있다. 이는 신채호가 아나키즘적 사고에 바탕을 둔 그의 역사철학적 인식의 범주를 조선 · 대한제국의 땅에서 세계로 확대하고 있음을 보여주고 있다고 말할 수 있겠다. 역사에서 만약이라는 가정은 필요없겠지만, 만약 신채호가 일찍 죽지 않고 민족의 해방 이후까지 살아갔다면, '분단형 해방'과도 끝까지 싸웠을 것으로 본다. 그리고 그는 자주적 민족주의마저 극복하고 다른 의미의 아나키즘 분파를 창조했을 것으로 본다.

나감말
신채호의 선비 사상

이제까지 "신채호의 역사철학적 인식"의 변화라는 주제를 가지고 임의로 신채호 삶살이 시대를 구분(1900년대, 1910년대, 1920년대 이후)해서 살펴보았다. 그리하여 신채호의 역사철학적 인식은 1900년대 사회진화론적 자강주의 역사철학 인식을, 1910년대는 민본주의적 민족주의 역사철학 인식을, 1920년대 이후는 민족 아나키즘적 역사철학 인식으로 진보해 갔다는 가설을 설정해 보았다. 이러한 가설을 바탕로 신채호의 전 생애를 통한 그의 민족주의의 진화 과정과 역사철학적 인식의 변화 과정을 살펴보았다. 그 결과 신채호가 민족주의를 수용하는 시기는 제국주의의 침략 시기와 일치하고 있다. 그리고 신채호가 아나키즘 사상에 접근하는 시기는 1905년경이지만, 아나키즘을 그의 사상적 정수로 삼는 것은 1918년 전후로 보인다. 이어 신채호가 본격적으로 민족주의를 바탕으로 아나키즘을 그의 본류 사상으로 받아들이는 시기는 1921년 초 경으로 보인다.

신채호가 아나키즘을 받아들였다고 해서, 민족주의를 버린 것은 아니었다. 그는 죽는 그 날까지 민족주의를 가슴에 품고 있었다.

이 때문에 그의 아나키즘은 '자주'를 생명으로 하는 민족정신에 기초하여 수용되었다고 볼 수 있다. 곧 자주적 민족주의를 바탕으로 아나키즘을 이데올로기적으로 접목하였다. 그렇다고 해서 자주적 민족주의는 주론이고, 아나키즘은 보론이었다는 말도 아니다. 어찌했던 신채호는 민족해방의 위업을 달성하기 위해서는 민족주의를 바탕으로 아나키즘적 원리(무권력·무강권)를 전략적 이념으로 수용하고, 아나키스트의 투쟁방식(대응폭력에 의한 민중 직접혁명)을 전술적 수단으로 삼았다는 사실에 접근할 수 있었다.

이에 글쓴이는 1918년 전후에 나타나는 신채호의 자주적 민족주의+민중적 민본주의+무강권적 아나키즘이 융합되어 나타나고 있는 신채호의 역사철학적 인식을 '민족 아나키즘'이라고 이름을 붙여보았다. 이를 바꾸어 말하면 '신채호식 민족 아나키즘'이다. 따라서 신채호는 지배권력들이 악의적으로 말하는 빨갱이 아나키스트가 아니었다. 그는 1920년대 이후에는 신채호식 민족 아나키즘에 바탕하여 그의 역사철학적 인식을 하게 된다.

어떤 책에서 신채호에 대하여 "본색은 민족주의자였고, 아나키즘은 한갓 민족독립운동의 수단으로 생각하였다고 보는 관점은 신채호에 대한 모독"이라고 분노한다(『한국아나키즘운동사』, 312). 또 어떤 연구자는 신채호가 아나키즘을 수용한 이후(1905년경) 민족주의를 버렸다고도 한다(이호룡, 2013, 12). 그러나 이제까지 검토한 결과를 토대로 해서 결말을 지어보면, 신채호가 버린 민족주의는 저항 민족주의였지 자주적 민족주의가 아니었다는 점이다. 그렇다고 민족주의를 본색本色(주론)으로 하고 아나키즘을 보색補色(보론)으로 한 것도 아니었다.

신채호가 지니게 되는 민족주의는 1900년대는 부르주아적 반동민족주의에 대응하는 자강론적 저항 민족주의였다. 그리고 1910년대 후반기쯤 오면, 저항 민족주의에 대한 반성과 함께 자신의 민족주의를 '자주를 생명으로 하는 민족정신'으로 승화시킨다. 곧 자주적 민족주의로 진화한다. 그리고 1920년대에 와서는 자주적 민족주의 위에다 아나키즘을 수용하면서 두 사상을 이데올로기적으로 융합한다. 그래서 생애 마지막으로 포지하게 되는 신채호의 역사철학적 인식의 바탈을 이루는 사상은 '민족 아나키즘'이 된다.

오늘날 아나키즘의 세계가 시대의 요청에 맞게 진화하여, 인식론적 아나키즘, 초월주의적 아나키즘, 포스트 레프트Post-left anarchism 아나키즘, 크리스천 아나키즘, 가톨릭 아나키즘, 아나코(아나카) 페미니즘, 녹색 아나키즘, 아나코 자연주의, 좌파시장 아나키즘, 개인주의적 아나키즘, 코뮨적 아나키즘, 민본아나키즘 등 아나키즘이 시대적 상황에 맞게 다양한 진화 · 분화를 해나가듯이, 신채호의 아나키즘도 '민족 아나키즘'이었다.

한편 아나키스트를 테러리스트와 동일시하는 것은 잘못이라고 검토했다. 국가 폭력 곧, 정치 권력자들의 권위주의, 독재 권력, 인권탄압 등에 맞설 수 있는 방법은 무엇이 있을까? 그리고 자본가의 노동착취와 노동 탄압에 대하여 맞설 수 있는 방법은 무엇이 있을까? 남성에 의한 여성의 비하, 곧 남성우월주의, 남천여지의 남성 가장주의에 맞설 수 있는 방법은 무엇이 있을까? 강자(甲)의 강권에 대한 약자(乙)가 자신의 권리와 자유를 찾을 수 있는 방법은 무엇이 있을까?

이러한 질문에 대한 정답은 없겠지만, 모범답안은 나올 수 있을 것으로 본다. 곧 인간의 절대 자유를 존중해 주면 된다. 상대방에 대한 존경심을 가지면 된다. 상대방에 대한 경외심, 인간의 절대 자유의 존중심을 갖는 사상이 아나키즘이다. 그래서 아나키즘은 인간을 노예적 존재로 추락시키는 국가 폭력과 자본 폭력에 반대한다. 그리고 본류 유가의 민본주의를 왜곡한 성리학적 윤리 도덕도 아나키즘은 반대한다.

아나키즘의 정당성은 무엇이며, 주체는 누구일까? 침략 권력·탄압 권력을 가진 강자에게 정당하게 저항·항거할 수 있는 수단은 대중의 힘(대응폭력)이다. 개인으로는 테러형 저항이다. 따라서 대응폭력을 침략 폭력·국가 폭력과 동일시하는 것은 잘못이다.

예를 들어보자. 가령 자신의 집에 침입해 들어온 강도에게 대항할 수 있는 유일한 방법은 무엇일까. 그 강도를 힘(대응폭력)으로 제압하는 길밖에는 없다. 그래야 자신을 포함한 가족들이 무사할 수 있게 된다. 대응폭력을 강도의 침략 폭력과 동일한 개념으로 몰고 가는 것이 얼마나 모순인가를 알 수 있다. 내 집에 들어온 강도가 나를 죽이려 한다면 죽어야 한다는 논리는 자본주의의 시장논리와 마찬가지가 된다. 대응폭력을 시장 논리로 취급하는 것은 비인간적·비양심적 주장이다. 안중근이 대한제국 당시, 남의 집(대한제국)에 무단으로 침입해 들어온 원흉인 일제의 이토 히로부미에게 테러를 가하여 죽게 만든 것도 마찬가지 이치다. 한 사람을 죽임으로써 더 큰 폭력을 잠재운다는 안중근의 대의였다. 곧 의를 위해 이를 버린 양심의 태도였다. 이제까지 안중근이 이토를 죽인 것을 가지고 우리 한반도·조선반도에서 안중근을 살인자로 인식하지 않는다.

또한 자본 권력의 폭력에 맞설 수 있는 가장 평화적 방법은 파업이다. 이것을 테러, 폭력으로 보아서는 안 된다. 진짜 폭력은 공권력을 빙자한 국가 폭력이다, 국가 권력과 결합된 자본 권력의 횡포가 폭력이다. 또, 정치 권력과 결탁한 사법 폭력·사법 살인이 진짜 폭력이다.

이렇게 폭력 개념에는 좋은 폭력과 나쁜 폭력으로 구분된다. 국가 폭력·전쟁 폭력·자본 폭력에 저항하는 대응폭력은 좋은 폭력에 속한다. 신채호가 아나키즘에 바탈하여 일제에 저항하는 대응폭력을 주장한 것은 좋은 폭력에 해당된다. 신채호는 일제를 몰아내고 대한제국인들이 천부적 자유와 평등, 균산적 경제질서를 바탕으로 하는 자유 연대 사회를 만들어주고 싶었다. 그리고 일제를 몰아낸 후, 대한나라를 교육혁명을 통한 문명 세계로 이끌고 싶어했다. 그럼에도 아나키즘이 폭력성을 갖는 테러리즘으로 비친 것은 앞에서도 이야기하였듯이 20세기 전성기에 반동민족주의로 무장한 제국주의 민족국가들에 의해서다. 신채호가 1920년부터 쓴 글(사론과 저서, 선언문 등)에서는 민족주의+아나키즘의 역사철학적 인식의 냄새가 물씬 풍긴다. 이런 면에서 본다면, 신채호는 순수한 아나키는 아니었다고 볼 수 있다. 그는 민족주의적 아나키였다.

이어서 아나키즘을 무정부주의라고 오역한 배경과 아나키즘이 아시아에 들어와 수난을 겪는 과정에 대하여서도 검토해 보았다. 그 결과 아나키즘을 무정부주의로 오역하여 유포시킨 주체는 제국주의로 무장한 민족국가, 곧 침략 세력이었다는 사실도 알 수 있었다. 19세기 후반기부터 제국주의 국가들은 사회진화론에 의거하여 강국=문명국이 약소국=미개국들을 지배하는 게 당연하다는 논리로 받아들이고 있었다. 제국주의자들은 오로지 군사적 힘·무력으로 피침국의 민인 · 민중을 노예적으로 지배 · 탄압해 들어왔다. 이런 시대 상황과 정치 상황에서 힘이 없는 피침국의 개인과 저항단체들이 할 수 있었던 저항은 침략자에 대한 테러와 시설의 파괴, 폭동 등 대응폭력밖에 없었다. 이러한 침략과 반침략이라는 시대 상황에서 침략 권력자들에 의하여 아나키즘=테러리즘이라는 등식이 억지로 만들어진 것이지, 이것이 대중들의 사회 정의적 통념은 아니었다.

따라서 일제의 침략 권력에게 탄압을 받던 식민지 조선인의 대응폭력은 합당한 권리요, 용기였다. 이렇게 해서 그 당시 침략 권력과 자본 권력들은 자신들의 권력 유지와 방어를 위한 음모에서 악의적으로 아나키즘을 사회질서를 혼란시키는 '무정부주의'로 왜곡하여 유포시켰다. 이후 일제는 천황주의를 바탕으로 한 군국주의로 치닫고 있으면서 대륙 침략에 몰두하게 된다. 이때를 기하여 천황 중심의 국가주의를 부정하는 아나키즘을 가만두지 않았다. 그리하여 정부 권력에 의한 사상 탄압(빨갱이 사냥)에 들어간다. 이러한 환경에서 아나키즘은 정부 · 국가에 유해한 사상으로 인식되었다. 여기에 일제가 만주 침략(1931) 이후 공산주의와 아나키즘에 대한 대대적인 탄압 정책도 사상운동을 크게 위축시킨 원인이 된다. 우리 땅에서 일제병탄기라는 참혹한 시기에 수용되는 아나키즘은 사회진화론에 기초한 경쟁주의 · 우월주의 · 일등주의 · 패권주의를 모두 반대하고 나섰다.

당시 아나키즘은 다음과 같은 본질을 가지고 있었기 때문이었다. 인간은 상호부조 정신에 바탕하여 타인의 '인격을 존중'하면서 '개인의 자유와 자율'을 최대한으로 추구하는 사회를 만들 때, 이것이 사회발전의 원동력이 된다는 사고를 가지고 있다. 그래서 아나키즘은 인간 개개인의 자유를 침해할 수 있는 어떤 규율·법령이나 제도나 조직, 기구를 거부하였다. 이러한 역사철학적 사고를 지닌 아나키즘은 공산주의자들의 프롤레타리아에 의한 중앙집권적 독재 권력을 반대하였다. 그리고 사회주의자들의 생산수단 공유화와 국가적 통제를 주장하는 집단주의 권력도 반대하였다. 그뿐 아니라 선거를 통한 대의민주주의를 바탕으로 하는, 엘리트 중심의 특권적 관료체제와 자본주의 권력도 반대하였다. 이러한 아나키즘이 갖는 본질적 사상은 자본주의, 공산주의, 사회주의가 모두 배척하는 사상이 되었다. 그뿐만 아니라, 해방정국에서도 아나키즘은 권력 지향적인 정치운동을 반대하고, 민인의 절대 자유를 향한 자유사회건설연맹, 조선농촌자치연맹, 조선노동자자치연맹 등 사회기의운동으로 치닫는 바람에 남과 북의 양쪽 권력으로부터 모두 배척을 받게 된다.

다시 신채호 개인으로 돌아가 그를 평가해 보자. 신채호는 참선비·선배였다. 필자는 일제병탄기, 신채호 같은 선비는 없었다고 본다. 선비는 곧 지조다. 그는 한 번도 자신의 지조를 버린 적이 없다. 앞에서도 이야기하였지만, 그가 베이징에서 망명 생활을 할 때 호구지책으로 중화바오(中華報)라는 신문에 논설을 집필한다. 그런데 자신이 쓴 글을 신문사 측에서 임의로 고치는 일이 있었다(矣한 글자). 그러자 신채호는 중화보에 글을 싣는 것을 거부하고 호구지책을 위해 신문사에 집필을 응낙한 것에 대해 부끄러워 했다. 이에 대하여 그는 지조를 깨트린 것처럼 뉘우쳤다고 한다(『단재 신채호 전집 9』, 294).[1]

선비정신은 무엇을 말함인가. 선비는 공자가 말한 이(利)에 살지 않고 의義에 사는 자를 말한다(『論語』「里仁」).2 이는 개인적 영광과 가족의 행복을 위하여 물질주의 경제질서와 정치 권력에 철저히 순응하며 자기 지조를 파는 것을 말하고 의는 반물질주의 · 반권력주의 · 반권위주의 정신을 가지고 고난의 삶을 사는 것을 말한다.

황헌식은 그의 책, 『신지조론新志操論』에서 다음과 같이 지조를 정의한다. "지조란, 한 개인이 그의 신념 체계를 그 자신의 삶과 일치시키는 총체적이며 전인적인 삶의 태도. 지조는 생명까지도 걸어야 하는 결정적인 선택의 순간 그 극적인 모습을 드러낸다. 이때 지조는 결단과 선택으로 잘려진 순간의 단면 위에 나이테의 모양처럼 한 개인의 앎과 삶을 총체적으로 보여주게 된다"(1998, 30). 이와 같은 지조론에 신채호를 대입해 보았을 때, 신채호는 그냥 선비가 아니라, 역사 속에서 민중을 발견한 선비였다. 민중을 역사의 주체로 본 선비였다. 강도 일제를 타도하는 데는 대응폭력이 가장 합당한 수단이라는 것을 발견한 선비였다. 또 민중에 의한 비타협적 폭력 혁명만이 일제의 행정구역으로 전락한 식민지 조선의 인민들이 유일하게 살 방도라는 것을 깨우쳐 준 선비였다. 맹자가 지조에 대하여 이런 말을 했다. "넓은 세상에 산다고 할지라도, 이 세상에서 자기 위치에서 가장 올바르게 서서, 세상의 올바른 도리를 행한다. 세상 사람들이 내 뜻을 받아들여 준다면 세상 사람들과 더불어 내 뜻을 행하고, 만약 세상 사람들이 내 뜻을 몰라줄지라도, 홀로 내 뜻을 지켜나가리라. 부귀가 나를 홀릴지라도 이에 흔들리지 않으

---

1 신석우, "丹齋와 矣字", 「新東亞」(1936. 4.), 465.
2 "子曰 君子喩於義 小人喩於利"(「論語注疏」 卷4/里仁), 『四庫全書薈要』 19, 吉林人民出版社, 1997, 103.

며, 가난과 비참함도 내 뜻을 꺾지 못할 것이며, 위협과 폭력이 나에게 위해를 가해 올지라도 굴복하지 않으리니 이렇다면 이게 대장부大丈夫(지조있는 선비)가 아니겠는가"(『孟子』「滕文公下」).3 이와 같이 신채호를 선비라고 부른 것은 초지일관의 지조를 지니고 살았기 때문이다. 비록 초기에는 선비일지라도 후반에 변절이 있었다면, 그 사람은 선비라고 부를 수 없다. 이광수, 최남선, 장지연, 함세덕, 유진오 등은 선비가 아니다.

선비·선배는 역사의 잘못, 시대의 잘못에 대하여 비판할 줄 알아야 한다. 비판은 창조를 전제로 한 파괴를 의미한다. 파괴가 있어야 새로운 문명의 진화가 나올 수 있다. 신채호는 우리 과거 역사의 잘못에 대하여 철저하게 비판하고 파괴하였다. 그리고 본인이 살던 시대에 대해서도 선비정신을 유감없이 발휘하였다. 곧 타협적 항일 주권독립을 위하여 팔방으로 뛰고 있는 운동가들에 대해서도 비판의 정신을 통하여 그들의 잘못된 생각을 파괴하고자 했다. 그래서 신채호는 침략 세력 일제와 처음부터 끝까지 비타협의 논리를 유지하는 선비·선배정신을 견지하였다.

이런 그의 지조는 이승만의 외교론과 위임통치론, 안창호의 독립준비론, 유민회·동광회·내정독립기성회 등 단체의 내정독립론과 자치론, 갑자구락부의 참정권 부여 주장, '각파유지연맹'의 일선융화日鮮融和·노자협조勞資協調 주장을 통렬히 비판하게 만들었다. 신채호는 이들의 주장을 변절로 보았다.

다시 황현식의 글을 빌려본다. "뜻을 세우고 사는 사람들은 때

---

3 "子曰 君子喩於義 小人喩於利"(「論語注疏」卷4/里仁, 『四庫全書薈要』19, 吉林人民出版社, 1997, 103).

로는 의를 지키기 위해서 절벽에 거꾸로 매달린 듯한 역경의 삶을 감내해야 한다. 이러한 고난을 마다하지 않는 삶은, 안락과 편의만을 추구하는 사람들이 쉽게 선택할 수 있는 길이 아니다. … 뜻을 이루기 위해 참고 기다리는 삶은… 지조지킴의 역설적 행복이 있다"(황헌식, 133). 신채호가 일제의 사법 폭력으로 비록 뤼순감옥의 차가운 시멘트 바닥에서 쓸쓸한 죽음을 맞이했지만, 그는 '지조지킴의 역설적 행복' 속에서 죽음을 맞이했다는 아나키적 해석을 해본다.

역사는 정의로운 미래사회를 지향하는 방향으로 써질 때 참역사라고 말할 수 있다. 이제 신채호의 지조와 민족 아나키즘을 가지고 우리 역사의 미래를 생각해 보자.

일제에 의해 강제된 '식민지 조선'은 역사의 오류에 빠지면서 대한나라의 민인은 노예 상태에 놓이게 되었다. 그렇지만 역사는 정의를 향해 가는 '시간 법칙'을 가지고 있다. 그래서 일제의 압제에 대항하는 우리 민족의 해방 투쟁의 위업과 함께 '해방'을 맞게 되었다(1945. 8. 15.). 그러나 민족해방은 '분단형 해방'이 되고 만다. 분단형 해방은 미국에 의해 그렇게 되었다.4 '분단형 해방'은 남(南韓)에 친미적 민족주의(반공 이데올로기에 기초한), 북(北朝鮮)에 친소적 공산주의(프롤레타리아 권력)에 의한 분단국가가 수립 되게 만들었다. 이들 두 분단 국가는 국가 권력주의를 반대하는 아나키즘을 함께 압제하였다. 그 이후에도 남쪽 권력에서는 1980년대 민주화운동이, ML(마르크스-레닌주의)로 흐르다 보니, 반공을 국시로 하는 군사독재정권에서 자연 아나키즘까지도 ML파 또는 공산주의(빨갱이 새

---

4 황보윤식, 미국이 우리에게 준 가장 큰 피해, 「씨올의소리」 269(2020. 9.), 49-55.

까)로 왜곡하여 여론을 조성하고 사상적 탄압을 하게 된다. 이 때문에 이 땅의 아나키즘은 우리 역사에서 아직도 '역사적 사실화'가 되지 못하고 있다.

또한 '분단형 해방' 이후 분단국가들이 각자가 만들어내는 정치이념에 의하여, 남은 자본주의적 민족 · 민족주의, 북은 공산주의적 민족 · 민족주의가 굳어지고 있다. 이 때문에 한 영토와 하나의 역사 속에서 두 민족 · 민족주의가 만들어지고 있는 현실이 되고 있다. 이 두 이념적 민족 · 민족주의를 파괴하고 하나의 민족, 하나의 나라 · 사회라는 민족공동체를 만들어내는 길은 신채호식 민족 아나키즘으로 해결할 수 있지 않을까 하는 생각을 해본다.

그렇다면 21세기를 헤쳐가는 민족 아나키즘은 어떤 방향이어야 하는가? 전통적 유럽 아나키즘은 개인의 절대 자유를 위하여 국가(권력과 권위)의 소멸 · 폐지를 주장한다. 그러나 21세기의 아나키즘은 국가와 사회라는 무형적 실체를 인정하되, 엘리트 중심의 통치권력을 부정하고 법치를 가장한 인간의 절대 자유를 제한, 간섭, 통제하는 권위, 권력을 최소로 축소하는 방향으로 나가야 한다고 본다. 우리 땅의 두 분단국가는 국가의 경제질서와 나라 구성원들의 경제체제가 판이判異하기 때문에 공통성도 공감대도 가질 수 없는 상황에 와 있다. 따라서 분단 상태가 지속될수록 동일한 민족으로, 동일한 역사를 만들어 간다는 것은 기대하기 어렵다. 시간이 가고 세월이 흐를수록 우리 민족은 경제 양식을 놓고 한쪽은 자본주의 민족 · 민족주의, 다른 한쪽은 공산주의 민족 · 민족주의로 서로 다른 민족 · 민족주의가 더욱 고착될 게 뻔하다. 이렇게 되면 우리 땅에서는 부르주아 민족과 사회주의 민족의 대립 구도가 고착되면서 민족통일이라는 지상최대의 과제요 한·조선 민족의 최대 염원이 점점 사라지게 된다. 따라서 신채호의 민족정신으로 평화 상태(정전 협정을 평화조약으로)를 빨리 만들어내고 이어 낮은 단계(2체제 1국가)에서 높은 단계(1체제 1국가의 중립국가)의 통일전략을 짜나가야 할 것으로 본다.

이 글을 마치면서 글쓴이는 신채호의 민족 아나키즘 속에 있는 자주적 민족주의도 극복되어야 한다고 본다. 이것이 신채호의 선비정신을 계승하는 일이라고 생각한다. 신채호의 '자주적 민족주의'를 극복하는 길은 '평화통일 민족주의'로 나가는 길이라고 생각한다. 그리고 우리 땅에 평화통일이 오면 '민족주의'도 완전히 종식되리라 본다. 신채호의 정신 모두와 진정성을 밝혀내지 못했다는 부끄러움을 느끼면서 이 글을 마친다(2020. 7. 30. 초고, 2021. 2. 15. 탈고).

별첨

1. 「天鼓」 창간사(1921. 1.)

「天鼓천고」 는 어떤 인연으로 세상에 나오게 되었는가?

　① 왜는 우리나라만의 오랜 원수일 뿐 아니라 또한 동양의 구적이다. 숙세叔世(왜구의 침입이 잦았던 고려 후기를 이르는 말인 듯) 이후로 우리의 해안 지방을 침범 능멸하여 우리의 선조로 하여금 장자들은 무기에 기름 치게 하고, 노약자들은 웅덩이에 구르게 하여 대대로 편안히 쉴 겨를이 없게 했던 놈들이 바로 왜가 아닌가? 또한 이조의 임진(1592)년에 대대적으로 침략해 와 인민을 도륙하여 그 피로 전국의 산하를 물들게 하고, 능묘를 파헤쳐 그 화가 백년 묵은 해골에까지 미치게 하여, 후대의 우리 역사를 읽는 독자들로 하여금 뼈가 부닥치고 피가 끓게 만든 놈들이 바로 왜가 아닌가? 병자통상丙子通商(강화도조약=병자수호조약) 이후 앞뒤에서 기이한 술수를 부려 여러 번 약속하길 우리의 독립을 보장하고 우리의 행복을 증진시키겠다고 큰소리치더니만, 결국 우리의 국권을 빼앗고 우리의 국호를 없애고 우리의 인민을 도탄에 빠지게 한 놈들이 왜가 아니던가? 교육을 제한하여 우리 인민들의 지식을 막고 이익을 훔쳐 우리의 생존을 위협하고, 의이劓刵(코를 베고 귀를 베는 형벌) － 족주族誅(죄인의 일가족을 몰살함) 등 전제 시대의 야만스러운 형벌을 되살려 우리 의사들을 죽이고, 계구양시백일鷄狗羊豕百一(말도 안 되는 가축세) 등 잡다한 악세惡稅를 거두어 우리 인민의 재산을 곤궁케 한 놈들이 왜가 아니던가? 삼천리 강역은 이미 저들이 만든 큰 감옥이 되었고, 지금 흉악하고 잔인한 칼날이 마침내 해외의 타국에까지 미쳐 촌락을 불태우

고 부녀자와 어린 아이들을 도살하고 심지어 손과 발을 자르고 귀
와 눈을 떼어버리는 야만스러운 행위를 하고도 태양이 없음을 근심
하는 놈들이 왜가 아니던가? 또한 그들은 우리에게 했던 짓을 중국
에게도 하려고 여러 번 밀약을 맺어 이권을 훔치고 책사를 파견하
여 남북을 이간질하더니 지금 또 명분 없이 군대를 내어 동성을
유린(만주 일대의 대한인을 학살한 경신참변, 1920)하고 인명을 가볍게
여겨 행하지 않는 악이 없으니, 아시아에 살면서 아시아에 화를 끼
치는 놈들이 누구냐고 물어본다면 왜보다 앞서는 자가 있겠는가?
아아! 우리 아시아의 황족은 적어도 4-5억 명 이상인데 저들은 수
천만밖에 안 되는 무리로 전 아시아를 제멋대로 하고 이웃 나라를
유린하고 민족의 자결(민족자결주의)을 무시하고 세계의 조류를 억
지로 막아 과거의 원 제국을 오늘날 다시 되살리려고 하고 있다.
그 뜻은 분수를 모른다고 해야 할 것이며 그 죄는 또한 죽음으로도
부족하다. 단저短楮(작은 종이)와 촌필寸筆(짧은 붓)로 비록 적들의 날카
로운 무기를 물리칠 수는 없으나, 그 죄를 성토하여 바야흐로 팽창
하려고 하는 원악元惡을 없애고, 순치관계脣齒關係(입술과 이의 원리)를
다시 일깨워 같은 배를 타고 있는 위급한 상황을 구제하려고 하니
이것이 천고를 우는 첫 번째 뜻이다.

② 예로부터 우리와 대치한 강한 종족은 비록 그 종류가 하나가
아니지만 아주 흉악하고 독하다 한들 왜보다 심하지는 않았다. 왜
를 막지 않으면 자존할 수 없으니 이에 우리 선조들은 또한 전전긍
긍 정성을 다하여 왜에 대한 것 이외에는 국시가 없었으며, 왜를
막는 것 이외에는 따로 국방정책이 없었으며, 왜를 없애는 일 이외
에는 따로 용사가 없었으며, 왜를 토벌하는 일 이외에는 따로 영웅

도 없었다. 신라 이래로 수천 년 역사는 왜와 혈전의 역사라 해도 과언이 아니니, 저들이 비록 항상 대륙을 잊지 않고 개미처럼 누린 내를 쫓아 들어왔어도 해안을 막아서 지켜 마침내 감히 뇌지雷池(일본 열도를 가리키는 듯)를 한 발짝도 벗어나지 못하게 한 것은 바로 우리의 힘이었다. 뒤에 후손이 태만하고 우매하여 금수강산을 마침내 팔짱 낀 채 남에게 주는 지경에 이르렀다. 그러나 또한 이미 여러 선열들이 앞뒤에서 분기하여 맨손으로 사자와 호랑이를 잡고 맨주먹으로 창과 포에 대적하여 머리를 치고 목을 베면서 강한 도적들과 수없이 싸워 차가운 바람과 처절한 피로 세상을 씻어냈으니, 인의를 성취하여 후세에 보이도록 한 것은 기미독립운동(1919. 3. 1. 민족기의)의 전후에 이르러서 그 절정을 이루게 되었다. 옛날에 명나라 장수 유정(임란 때 조선에 원병으로 와서 왜를 물리친 명나라 장수)은 군대를 이끌고 조선을 구원할 때 여러 번 왜군과 싸웠는데, "중국의 병사 10명이 일본 병사 1명을 당해낼 수 없었으나, 일본 병사 10명이 조선 병사 1명을 당해낼 수 없다"라고 말한 적이 있다(以爲 中國兵十, 不能當日本兵一, 日本兵十本, 不能當朝鮮兵一). 이 말의 뜻은 세 나라 사람들의 용맹함과 겁 많음의 사정이 이처럼 달랐음을 말하려 한 것이 아니고, 왜인들의 속성을 익히 알아서 싸움을 잘하는 데에는 우리가 다른 사람들보다 월등하다는 것을 말하고 있음이다. 현시점에서 옛일을 논함에 비록 사정이 다르고 공사로 분개하고 원수가 되어 이곳저곳에서 막혀 답답하여도, 삼호三戸(초나라의 적 군대를 일컬음)가 진나라를 멸망시킬 것이라고 했으니 마땅히 우리에게도 그런 날이 있으리라. 그들이 우리에게 저지른 음모·학정들과 그에 대항했던 우리의 투쟁 노력들을 두루 널리 찾아내어 이웃 나라의 원수를 같이하는 인민들에게 소개하는 것이 천고天鼓가 우는 두 번째 뜻이다.

③ 옛날 중화인 가운데 조선에 대해 기록한 자들은 사마천과 반고에서 비롯한다. 그러나 서술한 지역 범위는 패수浿水(지금의 요하) 이북을 벗어나지 않으니 이것은 조선의 한 귀퉁이지 전부가 아니다. 사실은 위만 한 사람이 할거한 흔적을 기록한 것에 불과하며 이것은 또한 일시적인 침략의 예일 뿐이지 본격적인 역사가 아니다. 조조의 위나라 이래로 사신 왕래가 빈번히 이루어지고 전문傳聞(전해 듣는 말)이 점차 상세해졌다. 그러나 본국(중국)에서는 자주 자가自家의 비장秘藏한 것을 다른 사람에게 보여주기를 꺼렸던 까닭에 중국의 역사가들이 채집한 것을 긁어모으고 전해 받은 나머지들로 교린고사交隣故事(이웃 나라에서 전해 들은 이야기)로 갖춘 자료들에 지나지 않는다. 그 밖에 외국인으로서 조선의 사정을 강구하는 자라 할지라도 당연히 왜에서 나온 자료에 지나지 않는다. 왜인들은 우리 사정을 깊이 도모하였던 까닭에 우리를 아는데 있어서도 가장 상세하다. 합병(병탄, 1910. 8. 29.) 이래로 더욱 정력을 기울여 고서를 수집함에 거의 전국을 망라하고 고적을 탐구하되 땅속까지 캤으니 또한 부지런하다고 할만 하다. 그러나 그들이 조선을 부지런하게 연구한 까닭은 장차 조선을 해치려고 한 때문이지 조선을 사랑하기 때문이 아니다. 장차 조선을 무고하고 업신여기려 함이지, 진정으로 조선을 널리 알리기 위해서가 결코 아니다. 이런 까닭에 유언비어를 널리 퍼뜨려 오늘날 우리나라 사람들을 몹시 욕되게 할 뿐만 아니라 또한 역사까지 날조하여 선대 조상들을 나쁘게 무고하고 있다. 누추한 풍속은 과장되게 그리고 치우치게 묘사하여 우리 민속의 낙후

됨(만매蠻昧)으로 음모하고, 책을 쓰는데 있어서도 오로지 우리 민족의 지엽적인(말단末端) 약점만을 지적하여 씀으로써 우리 민족의 본질이 나약하다고 단정 짓고 있다. 그리고 우리 역사의 연대도 축소하여, 우리의 단군과 일제의 신무(神武天皇: 일본 왕실의 1대 왕)를 형제 사이라 하고, 고전을 바꿔쳐서 신라가 일본에 부용했다고 한다. 근거 없는 책과 이야기가 이미 사람들의 귀와 눈에 익숙하게 되어 중국과 서양의 학자들 또한 그것을 믿어 정사라 여긴다. 삐져나온 것을 밀어 넣고 굽은 것을 바로 펴 잘못을 분별하고 오류를 바로잡아 진실을 돌려놓는 것이 긴 밤에 해와 별을 밝혀 놓는 일이요, 한창 창궐하는 사설을 종식시키는 일이니, 또한 어찌 우리에게 이득이 있지 않겠는가? 이것이 천고天鼓를 내는 세 번째 뜻이다.

④ 3·1운동 이후 나라 안에 책자를 보는 경향이 점차 일어나면서(대두擡頭) 일간과 월간을 합해 수십 종에 이르게 되었다. 그러나 합병 이후 점차 약화 되는 추세에 있고 또한 10년 동안 왜가 단행한 전제의 위세를 두려워하여, 말할 바를 말하지 않고 마땅히 써야 할 바를 도리어 삭제하여 그 상황이 가히 애석하고 참담한 지경에 이르렀다. 그래서 언론은 그때마다 압수당하며 언론사도 또한 자주 폐쇄당하여 3개월 이상 계속 간행되는 책자는 거의 봉황의 터럭과 기린의 뿔(봉모린각鳳毛麟角)과 같이 극소수인 실정이다. 그리고 유독 『매일신보』 등과 같은 저들의 총독부 기관지는 적에게 붙어 천성을 잃고 미친 것들은, 의병을 가리켜 폭도라 하고 열사를 흉한으로 바꾸어 놓았다. 무릇 독립운동 계열에 있는 자들도 이를 난민으로 만들고 선량하지 못한(불령) 무리라고 쳐낸 경우가 있다. 왕과 적이 뒤바뀌고 충과 역의 자리가 뒤바뀜이 이처럼 심한 지경에 이른 것

이다. 왜가 화가 되는 이유는 오직 살아남은 사람을 때려눕히고 그 후손까지 멸하려 할 뿐만 아니라, 애국자로 불리며 지하에 묻힌 사람의 귀신까지 싫어한다. 그들은 살아생전에 칼틀형벌(도거)을 받았거나 팽형烹刑(삶아죽이는 형벌)으로 살육을 당한 사람들이다. 그런데 이들까지 사후에 흉명凶名(흉하고 나쁜 이름)과 악시惡諡(의미가 나쁜 시호)로 덧붙이고 있다. 성심과 충심이 있는 사람이라면 결코 죽은 사람의 영화를 치욕으로 포폄褒貶(깎아내림)하지 못한다. 그럼에도 선과 악을 이리저리 옮기면서 뒤집어 놓고 우리 조상들을 욕하니. 어찌 또한 우리들의 고통이 크지 않겠는가? 해외에서 붓 가는 대로 책을 만들어 비록 감히 국내에 보급될 것을 기대하지 않지만, 만약 대의를 널리 밝히고 이웃 나라에 전해져 보여 줄 수 있다면 또한 이 시도를 그만두어서는 안 될 것으로 안다. 이것이 천고를 울리는 네 번째 뜻이다.

이상과 같이 쓴 것들은 본래 천고가 마땅히 생사를 걸고 해야 할 일들이다. 천고여! 천고여! 장차 구름이 되고 비가 되어, 더러운 윤리·도덕에 붙어있는 비린내와 누린내 끌어내다오. 장차 귀신이 되고 재앙이 되어 적들의 운명이 끝나기를 빌고, 장차 칼과 갈구리가 되고, 창과 대포가 되어 침입자의 기운을 빼앗고, 장차 포탄이 되고 비수가 되어 적들을 경기나도록 놀래주자. 안으로는 인민들의 기운이 날로 팽창하여 암살과 폭동의 장렬한 거사들이 끊이지 않음을 거듭거듭 보리라. 밖으로는 세계의 운명도 날로 새로워지면서 열강의 침략을 받아 신음하는 나라와 민족들의 자립운동이 끊이지 않고 계속 계속 나오리라. 천고여! 천고여! 너는 북을 쳐 울려라, 나는 춤을 추며 우리 동포들을 일으켜 세우리라. 그리하여 저 흉악하고 잔인한 놈들을 붙잡아 없애버려서 우리의 조국산하를 예전처럼 돌려놓자. 천고여! 천고여! 분발하고 근면하여 맡은 바 직무를 잊지 말자.

* 어려운 용어는 글쓴이 나름으로 뜻을 풀이했음. 『단재 신채호 전집 5』, 38-41 및 304-308, 최광식, 『단재 신채호의 天鼓』 49-53 등을 참고하였음.

2. 「조선혁명선언」(「의열단선언」, 1923)

① 강도 일본이 우리의 국호를 없이하며, 우리의 정권을 빼앗으며, 우리의 생존적 필요조건을 다 수탈하였다. 경제의 생명인 산림, 천택, 철도, 광산, 어장… 내지 소공 원료까지 다 빼앗아 일체의 생산기능을 칼로 베며 도끼로 끊고, 토지세, 가옥세, 인구세, 가축세, 백일세, 지방세, 주초세, 비료세, 종자세, 영업세, 청결세, 소득세… 기타 각종 잡세가 날이 갈수록 증가하여 혈액은 있는 대로 다 빨아가고, 여간 상업가들은 일본의 제조품을 조선인에게 매개하는 중간인이 되어 차차 자본 집중의 원칙하에서 멸망할 뿐이요, 대다수 인민 곧 일반 농민들은 피땀을 흘리어 토지를 갈아, 그 종년 소득終年所得(일 년 내내 얻은 소득)으로 일신과 처자의 호구 거리도 남기지 못하고, 우리를 잡아먹으려는 일본 강도에게 진공進供(갖다 바침)하여 그 살을 찌워 주는 영세의 우마가 될 뿐이요, 나중에는 그 우마의 생활도 못 하게 일본 이민의 수입이 연년 고도의 빠른 속도(속률速率)로 증가하여 '딸깍발이' 등쌀에 우리 민족은 발 디딜 땅이 없어 산으로 물로 서간도로 북간도로 시베리아의 황야로 몰리어 가 배곯는 귀신(아귀餓鬼)부터 떠돌이 귀신(유귀流鬼)이 될 뿐이다. 강도 일본이 헌병정치, 경찰정치를 악독하게 강행하여(여행勵行)하여 우리 민족이 촌보의 행동도 임의로 못하고, 언론·출판·결사·집회의 일절 자유가 없어, 고통의 분한이 있으면 벙어리의 가슴이나 만질 뿐이요, 행복과 자유의 세계에는 눈뜬 소경이 되고, 자녀가 나면 "일어를 국어라, 일문을 국문이라"하는 노예 양성소 — 학교로 보내고,

조선 사람으로 혹 조선사를 읽게 된다 하면 "단군을 기만하여(무誣) 일제의 신 소전명존素戔鳴尊(すさのおのみこと: 인간세계의 신을 말함)의 형제"라 하며 "삼한시대 한강 이남을 일본 영지"라 한 일본놈들의 적은 대로 읽게 되며, 신문이나 잡지를 본다 하면 강도정치를 찬미하는 반일본화한 노예적 문자뿐이며, 똑똑한 자제가 난다하면 환경의 압박에서 염세절망厭世絶望(세상이 싫어지고 희망이 없어 좌절함)의 타락자가 되거나 그렇지 않으면, "음모 사건"의 명칭 하에 감옥에 구류되어, 주리周牢(다리를 주릿대에 묶어 비트는 형벌)·가쇄枷鎖(목에 씌우는 칼)·단근질(인두로 살점을 지짐)·채찍질·전기질, 바늘로 손톱 밑과 발톱 밑을 쑤시는, 수족을 달아매는, 콧구멍에 물 붓는, 생식기에 심지를 박는 모든 악형(별첨, 고문의 양태 참고) 곧 야만 전제국의 형률사전刑律辭典에도 없는 갖은 악형을 다 당하고 죽거나, 요행히 살아서 옥문에 나온대야 종신 불구의 폐질자廢疾者가 될 뿐이다. 그렇지 않을지라도 "발명·창작"의 본능은 생활의 곤란에서 단절하며, 진취, 활발의 기상은 경우의 압박에서 소멸되어 '찍도쩍도' 못하게 각 방면의 속박, 편태鞭笞(채찍질), 구박, 압제를 받아, 환해環海(바다로 둘러싸인 우리나라) 삼천리가 일개 대감옥이 되어, 우리 민족은 아주 인류의 자각을 잃을 뿐 아니라, 곧 자동적 본능까지 잃어 노예부터 기계가 되어 강도 수중의 사용품이 되고 말 뿐이다.

강도 일본이 우리의 생명을 초개草芥(하찮은 미물)로 보아 을사 이후 13도의 의병나던 각 지방에서 일본군대의 행한 폭행도 이루 다 적을 수 없거니와, 즉 최근 3·1운동 이후 수원·선천… 등의 국내 각지부터 북간도·서간도·러시아 땅 연해주 각처까지 도처에서 주민을 학살하고 있다, 촌락을 불태우고 있다, 재산을 약탈하고 있다, 부녀자를 겁탈하고 있다, 목을 끊는다, 산 채로 묻는다, 불에 사른다, 혹 일신을 두 동가리·세 동가리로 내어 죽인다, 아동을 악형한다, 부녀의 생식기를 파괴한다하여, 할 수 있는 데까지 참혹한 수단을 써서 공포와 전율로 우리 민족을 압박하여 인간의 '산송장'을 만들려하는도다. 이상의 사실에 의거하여 우리는 일본 강도 정치 곧 이족 통치가 우리 조선 민족 생존의 적임을 선언하는 동시에, 우리는 혁명 수단으로 우리 생존의 적인 강도 일본을 살벌함이 곧 우리의 정당한 수단임을 선언하노라.

② 내정독립이나 참정권이나 자치를 운동하는 자가 누구냐?

너희들이 "동양 평화", "한국독립보전" 등을 담보한 맹약이 먹도 마르지 아니하여 삼천리 강토를 집어먹던 역사를 잊었느냐? "조선 인민의 생명과 재산, 자유 보호" "조선 인민의 행복 증진" 등을 신명한 선언이 땅에 떨어지지 아니하여 이천만의 생명이 지옥에 빠지던 실제를 못 보느냐? 3·1운동 이후에 강도 일본이 또 우리의 독립운동을 완화시키려고 송병준, 민원식 등 1, 2 매국노를 시키어 이 따위 광론을 부름이니, 이에 부화하는 자가 맹인이 아니면 어찌 간적이 아니냐?

설혹 강도 일본이 과연 관대한 도량이 있어 개연히 저들(외교론 등 타협론자들)의 요구를 허락한다 하자, 소위 내정 독립을 찾고 각종 이권을 찾지 못하면 조선 민족의 일반의 아귀가 될 뿐이 아니냐? 참정권을 획득한다 하자, 자국의 무산계급의 혈액까지 착취하는 자본주의 강도국의 식민지 인민이 되어 몇개 노예 대의사의 선출로 어찌 아사餓死의 화를 구하겠느냐? 자치를 얻는다 하자, 그 어떤 종류의 자치임을 물문하고 일본이 그 강도적 침략주의의 초패인 '제국'이란 명칭이 존재한 이상에는, 그 부속하에 있는 조선인민이 어찌 구구한 자치의 허명으로써 민족적 생존을 유지하겠느냐?

설혹 강도 일본이 돌연히 불보살이 되어 하루아침에 총독부를 철폐하고 각종 이권을 다 우리에게 돌려주며(환부還付), 내정 외교를 다 우리의 자유에 맡기고 일본의 군대와 경찰을 일시에 철환하며, 일본의 이주민을 일시에 소환하고 다만 허명의 종주권만 가진다 할 지라도 우리가 만일 과거의 기억이 전멸하지 아니하였다 하면 일본을 종주국으로 봉대함이 '치욕'이란 명사를 아는 인류로는 못할 지니라. 일본 강도 정치하에서 문화운동을 부르는 자가 누구이냐? 문화는 산업과 문물의 발달한 총적을 가리키는 명사니, 경제 약탈의 제도에서 생존권이 박탈된 민족은 그 종족의 보전도 의문이거든, 하물며 문화 발전의 가능이 있으랴? 쇠망한 인도족·유대족도 문화가 있다 하지만, 하나는 금전의 힘으로 그 조상의 종교적 유업을 계속함이며, 하나는 그 토지의 넓음과 인구의 많음으로 상고 시대의 자유롭게 발달한 여택餘澤을 보수함이니, 어디 문맹蚊虻(모기와 등에)같이 시랑豺狼(이리와 늑대)같이 인혈을 빨다가 골수까지 깨무는 강도 일본의 입에 물린 조선 같은 데서 문화를 발전 혹 보수한 전례가 있더냐? 검열·압수 모든 압박 중에 몇 개 신문·잡지를 가지고 "문화운동"의 목탁으로 자명하며, 강도의 비위에 거스르지 아니할 만한 언론이나 주창하여 이것을 문화 발전의 과정으로 본다 하면, 그 문화 발전이 도리어 조선의 불행인가 하노라. 이상의 이유에 의거하여 우리는 우리의 생존의 적인 강도 일본과 타협하려는 자(內政獨立내정독립·自治자치·參政權참정권 등 논자論者)나 강도 정치하에서 기생하려는 주의를 가진 자(文化運動者문화운동자)나 다 우리의 적임을 선언하노라.

③ 강도 일본의 구축을 주장하는 가운데 또 다음과 같이 주장하는 논자들이 있다.

제일은 외교론이니, 조선 5백 년 문약 정치가 '외교'로써 호국의 장책을 삼아 더욱 그 말세에 더욱 심하여(우심尤甚), 갑신 이래 유신당·수구당의 성쇠가 거의 외부 지원이 있는가 없는가에서 판결되며, 위정자의 정책은 오직 갑국을 인하여 을국을 제함에 불과하였고, 그 의뢰의 습성이 일반 정치사회에 전염되어 즉 갑오·갑진 양 전역戰役(청·일 전쟁과 러·일 전쟁을 말함)에 일본이 수십만의 생명과 수억만의 재산을 희생하여 청·노 양국을 물리고, 조선에 대하여 강도적 침략주의를 관철하려 하는데 우리 조선의 "조국을 사랑한다. 민족을 건지려 한다"하는 이들은 일검一劍 일탄一彈으로 혼용탐포昏庸貪暴(어리석고 탐욕스러운)한 관리나 국적에게 던지지 못하고, 공함公函(공문서)이나 열국공관에 던지며, 장서長書(구국한 편지)나 일본정부에 보내어 국세의 고약孤弱을 애소哀訴하여 국가 존망·민족 사활의 대문제를 외국인 심지어 적국인의 처분으로 결정하기만 기다리었도다. 그래서 '을사조약', '경술합병' — 곧 '조선'이란 이름이 생긴 뒤 몇 천 년 만의 처음 당하던 치욕에 조선 민족의 분노적 표시가 겨우 하얼빈의 총(안중근의 이토 격살을 이름), 종현의 칼(이재명이 명동성당 앞길에서 이완용을 칼로 찔러 죽이려 한 일), 산림 유생의 의병이 되고 말았다. 아! 과거 수십 년 역사야말로 용자로 보면 참고 꾸짖는(타매唾罵) 역사가 될 뿐이며, 인자로 보면 상심할 역사가 될 뿐이다. 그러고도 국망 이후 해외로 나가는 모모 지사들의 사상이 무엇보다도 먼저 '외교'가 그 제일장 제일조가 되며, 국내 인민의 독립운동을 선동하는 방법도 '미래'의 미일전쟁·러일전쟁 등 기회가 거의 천편일률의 문장이었고, 최근 3·1운동에 일반인사의 "평화회의·국제연맹"에 대한 과신의 선전이 도리어 2천만 민중의 울분을 토하며 앞으로 나가는(분용·전진奮勇前進) 의기를 맥빠지게(타소打消)하는 매개가 될 뿐이었도다.

제이는 준비론이니, 을사조약의 당시에 열국 공관에 빗발 듣듯하던 종이쪽지로 넘어가는 국권을 붙잡지 못하며, 정미년의 헤이그 밀사도 독립회복의 복음을 안고 오지 못하매, 이에 차차 외교에 대하여 의문이 되고 전쟁 아니면 안 되겠다는 판단이 생기었도다. 그러나 군인도 없고 무기도 없이 무엇으로써 전쟁하겠느냐? 산림유생들은 춘추대의 성패를 따지지 않고 의병을 모집하여 챙 넓은 관에 긴도포(아관대의䄜冠大衣)를 입은 채 지휘의 대장이 되며, 사냥 포수로 구성된 화승총 부대를 몰아가지고 조일전쟁의 전투선에 나섰지만 신문 쪽이나 본 이들, 곧 시세를 짐작한다는 이들은 그리할 용기가 아니 난다. 이에 "오늘 바로 곧 일본과 전쟁한다는 것은 망발이다. 총도 장만하고 돈도 장만하고 대포도 장만하고 지휘관이나 사졸 감까지라도 다 장만한 뒤에야 일본과 전장한다"함이니, 이것이 이른바 준비론, 곧 독립전쟁을 준비하자 함이다. 외세의 침입이 더 할수록 우리의 부족한 것이 자꾸 느끼게 되어, 그 준비론의 범위가 전쟁 이외까지 확장되어 교육도 진흥해야겠다. 상공업도 발전해야겠다, 기타 무엇무엇 일체가 모두 준비론의 부분이 되었었다. 경술국치 이후 각 지사들이 혹은 서간도 북간도의 숲속을 헤매며, 혹은 시베리아의 찬바람으로 배를 불리며, 혹은 중국 본토의 남경·북경으로 돌아다니거나, 혹은 미국 '하와이'로 들어가거나, 혹은 나라

전체로 왔다갔다하며 10여 년 동안 내외각지에서 목이 터지라고
"준비! 준비!"를 외쳐댔지만, 그 소득이 몇 개 불완전한 학교와 실력
없는 무슨 무슨 회뿐이었다. 그렇다. 그들의 정성과 실력의 부족이
아니라 실은 그 주장의 착오다. 강도 일본이 정치·경제 두 방면으
로 구박을 주어 경제가 날로 곤란하고 생산기관이 전부 박탈되어
의식의 방책도 단절된 이때에 무엇으로? 어떻게? 실업을 발전發展
시키며, 교육을 확장하며, 더구나 어디서? 얼마나? 군인을 양성하
며? 양성한들 일본 전투력의 100분의 1의 비교라도 되게 할 수
있겠는가? 실로 일장의 잠꼬대가 될 뿐이로다. 이상의 이유에 의하
여 우리는 '외교', '준비' 등의 미몽을 버리고 민중직접혁명의 수단을
취해야 함을 선언하노라.

④ 조선 민족의 생존을 유지하자면 강도 일본을 쫓아내야할 것
이며, 강도 일본을 구축하자면 오직 혁명으로써 할 뿐이니, 혁명이
아니고는 강도 일본을 구축할 방법이 없는 바로다. 그러나 우리가
혁명에 종사하려면 어느 방면부터 착수해야 하는가? 구시대의 혁
명으로 말하면, 인민은 국가의 노예가 되고 그 이상에 인민을 지배
하는 상전 곧 특수 세력이 있어 그 이른바 혁명이란 것은 특수세력
의 명칭을 변경하는 것에 불과하였다. 다시 말하자면, 곧 '을'의 특
수세력으로 '갑'의 특수세력을 변경함에 지나지 않았다. 그러므로
인민은 혁명에 대하여 다만 갑, 을 두 세력 곧 신구, 두 상전 중에
누가 어질고(숙인孰仁), 누가 폭악하고(숙포孰暴), 누가 좋고(숙선孰善),
누가 나쁜가(숙악孰惡)를 따져서 그 향을 정할 뿐이지 직접의 관계는
없었다. 그리하여 "그들의 왕을 죽여서 백성을 위로한다"(주기군이
조기민誅其君而弔其民『孟子』「梁惠王下」11장에 나오는 말)라는 입장이 고작

혁명의 유일한 종지가 되고 "표주박에 밥을, 호리병에 장을 담고서 적국의 군대를 맞이한다"(단사호장이영왕사簞食壺漿以迎王師:『孟子-梁惠王下』11장에 나오는 말)라는 말이 혁명사의 유일한 미담이 되었을 뿐이다. 오늘의 혁명으로 말하자면 민중이 곧 민중 자신를 위하여 하는 혁명인 까닭으로 '민중혁명'이다. '직접혁명'이라고 부른다. 민중직접혁명인 까닭에 그 비등팽창沸騰膨脹(끓어 부풀어오르는)의 열도가 숫자상 강약 비교의 관념을 타파하며, 그 결과의 성패가 매번(매양每樣: 항상) 전쟁학상 정해진 궤도를 벗어나 병졸이 된 민중民衆으로 백만의 일본 군대와 억만금의 재력을 가진 제왕도 물리칠 것이며 외적도 물리칠 수 있나니, 그러함으로 우리 혁명의 제일보는 민중각오의 요구이며 민중이 어떻게 각오할 것이냐.

민중은 신인 또는 성인, 어떤 영웅 호걸이 있어서 "민중을 각오"하도록 지도함으로써 각오되는 게 아니다. "민중아, 각오하자", "민중이여, 각오하여라." 그런 외침 소리로 각오되는 게 아니다. 오직 민중이 민중을 위하여 일체 민중을 향상시키는 데 불평, 부자연스러운 장애부터 먼저 타파함이 곧 "민중을 각오케"하는 유일한 방법이다. 다시 말하자면, 곧 먼저 자각한 민중이 민중의 전체를 위하여 혁명적 선구가 됨이 민중 각오의 첫째 방법이 된다.

일반 민중一般民衆이 굶주리고, 춥고, 괴롭고, 고달픈 아내가 부르짖는 소리, 아이가 보채는 소리, 세금 내라고 독촉하는 뭉둥이질, 사채이자 다그침, 자유 없는 행동 등 모든 압박에 졸리어 살려니 살 수가 없고 죽으려 하여도 죽을 바를 모르는 판이다. 만일 그 압박의 주원인이 되는 강도정치의 시설자인 강도들을 격폐擊斃(총살 또는 사살)하고, 강도들이 만든 일절 시설을 파괴하고, 복음이 세계에 전해져서 세계 민중이 동정의 눈물을 뿌리어, 이에 민인이 그 "굶어 죽는" 일 말고, 오히려 혁명이란 하나의 길이 남아 있음을 깨달아, 용감한 자는 그 의분에 못 이기어, 약한 자는 그 고통에 못 견디어, 모두 이 길로 모여들어 계속 진행되고 보편적으로 전염되어 거국일 치의 대혁명이 되면, 간사하며 교활하고 잔인하며 폭력적인 강도 일본이 끝내는 쫓겨나가게 되는 날이 되리라. 그러므로 우리의 민중을 깨우쳐 강도의 통치를 타도하고 우리 민족의 신생명을 개척한다면 양병십만은 한번 던져서 터지는 폭탄만 못하고 억천장 뿌려지는 신문과 잡지는 한 번의 봉기만 못하리라.

민중의 폭력적 혁명이 발생치 아니하면 그만이지만, 이미 발생한 이상에는 마치 낭떠러지에서 굴러내리는 돌과 같아서 목적지에 도달하지 아니하면 정지하지 않는다. 우리 이왕의 경과로 말하면 갑신정변은 특수세력이 특수세력과 싸웠던 궁중 안에서 일어나, 한 때의 연극이 되었을 뿐이다. 경술국치 전후의 의병들은 충군애국 대의로 격분하여 일어난 독서계급의 사상일 뿐이며 안중근 · 이재명 등 열사의 폭력적 행동이 열렬하였지만, 그 후면에 민중적 역량의 기초가 없었다. 3 · 1운동의 만세 소리에 민중적으로 일치된 의기가 잠시 나타났지만, 이 또한 폭력적 중심을 가지지 못하였다. "민중 · 폭력" 이 두 가지 중에서 하나만 빠지게 되면 비록 천지를 뒤흔드는 소리를 내며 장렬한 거동일지라도 번개같이 수그러지게 된다.

조선 안에 강도 일본이 제조한 혁명 원인이 산같이 쌓여 있다. 언제든지 민중의 폭력적 혁명이 개시되어, "독립을 못하면 살지 않으리라", "일본을 두들겨 내쫓지 못하면 물러서지 않으리라"는 구호를 가지고 계속 전진하면 목적을 관철하고야 말게 될 것이니, 이는

경찰의 칼이나 군대의 총이나 간활한 정치가政治家의 수단으로도 막
지 못하리라. 혁명의 기록은 자연히 처절하면서도 장렬한 기록이
되리라. 그러나 물러서면 그 뒤는 어두운 함정이요, 앞으로 나아가
면, 그 앞에는 광명한 살길이니 우리 조선 민족은 그 처절하고 장렬
한 기록을 그리면서 나아갈 뿐이니라. 이제 폭력—암살, 파괴, 폭동
—의 목적물을 대략 열거해 본다.

일一, 조선 총독朝鮮總督 및 각관공리各官公吏

이二, 일본 천황日本天皇 및 각관공리各官公吏

삼三, 정탐노偵探奴, 매국적賣國賊

사四, 적敵의 일체시설물一切施設物

이외에 각 지방의 신사나 부호가 현저하게 혁명적 운동을 방해
한 죄가 없을지라도 만일 언어 행동으로 우리의 운동을 완화하고
중상하는 자는 우리의 폭력으로써 대부對付(대처)하리라. 일본인 이
주민은 일본 강도 정치의 기계가 되어 조선 민족의 생존을 위협하
는 선봉이 되어 있는 즉, 우리의 폭력으로 구축해야 된다(할지니라).

⑤ 혁명의 길은 파괴부터 개척할지니라. 그러나 파괴만 하려고
파괴하는 것이 아니라 건설하려고 파괴하는 것이니, 만일 건설할
줄을 모르면 파괴할 줄도 모르는 것이며(모를지며), 파괴할 줄을 모
르면, 건설할 줄도 모르는 것이다(모를지니라). 건설과 파괴는(가) 다
만 형식상의 측면에서(보아) 구별이 될 뿐이지(될 뿐이요), 정신상精神
上에서는 파괴가 곧 건설이다(이니), 이를테면 우리가 일본 세력을
파괴하려는 것은 첫째는 이족 통치를 파괴하자 함이다. 왜냐하면

(왜?) '조선'이란 나라(그) 위에 '일본'이란 이족 그것들이(그것이) 전제하고 있으니, 이족전제의 밑에 있는 조선은 고유한 조선일 수가 없다, 고유한 조선을 되찾기 위하여 이족 통치를 파괴하려는 함이니라.

둘째는 특권계급을 파괴하고자 함이다. 왜냐하면(왜?) "조선 민중"이라는 그 위에 총독이니 무엇이니 하는 강도무리(강도단强盜團)의 특권 계급이 앉아 압박하고 있으니, 특권계급의 압박 밑에 있는 조선 민중은 자유적 조선 민중이 아니니 자유적 조선 민중을 되찾기 하기 위하여 특권계급을 타파하려 함이니라.

셋째는 경제약탈제도를 파괴하고자 함이다. 왜냐하면(왜?) 약탈제도 밑에 있는 경제는 민중 스스로가 생활하기 위하여 조직한 경제가 아니요, 곧 민중을 잡아먹으려는 강도의 살을 찌우기 위하여 조직한 경제니, 민중 생활을 발전시키기 위해서 경제약탈제도를 파괴하려 함이니라.

넷째는 사회적 불평균을 파괴하고자 함이다. 왜냐하면(왜?) 약자 위에 강자가 있고 가난한 자(천자賤者) 위에 권력과 부를 지닌(귀자貴子) 자가 있어, 모든 불평균을 가진 사회는 서로 약탈하고, 서로 착취(박삭剝削)하고, 서로 질투구시嫉妬仇視하는 사회가 되어서, 처음에는 소수의 행복을 위하여 다수의 민중을 잔인하게 못살게 굴다가(잔해殘害) 끝내는 또 소수끼리 서로 잔해殘害하여 민중 전체의 행복이 끝에 가서는(필경畢竟) 숫자상으로 아무 것도 없게(공空) 되고 말 것이니, 민중 전체의 행복을 증진하기 위하여 사회적 불평균을 파괴하고자 함이니라.

다섯째는 노예적 문화 사상을 파괴하고자 함이다. 왜냐하면(왜?) 예부터 내려오던 문화 사상의 종교, 윤리, 문학, 미술, 풍속, 습관, 그 어느 것 하나, 무엇이 하나 특권 계급들이 만들어 엘리트 계급

저들의 권력을 옹호하려던 것들이 아니던가(아니더냐?) 지배층의 놀고 먹는데에 제공하던 도구나 기구가 아니던가(아니더냐?) 피지배계급을 노예화하던 마취제가 아니던가(아니더냐?) 소수 계급은 지배층이 되고 다수 민중은 도리어 피지배층이 되어 불의한 압제에 반항치 못하였음은(못함은) 오로지 노예적 문화 사상의 속박을 받아왔던(받은) 까닭이니, 만일 민중적 문화를 부르짖어 그 속박의 철쇄를 끊지 않게 된다면(아니하면), 피지배층은 자기 권리를 주장하는 사상이 박약하거니와 자유 향상의 느낌이 부족하여 노예의 운명 속에서 맴돌뿐이다. 그러므로 민중문화를 부르짖기 위하여 노예적 문화 사상을 파괴하고자 함이니라.

다시 말하자면 고유적 조의, 자유적 조선 민중의, 민중적 경제의, 민중적 사회의, 민중적 문화의 조선을 건설하기 위하여 이족 통치의, 약탈 제도의, 사회적 불평균의, 노예적 문화 사상의 현상을 타파하고자 함이니라. 그런즉 괴적 정신이 곧 건설적 주장이 된다. (이러한 정신이 밖으로) 향하면(나아가면) 파괴의 '칼'이 되고 (나라 안으로) 향하면(들어오면) 건설의 깃발이 될지니, 파괴할 기백은 없고, 건설할 어리석은 생각만 있다고 하면 오백 년을 지난다 해도 혁명의 꿈은 꾸어보지도 못하게 된다(못할지니라). 이제 파괴와 건설은 하나요, 둘이 아닌 줄 알았으며(알진대), 민중적 파괴 앞에는 반드시 민중적 건설이 있는 줄 알았으니(알진대), 지금 조선 민중은 오직 민중적 폭력으로 새로운 조선을 건설하는데 장애가 되는 강도 일본 세력을 파괴하는 것뿐임을 알았다(것뿐인 줄을 알진대). 조선 민중이 한편이 되고 일본 강도가 한편이 되어, 네가 망하지 아니하면 내가 망하게 된 '외나무다리 위'에 서 있다는 줄 알았으니(알진대) 우리 이천만 민중은 하나로 똘똘 뭉쳐 폭력 파괴의 길로 나아갈지니라.

1. 민중民衆은 우리 혁명革命의 대본영大本營(최고 사령부)이다.
2. 폭력暴力은 우리 혁명革命의 유일한 무기唯一武器이다.
3. 우리는 민중民衆 속으로 가서 민중과 손에 손을 잡고(휴수携手 끊임 없
   는[부절不絕] 폭력 ─ 암살, 파괴, 폭동으로써 강도 일본强盜日本의 통치
   統治를 타도打倒하고,
4. 우리 생활生活에 불합리한不合理 일체제도一切制度를 개조改造하여
5. 인류人類로써 인류人類를 압박壓迫치 못하며, 사회社會로써 사회社會를 박
   삭剝削치 못하는 이상적 조선理想的朝鮮을 건설建設할지니라.

四千二百五十六年 一月(단기 4256. 1.)

* 글쓴이가 『단재 신채호 전집 8』, 891-901을 참고하여 가급 원문을 그대
로 살리면서 요즘 말로 고쳐 실었음.
* 단기 4,256년=서기 1,923년임.

3. 조선상고사 총론: 역사란 무엇인가(1924)

역사란 무엇인가? 역사는 아我와 비아非我의 투쟁이 시간으로 발전하고 공간적으로 확대되는 정신적 활동의 상태에 관한 기록이다. 세계사는 세계 인류가 그렇게 되어온 상태에 관한 기록이고, 조선사는 조선 민족이 그렇게 되어온 상태에 관한 기록이다. 무엇을 '아'라 하고 무엇을 '비아'라 하는가? 한마디로 쉽게 말하면, 무릇 주관적 입장에 선 모든 것이 '我'이고 주관적이 아닌 이외는 '비아'다. 이를테면, 조선인은 조선을 '我'라고 하고 조선 이외의 영국이나, 러시아, 프랑스, 미국 등을 '비아'라 한다. 그러나 반대로 영국, 러시아, 프랑스, 미국 등 나라는 자기들 나라를 '아'라 한다. 그러니까 우리 조선은 그들 입장에서는 '비아'가 된다. 무산계급은 자신들을 '아'라고 하고, 그들 입장에서 지주나 자본가는 '비아'가 된다. 거꾸로 지주나 자본가 등 유산계급은 자기네와 같은 부류(계급)를 '아'라고 하고, 그들 입장에서 무산계급은 '비아'가 된다.

이뿐만이 아니다. 학술, 기술, 직업, 의견, 그 밖의 어떤 경우에서든지 주관적 본위인 '아'가 있게 되면, 반드시 '아'와 대립적인 '비아'가 있기 마련이다. 모든 사물에는 '아'가 있으면 그 안에 '아'와 이에 대립하는 '비아'가 있기 마련이고. '비아' 또한 그 안에 '아'와 이에 대립하는 '비아'가 있기 마련이다. 이 때문에 '아'에 대하여 '비아'의 공격이 빈번해질수록 '비아'에 대한 '아'의 투쟁도 상대적으로 투쟁적이 된다(맹렬猛烈). 이 때문에 인류사회의 활동은 쉬지 않고 움직이며 역사 또한, 앞으로 나아감(前進전도)을 멈추지 않는다. 따라서 역사는 '아'와 '비아'의 투쟁의 기록이다. '아'와 이 '아'와 대립하는 '비아'의 '아'도 역사적인 '아'가 되기 위해서는 반드시 두 개의 속성을 가져야 한다. 하나는 시간으로 끊임없이 움직이는 상속성이 있어야 한다. 상속성이라 함은 생명의 시간이 멈춤 없이 이어지는 것을 말한다. 둘은, 역사의 결과가 두루 미치는 보편성普遍性을 지녀야 한다. 곧 공간성으로, '아'의 영향력이 공간적으로 파급되어야 한다. 인류 이외의 다른 생물의 경우에도 '아'와 '비아'의 투쟁이 있기는 하지만 아의 의식이 미약해서 역사의 상속성과 보편성을 가질 수 없기에, 결국은 인류만이 역사를 가질 수밖에 없다.

사회를 떠나 개인적 차원에서도 '아'와 '비아'의 투쟁이 있겠지만 '아'의 범위(시간과 공간)가 너무 좁아서 시간의 영속성(상속성)과 영향의 보편성(공간성)이 크지 않다. 그러므로 사회성을 가지고 있는 인류라야 역사를 가질 수 있다. 같은 종류의 행위일지라도, 위의 상속성과 보편성이 강하느냐 약하느냐에 따라 역사의 사료가 될만한 분량을 결정할 수 있다. 예를 들어보자. 조선시대 학자 김석문 (1658~1735)이라는 학자가 300년 전에 지동설을 주창했다. 그러나 이탈리아 사람으로 지원설을 주장하였다가 종교재판에서 화형을 당한 지오다노 부르노(1548~1600) 수사의 주장만큼 역사적 가치를 부여하지 않고 있다. 그것은 브루노의 주장으로 인하여 유럽의 각국에 탐험열기를 일으키고 그 결과, 신항로의 발견과 아메리카 신대륙의 발견으로 이어졌기 때문이다. 그러나 김석문의 주장은 그런 결과를 낳지 못했다. 또 조선 선조 때, 정여립은 400년 전에 군주와 신하 사이의 윤리인 군신강상설君臣綱常說(왕은 신하의 가치 판단의 기준이 된다는 유가사상)을 타파하려 했던 동아시아의 타고난 인물이지만

(1589 사망) 이를 유럽에서 『민약론民約論』・『사회계약설社會契約說』을 저술한 장자크 루소(1712~1778)와 대등한 역사적 인물로 평가할 수는 없다. 그 이유는 정여립의 영향을 받은 노비들로 구성된 인계와 양반살륙계兩班殺戮稧(살주계) 등의 비밀결사 조직의 활동이 전광석화처 거사들이 있긴 하였으나, 루소에서 영향을 받은 거대한 파도처럼 웅장・격동적으로 일어난 프랑스혁명(1789)에 비교될 수 없기때문이다. '비아'를 정복하여 '아'를 드높이면 투쟁의 승자가 되어 미래역사에서 생명을 이어갈 수 있겠지만, 거꾸로 '아'가 소멸되어 '아'가 '비아'에게 공헌하게 된다면 투쟁의 패자가 되어 역사의 흔적만 남길뿐이다. 이는 동서고금의 역사에서 변하지 않는 이치다. 역사에서 승자가 되고 패자가 되지 않으려는 것은 인류의 공통된 본성이다. 그러나 역사에서는 기대와 달리 늘상 승리자가 아닌 패배자가 되는 까닭은 무슨 까닭일까?

무릇 선천적 실질에서 바라보면, '아'가 생긴 뒤에 '비아'가 있는 것이 본래 모습이지만, 후천적 형식으로 바라보면 '비아'가 있은 뒤에 '아'가 있게도 된다. 예컨대 조선 민족, 곧 아의 출현한 뒤에 묘족, 한족 등 비아가 조선 민족과 대립 관계를 갖게 된다. 이런 이치는 선천적 실질에 속하는 경우가 된다. 그러나 묘족, 한족이라는 대립적 존재가 없게 된다면, 조선이란 나라 이름을 짓거나 서울을 관리하기 위한 삼경을 설치하거나, 외세를 막기 위한 오군을 설치하거나 하는 '아'의 작용은 없게 된다. 이것이 후천적 형식에 해당된다. 따라서 정신적 확립을 통해 선천적 실질을 지키고, 환경적 적응을 통해 후천적 형식을 유지하게 된다. 만약 두 가지 중에 하나라도 부족하게 되면, 패망의 숲으로 돌아가게 된다. 이 때문에 종교를 발달시킨 유대 민족이나, 무력으로 발전하였던 돌궐족이 몰락의 화를 면치 못하였던 것은 후천적인 형식이 부족했기 때문이다. 공화주의를 채택하였던 남미와 끝판에 학문에 흥성하였던 이집트가 쇠퇴의 우환에서 벗어나지 못한 것은 선천적인 실질이 부족하였기 때문이다. … (조선의 전통사서들을 평가한 글에서) 이상에서 열거한 역사서의 종류를 다시 말해 보자면 다음과 같은 문제점이 있다.

첫째, 대다수의 역사서가 정치사에 치중되어 있고, 문화사에 해당되는 역사책들은 얼마 안 된다.

둘째, 정치사에 관계되는 역사서들도 『東國通鑑동국통감』(서거정, 1485)과 『東史綱目동사강목』(안정복, 1778) 이외는 고금을 두루 엮은 게 없다. 하나같이 왕조의 흥망성쇠의 본말을 적은 것뿐이다.

셋째, 중국 공자의 춘추기법을 절대적인 기법으로 알고 의례만 모방하여 존군억신尊君抑臣만 주장하다가 민족의 존재를 잊어버렸다. 또한 숭화양이만 주장하다가 끝내는 자기 나라까지 배척하고 한편으로 치우치고 도리에 어긋나는 일에까지 이름이다.

넷째, 역사를 자기 나라 사람들의 자질 향상의 거울로 제공하려 하기보다는 다른 나라(중국) 사람들에게 아유阿諛(비유를 맞추며 알랑거림)하려고 한 뜻이 더 많다. 그래서 제집의 땅덩어리까지 조금씩 조금씩 잘라내어 주고 끝내는 단군 조선의 건국하던 수도(首都=서울)까지 모르게 되었다.

* 글쓴이가 요즘 말로 고쳐 썼음. 『단재 신채호 전집 1』, 225-230 발췌.

4. 재중국조선무정부의자연맹 「북경회의 선언」 (1928. 4.)

① 우리의 세계의 無産民衆_{무산민중}… 더욱 우리 동방 각 식민지 무산민중의 피와 가죽과 살과 빨고 짜고 씹고 물고 깨물어 창자가 꿰어지려 한다. 배가 터지려 한다. 그래서 저들(彼等)이 그 최후의 발악으로 우리 무산민중 — 더욱 동방 각 식민지 무신민중을 대가리에서 발끝까지 박박 찢으며 바삭바삭 깨물어 우리 민중은 죽음보다 더 처참한 생존 아닌 생존(不生存의 生存: 죽지 못해 사는)을 가지고 있다. 아, 세계 무산민중의 생존,—더욱 무산민중의 생존,—소수가 다수에게 지는 것이 원칙이라 하면, 왜 — 최대 다수의 민중이 최소수의 짐승 같은 강도들에게 피를 빨리고 살을 찢기는 것은 무슨 까닭인가? 저들의 군대 때문인가? 경찰 때문인가, 군함, 비행기, 대포, 장총, 장갑차, 독가스, 흉참한 무기 때문인가? 아니다. 이는 그 결과이지 원인은 아니다. 저들은 역사적으로 발달 성장해온 수천 년 묵은 괴물들이다. 이 괴물들은 맨 처음에 교활하게 자유 평등의 사회에서 사는 우리 민중을 속이어 지배자의 지위를 얻어 가지고 그 약탈행위를 조직적으로 대낮에 행하려는 이른바 정치라는 것을 만들며, 약탈하여 얻은 것을 분배하려는, 곧 인육분장소인 이른바 정부를 두며 그리고 영원무궁하게 그 지위를 누리고자 하여 반대하려는 민중을 제재하는 소위 법률·형법 등의 부어터진 조문을 제정하여 민중의 노예적 복종을 강요하는 이른바 명분, 윤리 등 민둥이 같은 도덕률을 만들었다. 동서 역사에 전하여 온 제왕, 성현이 이 강도나 야수를 옹호한 짐승의 주구들이다. 민중이 왕왕 그 약탈에

견디다 못해 반항적 혁명을 행한 때도 많았지만 마침내 몇몇 교활한에게 속아 다시 그 강도적 지배자의 지위를 허여許與하여 '이폭역폭以暴易暴'의 현상으로서 역사를 되풀이하고 말았다. 이것이 곧 다수의 민중으로 소수의 야수에게 유린을 당해온 원인이다.

② 저들 야수들이 중세기 이래 자유도시에서 발달하여 오는 과학과 공업적 기계— 증기기계蒸氣機械, 전기기계電氣機械 등을 몰래 도적질竊取하여 나날이 정치적, 경제적 상공업적, 군용적 모든 시설을 확대하고 증가하여 거대하고 큰 지구가 우리 무산대중의 두개골과 육신을 가루가 되도록 갈고 있는 하나의 맷돌짝이 되고 말았다. 그러나 저들은 민중의 참상에는 눈이 멀었다. 우리 민중의 비명과 슬프게 부르짖는 소리에는 귀가 멀었다. 저들은 다만 우리 민중의 고기를 먹는 입만 딱— 벌리고 있다. 아—, 이 잔인하고 악독한, 암담하고 처참한, 도의도 없는 짐승 같은 강도野獸的强盜 —강도 같은 야수强盜的野獸— 이 야수의 짓밟힘 밑에서 고통과 비참을 받아온 우리 민중도 참다 못하여, 견디다 못하여, 이에 저 짐승들을 퇴치하려는, 박멸하려는 — [일제강점기] 이래로 있어 왔던 정치, 법률, 도덕, 윤리, 기타 일체 문구文具(문명기구)를 부인하고자 한다. 그리고 [일제의] 군대, 경찰, 황실, 정부, 은행, 회사 기타 모든 세력을 파괴하고자 하는 분노의 절규, 곧 '혁명'이라는 소리가 대지 위 구석구석에 있는 모든 이의 고막에 울려 퍼지고 있다. 이 울림이 강조됨에 따라 저들 짐승의 무리들도 신경을 비상하게 곤두세워 극도로 전율하는 안광으로 우리 민중의 태도를 살펴보고 있다. 그래서 일제는 군인의 총과 경찰의 칼로 우리 혁명적 민중을 위압하는 동시에, 저들은 신문, 서점, 학교 등을 설치하고, 혹은 매수하고 혹은 자격검

사하여 저들의 주구인 기자, 학자, 문인, 교수 등을 시키어 그 짐승 같은 약탈, 강도적 착취를 공인하고 변호하며, 예찬하면서 민중적 혁명의 소리를 소멸시키려 한다. 이 짐승 같은 세계, 강도 사회에 '정의'니, '진리'니가 다 무슨 방귀 뀌는 소리이며, '문명'이니, '문화'니가 다 무슨 똥물 튀기는 소리냐? 우리 민중은 알았다. 깨달았다. 저들 짐승의 무리가 아무리 악다귀를 쓴들, 아무리 요망을 피운들, 이미 모든 것을 부인한, 모든 것을 파괴하려는 천지를 울리는 혁명의 북소리가 어찌 갑자기(거연遽然) 까닭 없이 멎을소냐. 벌써 구석구석 부분 부분이 우리 민중과 저들 소수의 짐승 무리가 진형을 대치하여 포문을 열었다. 옳다 되었다. 우리 대다수 민중이 저들 소수의 짐승들과 선전하는 날이 무산민중의 생존—이것을 어디 가서 찾지 않으려 할 것인가. 우리의 생존은 우리의 생존을 빼앗은 우리의 적을 섬멸하는 데서 찾아야 한다. 일체의 정치는 곧 우리의 생명을 빼앗는 우리의 적이니, 첫걸음으로 일절 정치를 부인하는 것, 소극적인 부인만으로는 곧 동탁(삼국지에 나오는 반란세력)을 곡사哭死하려는… 우리 대다수 민중은 저들의 세력을 부인하고 파괴하는 날이 곧 저들이 존재를 잃는 날이 되며 그들의 존재를 잃는 날이 곧 우리 민중이 열망하는 자유평등의 생존을 얻어 무산계급의 진정한 해방을 이루는 날이요, 곧 개선의 날이니 우리 민중의 생존할 길이 여기이 혁명에 있을 뿐이다.

③ 우리 무산민중의 최후 승리는 확정된 필연의 사실이지만, 다만 동방 각 '식민지', '반식민지'의 무산대중은 오래전부터로 석가, 공자 등이 제창한 곰팡내 나는 도덕의 '독' 안에 빠져 있고 제왕·추장 등이 건설한 비린내 나는 정치의 '그물' 속에 걸리어 수천 년

헤매다가 하루아침에 영국, 프랑스, 일본 등 자본 제국주의 짐승(야수)들의… 왜 매년 증가하는가? 저들의 경제적 착취와 정치적 압력이 전속력으로 전진하여 우리 민중을 맷돌의 한돌림에 다 갈아 죽이려 하는 판국이다. 그러니, 우리 동방 민중의 혁명이 만일 급속도로 전진하지 않으면 동방 민중은 그 존재를 잊어버릴 것이다. 그럼에도 존재한다면 이는 분묘 속으로 온 것이니, 우리가 철저히 이를 부인하고 파괴하는 날이 곧 저들이 존재를 잃게 하는 날이다(1928. 4.).

　*『단재 신채호 전집 7』, 393-395에서 인용하되, 가급 요즘 글로 풀어쓰려 했음. [ ] 부분은 필자가 붙임.

5. 국가 폭력: 고문의 양태

평화와 자유 정신을 파괴하는 국가 폭력은 고문에서 그 시작을 알린다. 고문에 의하여 국가 폭력을 받아본 사람은 가혹하고 참혹한 고문 행위를 가족들에게조차 차마 이야기를 못한다. 듣는 사람들이 끔찍한 고문 행위를 들으면 가슴이 미어터지는 정신적 고통을 그들도 겪을까 봐서다. 그럼에도 입 밖에 내지 못했던, 지우고 싶은 고통의 순간들, 너무 끔찍하고 참혹했던 고통의 기억을 다시금 언급하게 된 데에는 필자 나름의 이유가 있다. 그것은 우리 역사 속에서 있어 왔던 '역사적 사실'이기에 모든 민인/씨울이 알아야 한다는 차원에서다. 그래서 일제라는 침략 괴물과 이승만, 박정희, 전두환, 노태우라는 독재 괴물이 선량한 인간들에게 자행한 고문의 양태를 비교해 보았다. 이것은 국가 폭력 행위의 진실을 우리의 후손들도 알아야 한다는 심정과 대한민국의 고문이 어디서 그 유래가 왔는지를 고발하고자 하는 의미에서다. 또한 우리나라에서도 반인권적인 고문에 대한 역사 연구가 이루어졌으면 하는 바람도 있기 때문이다. 곧 체계적인 '고문의 역사'다.[1]

고문은 신체에 가해지는 국가 폭력의 첫 단계다. 국가 폭력의 초기 단계인 고문에 의하여 경찰과 검찰의 '피의자 신문조서'가 조작된다. 이렇게 고문에 의하여 조작된 조서는 검증단계가 생략된 채 검찰에 의하여 법원에 기소가 된다. 고문에 의하여 조작된 피의

---

1 박원순, 『아무도 기록하지 않은 역사』 고문의 한국현대사 야만시대의 기록 1 (서울: 역사비평사, 2006).

자신문조서는 법원에 의하여 2단계 국가 폭력으로 이어진다. 정신에 가해지는 국가 폭력이다. 공판 과정을 통하여 재판관은 경찰과 검찰이 고문에 의하여 조작한 조서를 그대로 인용하여 판결을 내린다. 판결의 근거는 고문받았다는 증거를 찾을 수 없다는 거다. 여기서 행정부의 시녀인 사법 폭력이 일어난다. 사법 살인, 징역살이 등이 그것이다. 여기서 우리는 사법부는 늘 정치 권력에 노예적으로 종사하는 기관이라는 것을 깨닫게 된다.

일제병탄기 민족해방운동·독립운동을 해온 우리 대한나라 사람들에 대한 가혹한 고문 형태는 윤경로,『105인 사건과 신민회연구』(서울: 한성대학교출판부, 2012. 8., 129)에서 퍼왔다. 그리고 분단 해방 이후 이승만, 박정희, 전두환 권력들이 1960~1980년대 독재 타도와 민주화운동을 하는 사람들에게 가했던 고문의 양태는 황보윤식, "아람회 사람들이 감옥에 간 까닭은",『죽을 때까지 이 걸음으로』(문사철, 2017. 8.)에서 퍼왔다. 고문은 국가 폭력의 초기 단계에서 발생한다. 비인간적 독재 권력은 그들의 권력 영속적 유지를 위하여 반정부적 양심 세력과 정부 비판 세력, 평화통일운동가들에 대하여 악랄한 고문을 통하여 사회질서를 파괴하는 범법자로 조작한다. 고문은 국가 폭력의 전형적인 사건 조작의 도구다. 엘리트 중심의 자본적 민주주의 사회, 곧 자유민주주의라는 탈이 가소롭게 느껴지는 이유다.

1) 일제가 우리 동포에게 가한 고문의 양태

"눈 가린 채 공중에 매달고 쇠몽둥이로 매질하기, 대나무 못을 손톱 및 발톱 밑에 박아넣기, 수십 일간 완전 밀폐된 독방에 가두면서 일체 음식물을 주지 않기, 몹시 추운 날씨에 옷을 벗긴 후 수도전에 묶고 찬물을 끼얹어 사람을 얼음기둥으로 만들기, 발가벗기고 손을 등 뒤로 묶은 다음 묶은 손의 끈을 문설주 위로 끌어당겨 온몸을 공중에 매달아 흔들어 문틀에 부딪치기(일명 학춤), 기름을 바른 온몸에 인두와 담뱃불로 단근질하기, 입 벌리고 혀를 빼게 한 후, 기도에 담배 연기 불어넣기, 두 다리를 땅에서 들게 한 채, 1전짜리 동전 크기의 머리채를 만들어 천정에 매달아 머리털 뽑기, 코에 뜨거운 물을 붓고 거꾸로 매달아 뱅뱅 돌리기, 입을 벌린 채, 입안에 석탄가루를 쑤셔 넣기, 콧수염의 양끝을 서로 묶은 다음 잡아당기기, 쇠몽둥이를 손가락 사이에 끼고 손가락을 비틀기, 손가락을 쇠줄로 묶고 잡아당기기, 밤에 산으로 끌고 가 나무에 매달고 예리한 칼을 목에 들이대고 죽인다고 협박하기, 가슴높이의 궤짝 속에 들어가 장시간 서 있기, 손을 묶은 다음, 선박 밑으로 들어가 머리카락을 땅에 동여매고, 왼쪽 다리를 무릎높이로 하여 선박에 묶어 장시간 방치하여 피를 토하게 만들기" 또 있다. 아주 간악한 고문으로 성기를 송곳 같은 것으로 쑤셔 넣어 고통 주기, 전기로 고문하기, 채찍으로 등판을 갈기기 등.

2) 대한민국 경찰(이승만, 박정희, 전두환)이 권력 비판자들에게 가한 고문의 양태

며칠씩 잠 안 재우기(수사 초기에 나타나는 통상적인 고문 수단임), 몽둥이로 두들겨 패기, 밥 안 주기, 죽여서 묻어버리겠다고 협박하기, 정신적, 심리적 고통 주기(부모, 형제에게 불이익을 주겠다, 형제들을 직장에서 쫓겨나게 하겠다, 가족을 죽인다, 가족에게 불이익을 주겠다는 등 협박하기), 손가락 주리 틀기, 다른 사람 고문하는 것 보여주기와 비명소리 듣게 하기, 머리털 뽑기, 다반사로 일어나는 턱 주걱 뽑기(오른손 엄지와 장지를 이용하여 윗니와 아랫니 사이에 힘을 가해 아구를 조이는), 불안감 조성하기(다른 사람이 고문을 당하면서 고통스럽게 지르는 비명소리 듣게 하기), 머리를 땅에 박고 손을 등 뒤로 한 채 오래 버티기(일명 원산폭격, 꼬라박기), 두들겨 패면서 허위자백 강요하기, 머리카락 쥐어뜯기, 여러 명이 한꺼번에 들어와 택견과 주먹 등으로 개 패듯 정신없이 두들겨 패기, 조사실 복도에 있는 욕조대에 머리카락을 잡고 머리를 물속에 처박기(일명 물고문), 무릎 골절 뽑기(손을 뒤로 하여 수갑을 채운 뒤 무릎을 꿇인 채 굽힌 무릎 사이에 5cm 굵기의 둥근 몽둥이를 끼워 무릎 위에서 밟아대는 고문, 이로 인해 무릎 골절이 탈골되기도 한다), 발가벗기기(반인륜적 행위로 수치심 유발하기), 기좌폭력起坐暴力("앉아, 일어서"를 수백 번 반복하기), 통닭구이(발가벗겨진 상태에서 두 손에 수갑이 채워지고 무릎 사이에는 굵은 각목이 끼워진 채 두 책상 사이에 거꾸로 매달고 수건을 얼굴 위에 놓고 물 붓기-수막현상으로 숨을 쉴 수가 없게 함, 그림 참조), 심리적으로 좌절감 느끼게 하기(이번에 빨갱이로 낙인이 찍히면 가족들이 우리 사회에서 살아가기 힘들다는 등), 온몸에 감전시키기 등(전기고문). 또 있다. 성기에 고통을 가하기. 고문으로 조작된 허위조서를 수차례 암기시키기-정신공황 유발, 발톱부위를 고문관이 짓이겨 발톱이 빠지는 고통을 주기, 차라리 죽여라고 고함을 지르면, 그래 빨강볼펜으로 "나는 빨갱이짓하다가 죽었다"고 써라, 그러면 가마니에 똘똘 말아 길거리에 버려주겠다는 비인간적 고문을 가함.

 * 이상은 필자가 직접 경험했던 바(전기고문, 성기고문 제외)를 기술한
   것이고, 다음은 박정희, 전두환, 노태우 등 쿠데타 군부, 개인 독재가
   국회의원과 함석헌에게 가한 고문의 양태임.

 옷 벗기고 잠 안 재우기(초기 수사에서 이루어지는 통상적인 악질폭
력임), 좌기起坐 폭력("앉아, 일어서"를 수천 번 반복하기, 무릎 끓기(무릎을
끓되 앞정강이를 붙인 채 엉덩이를 바닥에 대고 발목을 안쪽 복숭아뼈가 밖
으로 향하게 한 자세로 앉아 있기), 꼬라박기(일명 원산폭격: 장시간 견디지
못하고 자세가 흐트러지면 몽둥이로 내려침), 코털, 턱수염 뽑기, 발가벗
기고 두들겨 패기, 각목과 곤봉으로 무차별로 두들겨 때리기, 눕혀
놓고 코에 물 붓기, 통닭처럼 거꾸로 매달고 몽둥이로 두들겨 패기,
송곳으로 발바닥 찌르기, 무릎 골절 뽑기(무릎 사이에 알루미늄으로
된 침대 각목을 끼우고 한쪽을 스팀파이프에 고정시켜 꿇어앉은 자세에서
밑으로 눌러 고통주기), 엉덩이 구타(엎드려 뻗친 자세를 시킨 다음 엉덩이
를 몽둥이로 지칠 때까지 후려침), 모욕주기(고무신으로 얼굴을 후려침),
철창 매달리기(수사실의 철창에 메달려 있게 함. 힘이 부쳐 떨어지면, 이번
에는 자세를 바꾸어 철창 밖으로 다리를 내밀게 하고 군화발로 발길질 하기),
빈대 흉내내기 또는 빈대 붙어있기(다리와 팔은 최대한 벌리고, 벽에
밀착하여 목을 벽으로 최대한 붙이게 하는 자세 나중에 기진맥진한다), 손
바닥, 손등에 고통주기(통상적으로 손바닥과 손등을 교대로 돌리면서 몽
둥이로 수없이 후려침), 하루종일 서있게 하기, 항복降伏 고문(벽에 등을
붙인 자세에서 양팔을 수직으로 올리고 손바닥을 벽 쪽으로 향하게 한 후, 앞

으로 걸어 나오게 하면서 항복의사 표시하기), 언어폭력(빨갱이 새끼, 간첩 새끼 등의 욕설을 퍼붓기), 정신 · 심리적 고통 주기(지하수사실은 한강 하수구로 연결되어 있다. 죽여서 시체를 한강으로 내보내겠다), 불안감 조성하기(다른 사람 고문하는 것 보여주기, 비명소리 듣게 하기) 협박 폭력 (수사실에서 유치장으로 넘겨질 때 위와 같은 고문 사실을 외부에 알리는 경우엔 어떤 처벌도 달게 받겠다는 각서에 날인하도록 강요하기)

신채호 삶살이

1. 출생과 성장

집안: 조선의 7대 왕을 지낸 이유(李琜)가 권좌에 있을 때 재상(좌의정)을 지낸 고령 신 씨, 신숙주 계열이다. 신채호의 할아버지 신성우申星雨(1829~?)가 과거시험(문관)에 합격하여 관직에 있었으나 아들이 병을 얻게 되면서 사퇴한 이후, 옛 충청북도 청원군 회덕군 산내면 어남리(현 대전시 중구 어남동에 속함)에 있는 도리미(桃林) 마을에서 정착을 함, 이들 고령 신씨들이 청주 상당산성 동쪽 낭성-가덕-미원 일대에 집성촌을 이뤄 살았기 때문에 신채호를 '산동 신 씨山東申氏'로 부르기도 한다.

출생: 신채호申寀浩(申寀浩)는 부친 신광식×어머니 밀양 박 씨(1850~1897) 사이에서 1880년 12월 8일(음력 11월 7일) 충청도 대덕군 정생면 익동 도라산리(현재 행정구역으로는 대전광역시 중구 어남동 233)에서 둘째 아들로 세상에 나옴.

성장: 3세 때 신씨 집성촌인 충북 청원군 낭성(낭성의 귀래리:고두미 지역은 권 씨 집성촌도 있었음)으로 이사를 감. 5세 때, 그의 할아버지(申星雨, 申叔舟 후예)가 낭성에 세운 서당에서 한학을 공부한다. 8세 때 아버지(신광식: 1849~1886, 향년 38세)을 잃게 됨. 10

세 무렵에는 중국 송나라 사마광(1019~1086)이 지은 『資治通鑑 자치통감』과 중국 유가사상의 정수를 담고 있는 『사서삼경』을 읽어 내고(12세 때), 시문에도 뛰어났다고 한다. 특히 중국의 진수(233 ~297)가 지은 『三國志삼국지』(기원전 3세기)와 시내암/나관중이 지은 『水滸志수호지』(1370)도 즐겨 읽었다고 전해진다. 신채호의 첫 책거리를 기념하기 위하여 모과나무를 심었다고 전해짐.

2. 망명 전 삶살이

1894(15세)

신백우申伯雨(1888~1962) 집에 기거하면서 신백우의 부친 구당 신병휴申秉休(苟堂)에게서 한문을 공부한다. 이 무렵 동학농민전쟁을 목격하게 됨.

1895(16세)

풍양 조 씨와 혼인을 한다.

1896(17세)

한학자인 신승구申昇求(1850~1932)한테서 한문을 공부함.

1897(18세)

할아버지 신성우가 신승우에 부탁하고 신승우의 주선으로, 대한제국의 학부대신을 지낸 신기선申箕善(1851~1909)에게 소개되어 신기선의 서재를 드나들면서, 실학과 신학문 관련 서적을 통하여 개화 지식인이 됨.

1898(19세)

신기선의 주선으로 이해 가을, 성균관에 입학함. 당시 한양(서울)으로 삶살이를 옮기게 되면서 청소년기를 보낸 청주시 상당구 귀래리(고두미마을)를 떠나게 됨. 성균관에 입학하면서 기숙사(남재南齋)에 기거하게 됨. 성균관에서 수학하면서, 여러 의인과 합심하여 독서회를 조직하고 여기서 유럽에서 들어오는 신사조들을 공부하게 됨. 유럽의 신사조를 접하면서 사회진화론에 바탕한 자강 사상을 포지하고 애국계몽운동에 참여하게 됨. 그 결과 독립협회와 만민공동회운동에도 참여하였다가 투옥이 됨(11. 5.).

1899(20세)

큰형 신재호申在浩(1973~1899)가 20대 약관의 나이로 죽음. 조카(향란)를 양육하게 됨.

1901(22세)

중추원中樞院에 헌의서獻議書를 제출함(2. 9.). 헌의서는 성균관 유생 30명과 함께, 대한제국에 걸맞게 나라 법규를 고쳐, 황제의 존엄성을 세워야 한다는 건의서이다.

성균관 교육을 마치고 고향(충북 청원군 낭성면 귀래리 고두미마을)으로 내려와 청원군 가덕면 인차리에 있는 문동학원에서 신규식, 신백우와 함께 애국 계몽 교육을 함. 뒤에 한문무용론을 주장하고 한글사용을 주장한다.

1902(23세)

일제의 강요로 마산馬山에 일제에게 조차지租借地를 내주자, 정부를 성토하였음.

1903(24세)

잠시 상경하여 류인식柳寅植(1865~1928)을 만나 유럽 학문에 대한 교육의 필요성을 역설하고 단발을 주장하고 자신도 단발을 단행함(이호룡, 2013, 313).

1904(25세)

(1) 「抗日聲討文항일성토문」을 작성, 반포한 일이다. 항일성토문은 러일전쟁露日戰爭(1904~1905) 당시 일제가 대한제국 침략의 일환으로, 황무지 개간권을 요구해 온다. 이때 나라를 팔아먹을 궁리를 하고 있던 대신大臣(오늘날 장관급) 이하영李夏榮(1858~1919), 현영운玄暎運(1868~?) 일당들이 일제의 요구에 동의하여 황무지 개간권을 허용하는 계약서(허차약안許借約案)를 작성해 준다. 그러자 신채호, 조소앙趙素昻(1887~1958) 등이 이에 분노하여 이를 규탄(1904. 6.)한 성토문이다.

(2) 신채호는 고향인 낭성으로 내려가 신규식申圭植(1879~1922)이 설립한 문동학원文東學院에서 잠시 개화, 자강 사상을 교육하였다. 문동학원에 신지식을 배우고자 하는 많은 청년이 모여들어 배움터가 비좁아지자, 당시 3신동神童으로 불리던 신규식申圭植(1879~1922)은 신백우申伯雨(1888~1962), 신채호 등과 함께 청원의 신충식申忠植 집에다 청주 상당산성 동쪽 마을에 사는 고령, 산동 신 씨들이 세운 학교라는 뜻의 山東學院산동학원을 개설하여 운영을 한다.

1905(26세)

(1) 신채호는 조선 왕실에서 치르는 합시合試(특별한 경우 치르는 과거 시험)에 합격한다(1905. 2.). 그리고 성균관 박사에 임명이 된다 (1905. 4. 4.). 그러나 때는 러일전쟁露日戰爭(1904. 2. 8.~1905. 9. 5.) 이어서 조선뿐만 아니라, 세계 정세가 어수선했다. 신채호는 이러한 나라 정세에다 할아버지가 계시는 가족을 부양해야 하는 상황에서 공부를 더 이상할 수 없다고 판단하여 곧바로 성균관 박사를 사퇴하고(4. 6.) 삭발을 한 다음, 고향으로 내려가 산동학원에서 세계 정세의 소개, 신학문 교수敎授 등 교육을 통한 애국계몽 활동을 전개하기에 이른다.

(2) 낭성에서 장지연張志淵(1864~1921)을 만나, 황성신문 논설기자(위원)로 위촉된다. 그리하여 다시 상경한다. 그러나 일제의 강탈로 을사늑약(1905. 11. 17.)이 맺어지자 장지연이 그 울분을 참지 못해 황성신문에 "이날이야말로 목 놓아 통곡할 날이 아니던가" (是日也放聲大哭시일야방성대곡)와 일본의 강압적인 을사늑약 체결과정, 곧 일제와 강제로 맺은 5가지 조약의 체결 경위를 담은 "5건 조약청체전말五件條約請締顚末"(1905. 11. 20.)을 싣게 된다. 이것이 원인이 되어 황성신문이 무기한 정간을 당하게 된다.

(3) 이 시기에 일제의 아나키스트 고토쿠 슈스이(幸德秋水)의 『長廣舌장광설』을 읽고 아나키즘에 대하여 공명共鳴하게 된다. 그러나 공명이 곧 수용이라는 뜻은 아니다.

1906(27세)

(1) 박은식朴殷植(1859~1925)의 소개와 양기탁梁起鐸(1871~1938)의 주선으

로 大韓每日申報대한매일신보(1904. 7. 18. 창간)로 자리를 옮겨 양기탁, 박은식과 함께 정의正義의 필체로 민족혼을 불러일으켜 나가는 시간을 만난다(1905~1907 논설주간; 1907~1910 주필). 이때 신채호는 뛰어난 문장력과 당당한 필체로 남녀불평등, 대한제국의 교육정책 등을 비판하면서 애국 교육을 강조하는 시론時論과 사론史論(「독사신론」, 1908. 8.~등)을 써서 항일언론 활동을 함과 동시에 민중들에게 민족 의식을 고취시켜 나갔다.

1907(28세)

(1) 대한협회大韓協會, 기호흥학회畿湖興學會, 대한자강회大韓自强會에 가입하여 활동을 한다.

(2) 1월경, 서상돈徐相敦(1851~1913), 김광제金光濟(1866~?) 등이 중심이 되어 대구에서 일으킨 국채보상운동國債報償運動에 적극적으로 참여하였다.

(3) 「親睦」(보전친목회普專親睦會에서 발간)에 서분書憤(필명 무애생無涯生) 발표(11월).

(4) 량치차오(梁啓超)의 『이태리건국3걸전意大利建國三傑傳』(1902) 국한문으로 번역 출판한다(광학서포, 12월).

(5) 대한매일신보 주필이 됨. 신교육, 신도덕 수립을 위한 구국운동의 필요성 역설.

(6) 할아버지 신성우 사망.

[참고] 신채호가 신민회 회원으로 가입했다는 증거는 없음.

1908년(29세)

(1) 순한글 여성잡지 「가뎡지」(가정잡지) 편집 겸 발행인으로 참가하여 여성 계몽에 힘씀.

(2) 량치차오의 「飮氷室自由書」(1899)에 실려 있는 「英雄與時勢」(영웅과 시세)와 제목이 같은 「영웅과 세계」(1월) 발표한다. 여기서는 전제 영웅의 출현으로 풍전등화의 위기에 놓인 대한제국을 구해주기를 갈망하는 영웅 사관의 입장에서 글을 씀. 영웅의 출현을 갈망하는 영웅 사관의 입장에서 『乙支文德을지문덕』(광학서포, 1908)을 출판한다(5월).

(3) "警告儒林同胞"(유교풍에게 경고함, 신보 1908.1.15.~16.)를 논설로 내보내면서 유교 자체의 개혁과 유럽의 신사조에 눈을 뜰 것을 강조한다.

(4) 기타 "國漢文국한문의 輕重경중"(신보 3. 17~18.), "機會는 不可坐待"(기회는 앉아서 기대할 수 없다, 「대한매일신보」, 1908. 4. 1.), "日本의 三大忠奴"(일본의 큰충노 세 사람, 신보 1908. 4. 2.), "與友人絶交書"(친구에게 절교하는 편지, 「대한매일신보」, 1908. 4. 12.), "今日大韓國民의 目的地"(오늘날 대한 국민의 목적지, 「대한매일신보」, 1908. 5. 24.), "靑年學友會趣旨書"(청년학우회취지서, 1908. 8. 17.), "所懷一幅으로 普告同胞"(품은 회포를 널리 고함, 신보. 8. 21.), "打破 家族的 觀念"(가족 관념을 타파함, 1908. 9. 4.), "大我와 小我"(「대한매일신보」, 1908.9.16~17.), "遍告僧侶同胞"(승려동포에게 권고함, 1908. 12. 13.), "西湖問答서호문답"(신보 1908. 3. 10~18.) 등 논설과 사론을 발표한다.

(5) 사론 "讀史新論독사신론"(신보 8. 27.~)을 발표하기 시작하였으나 미

완성으로 그침. 민족주의사학의 효시가 됨. 일제와 친일 사학의 단군부정론檀君否定論과 일선동조론日鮮同祖論을 불식시킴.

1909년(30세)

(1) 이 시기, 안중근安重根(1879~1910)이 이토 히로부미(伊藤博文이등박문)를 격살하는 쾌거를 일으킨다. 이 일(1909. 10. 26.)로 국내 신민회 간부들(안창호, 이갑, 유동열, 이종호, 김희선 등)이 일제 통감부에 체포되어 조사받게 되는 일이 생김.

(2) "韓國한국의 第一豪傑大王제일호걸대왕"(「대한매일신보」, 1909. 2. 25~26.), "精神上國家정신상국가"(신보 1909. 4. 29.), "帝國主義제국주의와 民族主義민족주의"(「대한매일신보」, 5. 28.), "身家國觀念의 變遷"(몸과 집과 나라 세 가지 정황의 변천, 「대한매일신보」, 1909. 7. 15~17.), "東洋主義동양주의에 對대흔 批評평론"(신보 1909. 8. 8., 8. 10.), "論忠臣"(론충신, 신보 1909. 8. 13.), "思想變遷의 階級"(사람의 생각이 변천하는 등급, 1909. 9. 18.), "二十世紀新東國의 英雄"(이십세기 새동국의 영웅, 「대한매일신보」, 1909. 8. 17~20.) 등의 논설을 발표한다. 특히 제국주의와 민족주의라는 글에서는 민족주의를 '자주적 민족주의'로 나타내고 있음. '몸과 집과 나라 세 가지 정황의 변천'이라는 글에서는, 국가유형을 두 가지로 나누고 하나는 소수 엘리트 귀족의 사유재산(私産)이 존재하는 국가이고 다른 하나는 공유재산(公産)이 존재하는 국가이다. 그런데 국가재산이 인민 전체일 때 그 국가가 진정한 국가라고 말한다. 아마도 이러한 주장은 고토쿠 슈스이의 사회주의 이론에서 영향을 받은 듯하다. 한편, 이 글에서 국가의 발전을 전체 인민의 노력으로 보는 것은, 전제영웅의 출현이라는 종래의 주장에서 벗어나는 내용이다. 그리고 동양주의에 대한 비평에서는 일제가

러일전쟁기에 대한제국 인민들이 일제를 지원해 줄 것을 바라면서 동양주의를 내건다. 신채호는 이 글을 통하여 동양주의의 공허함과 함께 국가주의를 주장한다. 국가주의는 주체이고 동양주의는 객체라고 주장하고 동양주의는 대한제국의 국혼國魂을 빼앗으려 한다고 경계를 촉구하였다.

(3) 이외 "韓國自治制略史"(한국의 자치제도 내력, 「대한매일신보」, 1909. 7. 3.), "天喜堂詩話전희당시화"(「대한매일신보」, 11. 9.~12. 4.), "東國巨傑崔都統"(동양거걸 최도통, 「대한매일신보」, 12.9~1910.5.27.).

3. 신채호의 망명 여정

1910년(31세): 망명 1년

(1) 대한매일신보를 떠나기 전, "滿洲만주와 日本일본"(신보 1. 12.), "滿洲問題에 就하야 再論함"(만주문제를 인하여 다시 의논함, 신보 1910. 1. 19.), "二十世紀新國民20세기신국민"(신보 1910. 2. 22.~3. 3.)을 발표한다.

(2) 이즈음 신민회는 통감부의 감시가 심해지면서 국내에서 구국 활동이 더욱 어렵게 되는 것을 감지하고 긴급 간부회의를 열게 된다 (1910. 3.). 이 회의에서 해외 망명을 결정한다. 이에 따라 안창호가 이끄는 선발대를 만주를 향해 비밀리에 출국시키기로 한다. 선발대로 이갑, 유동열, 김희선, 이종호, 김지간金志侃, 조성환 등도 포함이 된다. 이에 대한매일신보 소속이었던 신채호도 이들과 함께 국외 망명을 결심하게 된다(1910. 4. 8.). 국외 망명을 결심한 신채호는 첫 부인(풍양 조 씨)을 고생시키지 않으려고 이혼을 청한다(아들이 하나 있었음). 그리고는 책 보따리(안정복安鼎福의 친필본 『東史綱目동사강목』)를 싸 들고 망명여정을 시작한다. 신채호는 평안북도 정주定州에서

내린다. 신채호는 안창호 일행이 배편으로 칭다오에 도착하는 시간을 감안하여 이승훈李昇薰(1864~1930)이 교장으로 있는 오산학교를 들르기로 한다. 오산학교에 도착하자, 이승훈 등 교사와 학생들로부터 대대적인 환영을 받는다. 그리고 약 20일간 머물면서 이승훈의 가르침도 받게 된다. 신채호는 20여 일 머물고 있던 정주 오산학교를 떠나 칭다오(青島)로 향한다. 정주에서 기차 편으로 중국 랴오닝성(遼寧省)에 있는 지금의 단둥[丹東市: 옛 지명, 안동현安東縣]으로 간다. 여기서 다시 배편으로 중국 산뚱반도(山東半島)의 엔타이(烟台: 술로 유명한)를 거쳐 칭다오로 가서, 안창호 일행과 합류하여 칭다오회담에 참여하게 된다(1910. 9.). 칭다오회담은 다음과 같은 내용을 결정하기에 이른다. 첫째, 만주(북간도로 불리는) 지린성 미산(吉林省 密山 길림성 밀산)에 농토를 매입하여 토지개간사업을 행한다, 둘째, 미산에 무관학교를 설립하고 독립운동의 중심지를 만든다. 셋째, 이의 추진을 위해 군사교관, 일반과학 교수 및 농사 전문가를 초빙 등에 합의하였다(주요한, 1964, 51). 그리고 교관으로, 신채호, 유동열, 이갑, 김지간 등을 선정하였다. 이에 따라 신채호도 이들과 함께 영국 국적의 배(당시 汽船)를 타고 지금은 러시아 땅(露領: 극동시베리아의 연해주, 흑룡주 일대를 말함)으로 이동하였다(1910. 9.).

(3) 미국 하와이에서 발간되는 『新韓國報신학국보』(1909. 2. 12. 창간)에 일편단생一片丹生이라는 필명으로 연재한다(1910. 9. 6.~1911. 1. 3.).

(4) 국내에서 일제 총독부에 의한 날조된 '데라우치 총독 암살 음모 사건'(寺內總督暗殺陰謀事件=105인 조작사건, 1910. 12.)이 일어남.

1911년(32세): 망명 2년째

(1) 신채호가 일제 땅에는 사람다운 사람이 고토쿠 슈스이(幸德秋水_{행덕}
추수)밖에 없다고 한 고토쿠가 대역죄인으로 사법살인을 당한다
(1911. 1. 24.). 신채호는 그가 옥중에서 쓴,『基督敎抹殺論_{기독교말살론}』
(1911. 2.)의 내용을 읽고 이에 크게 동감한다.

(2) 연해주 블라디보스토크로 되돌아가 이곳에서 윤세복 이동휘 이갑
등과 함께 光復會를 조직하고 부회장에 선출됨(회장: 윤세복).

(3) 신채호는 미산(密山)에서 연해주 블라디보스토크로 되돌아가 연해주
한인 2세대인 최재형 그리고 신민회 간부(이상설李相高, 정재관鄭在寬,
이동휘李東輝)등과 勸業會권업회(1911. 6. 1., 정식 창립은 12. 19.)를 조직
함. 권업회는 신문부를 설치하고 서적부장書籍部長에 신채호를 선임함.

(4) 연해주의 靑年勸業會청년권업회(1911 초 발족)가 그 지역에서 활동하다
폐간되는 해조신문과 대동공부를 인수하여「大洋報대양보」(1911. 6.
18. 창간)를 발행하게 된다. 신채호는 대양보 주필로 초빙됨. 신채호
는 대양보 주필로 들어가기 전, 안창호(1911. 9. 2. 미국으로 감)로부
터 미국으로 건너와서 미국 본토와 하와이에서 발간되고 있던 신문
(본토의「新韓民報」, 하와이의「國民報」)의 주간을 맡아줄 것을 요청
받았으나 신채호는 이에 응하지 않고, 대양보 주필을 맡음. 대양보
에 "청년종동자에 바란다"(1911. 8. 대양보 13호)라는 논설을 게재하
고 노동의 신성한 가치를 주장하였다.

(5) 악질 밀정 엄인섭嚴仁燮이 대양보 활자를 절도(1911. 9. 17.)해 가는 바
람에 폐간하고, 이후 청년권업회와 단체통합을 함(1911. 7. 16., 의장:
이상설).

1912년(33세)

⑴ 청년권업회와 단체통합을 한 권업회는 청년권업회의 대양보를 인수하여 「勸業新聞권업신문」(1912. 5. 5.)을 창간하고 신채호를 주필로 초빙한다.

⑵ "是日이날"을 권업신문에 발표(1912. 8. 29.).

⑶ "공과 사를 잘 분간하여야 할 일"(1912. 9. 9. 권업신문 22호)을 발표하여 민족운동 세력의 화합에 노력을 한다.

⑷ 신채호는 연해주에서 망명 여정을 마치고, 중국 본토(베이징)로 돌아가려 했다. 이는 연해주의 해외 망명 세력 간 그리고 연해주 이주민 2세들(러시아로 귀화한 한인과 조선인임을 고집한 한인)간의 알력과 암투로 이 지역에서 항일투쟁이 어렵다고 보았기 때문이라고 연구자들은 말들을 한다. 그러나 그것보다는 언론 활동으로는 주권회복과 민족해방을 위한 직접적 답을 찾을 수 없다고 본, 신채호의 심정에 변화가 왔던 것으로 보인다. 이후 그는 민중의 무력투쟁에 의한 민족해방투쟁으로 가야 한다는 생각을 이때부터 가지게 되는 것으로 본다. 이런 마음을 갖게 된 신채호는 딱히 권업신문을 떠나지 못하다가 결단을 내린다(1912. 10. 이전).

1913년(34세)

⑴ 1월경, 신채호는 권업신문을 그만두면서 매우 어렵게 살았던 모양이다. 이런 소식을 들은 신규식申圭植(1879~1922)은 여비까지 보태주면서 상하이로 불러낸다(1913. 1.). 신채호는 상하이로 가기 전에 중국 지린성(吉林성) 펀텐(奉天봉천)으로 가서 신백우를 만나 백두산, 즙안(集安)의 산성자산성山城子山成에 있는 환도성과 광개토대왕능과 능비를 답사한다.

⑵ 신규식의 부름에 김용준金容俊(1881~1936)과 함께 칭다오(靑島)를 거

처 항저우(杭州)에서 잠시 머물다 상하이로 감. 항저우에 머물 때 그곳 항저우도서관에서 중국 청국淸國의 고증학자 유희해劉喜海(1794~1852)가 우리나라 금석문을 모아 편집하고, 1922년 유승한이 보유한 책인 『海東金石苑해동금석원』(1832)을 비롯하여 중국역사서와 자료들을 열람하고 그 결과물을 사론 『古今光復記고금광복기』(1913)를 기술하여 박은식朴殷植(1859~1925)이 홍콩에서 발간한 「香江雜誌향강잡지」(1913. 12. 20.) 창간호에 게재하였다.

(3) 신채호는 상하이에서 망명 민족운동가(신규식, 박은식, 김규식, 홍명회, 조소앙, 문일평)들이 타도 일제를 부르짖으며 설립한 동제사同濟社(在上海韓人共濟會, 1912. 7. 4. 설립)에 가입한다. 동제사는 상하이 프랑스 조계지(밍더明德)에 일제 타도 운동을 담당할 중견인中堅人(중심 역할을 담당할 투사)을 양성할 목적으로 교육기관, 박달학원博達學院으로 개편한다(1913. 12. 17.). 신채호는 박은식, 홍명희洪命熹(1888~?), 문일평文一平(1888~1936), 조소앙 등과 함께 박달학원의 교수로 활약하면서 재중국조선인들에게 민족의식과 항일의식을 고취시킨다.

1914년(35세): 망명 4년째

(1) 신채호는 단군교(1909. 1. 15. 창시, 경술국치 후 대종교로 개칭) 교주 윤세복尹世復(1881~1960)의 초청을 받음. 그리하여 고구려 주몽朱蒙의 첫 도읍지인 졸본성卒本城(우리산성)을 찾는다. 졸본성은 지금 중국 둥베이 삼성(東北三省동북삼성)의 하나인 랴오닝성 만족 자치구인 환런현(遼寧省 桓仁縣요령성 환인현) 우리산(五女山오녀산)에 있다. 여기서(興道川흥도천) 1년여 머물면서 대종교에 입교하고, 대작이자 명작인 『朝鮮史조선사』(뒤에 『朝鮮上古史조선상고사』로 이름이 붙여짐)를 쓰기 시작한다. 그리고 신채호는 윤세복 형제가 흥도천興道川에 설립한 東

昌學校동창학교(1911. 5월 경 설립)에서 조선사를 가르쳤다(1914). 그러나 일제와 중국 관헌의 압력으로 얼마 안 있어 강제 폐교(1914)를 당하는 바람에 역사 교사를 그만두고 중국 둥베이(東北) 지역 지린성(吉林省)의 환런(桓因) 주변과 지안(集安집안), 퉁화(通化) 지역의 고구려 유적지들을 답사하게 된다. 이때 광개토대왕비, 장군총, 고구려 퉁거우 고분군(通溝古墳群통구고분군), 국내성 등 고구려 유적지를 둘러본다. 그리고 고구려의 기상을 체험하고 일제가 장백산長白山으로 산이름을 바꾼 민족의 탯줄 백두산白頭山에 올라 감격의 심정과 함께 뜨거운 눈물을 흘렸다. 신채호는 만주지역 고구려유적들에 대한 실지 답사를 마치면서 큰 충격과 함께 역사적 안목을 넓혔던 것으로 보인다.

(2) 대종교에 입교하다

(3) 동창학교에서 조선사를 가르치면서 대작이자 명작인 『朝鮮史조선사』 (뒤에 『朝鮮上古史조선상고사』로 이름이 붙여짐)를 쓰기 시작한다.

1915년(36세): 망명 5년째

(1) 신채호는 이회영의 권고로 베이징[北京]으로 이동을 한다. 이곳에서 '3 · 1 민족기의'가 일어날 때까지 4년간 머물게 된다. '조선사' 집필을 계속한다.

1916년(37세): 망명 6년째

(1) 민족해방(투쟁의식)과 민족의식(혼=낭가사상)을 고취시키는 단편의 우화적, 환상적인 미완성의 역사소설 『꿈하늘』(1916. 3.)을 집필한다. 꿈하늘의 주인공은 한놈(신채호)이다. 그 대화의 상대는 꿈속에서 만나는 고구려 시대 중국 수隋나라를 살수薩水(청천강)에서 물리

친 영웅 을지문덕乙支文德과 강감찬姜邯贊이다. 그리고 역사 무대는 단군 조선에서 시작하여 일제(도추島醜, 島國蠻種)에게 침략을 당한 조선 일제강점기까지 이야기다(『단재 신채호 전집 7』, 513-560). 꿈하늘은 신채호의 '민족주의사관'(낭가사상의 고취, 외래종교의 비판)과 영웅주의 사관(을지문덕, 최영)이 혼재하여 이야기가 전개된다. 신채호는 여기서도 변증법적으로 역사철학적 인식을 하면서 역사소설을 쓰고 있다. 꿈하늘에서는 신채호가 이미 사회주의적 사상을 수용하고 있음에도(1912년경) 민족주의(무궁화 노래, 정의正義의 아들 조선, 문화민족) 사상을 굳게 견지하고 있음을 볼 수 있다. 곧 민족을 배반한 국적國賊(일곱가지 경우)과 망국노亡國奴(12가지 경우)를 들고 있다.

(2) 대종교大倧敎의 도사도都司徒인 나철羅喆(1863~1916)이 일제에게 보내는 장문의 글(長書)을 남기고 구월산에서 자결하자, 신채호는 이를 애통하게 생각하며 "悼祭四言文도제사언문"(북조선 소장)을 지음.

1917년(38세): 망명 7년째

(1) 국내에서 조카(香蘭향란)의 혼인 문제가 있자, 신채호는 자기 조국을 밀입국해야 한다. 일찍 타계한 신채호 형의 딸 향란은 신채호가 망명을 결심하기 전까지 거두어 키워 왔던 탓으로 친자식이나 다름없었다. 그런 탓에 어렵사리 밀입국하여 조카의 혼사 문제를 해결하고자 했다. 그런데, 단재의 망명 이후, 향란을 맡아 기른 평안남도 진남포鎭南浦(지금은 南浦特別市남포특별시)의 임林아무개라는 사람이 친일파 신랑집에 팔아넘기는(매끽賣喫) 행위에 분노하여 조카의 혼인을 취소시키려 했다. 그러나 조카 향란은 단재의 뜻을 거절하였다. 그러자, 신채호는 조카와 의절義絶한다. 신채호는 의절의 표시로

손가락 절지하고 다시 평안남도 진남포에서 서울을 거쳐 일제가 짓밟고 있는 조국의 땅을 뒤로 하고 상하이로 돌아온다.

(2) 해외에서 반일민족해방투쟁을 하는 세력의 결집과 임시정부 수립을 촉구하는 「大同團結宣言文書대동단결선언문서」(국한문혼용)에 서명을 한다(1917. 7.). 여기에는 신규식, 박은식, 조소앙, 박용만, 윤세복 등 17인이 서명을 한다. 대동단결선언문을 보면, ① "대한제국(마지막 황제 이척李坧)이 주권을 포기하고 대한의 국민이 나라의 주권을 계승했으므로, 이에 비아 민주공화정을 수립해야 하며, 경술국치는 대한 국민의 삼보三寶(영토, 국민, 주권) 계승원리에 어긋나는 무효 행위다(국민주권론). ② 국내에서 민족운동, 독립운동을 하다 구속된 인사를 대신하여 해외에 있는 동지들이 그 책임을 감당해야 한다(동포연대론). ③ 국민주권에 의한 임시정부(신한新韓)에 대해 구상한다(공화정부론). 공화정부를 구성하기 위하여 먼저 내외 반일 단체의 통합(반일 단체 통합) → 통일적 임시국가의 수립 → 완전한 법치국가 수립 등 3단계 공화정부론을 제시하였다. ④ 통일적 임시국가 수립을 위해 민족대회의民族大會議 개최를 주장하였다(민족대회론). ⑤ 독립에 유리한 국제환경, 곧 러시아의 3월 혁명, 폴란드, 아일랜드, 모로코 등 나라의 독립선언, 국제환경론 등과 연결하여 독립선언론을 거론하였다. 그리고 마지막으로 찬동통지서를 첨부하였다.

(3) 신규식은 동제사를 조선사회당으로 이름을 바꾼다(1917. 8.). 그리고 러시아에서는 세계 최초 사회주의혁명(1917년 10월 혁명)이 일어난다. 이러한 격변의 분위기 속에서 신채호는 베이징으로 자리를 옮기게 됨(1918).

1918년(39세): 망명 8년째

(1) 제1차 세계폭력전쟁이 종결됨(1918. 1. 11.)

(2) 북경에 상주하게 된 신채호는 베이징대학의 도서관을 출입하면서 같은 대학의 생물학과 교수이자 아나키스트인 리스쳥(李石曾, 1881~1973)을 만나게 된다. 그리고 그의 주선으로 베이징 근교의 보타암普咤庵에 자리를 잡고 조선사 집필을 계속한다. 또 생계 수단으로 원고를 써서 중국의 "中華報"(중화바오, 나중에 의炎자 누락 때문에 투고를 중지함), 「北京日報」(베이징르바오)에 논설을 기고하여 근근이 먹거리를 해결하였다. 베이징대학을 출입하면서 베이징대 도서관에 소장된 방대한 『四庫全書사고전서』(1781년에 편찬된)도 열람하기에 이른다. 당시 베이징대학은 사회주의 사상의 중심지였다. 더구나 총장 차이 위안페이(蔡元培, 당시 교장으로 부름)은 아나키즘 조직인 파리그룹 주主회원으로 중국 아나키즘의 창시자이자, 중국 5·4 운동의 정신적 지주가 된다. 이들 중국 아나키스트의 잡지인 천의보를 통해 아나키스트에 대한 기본지식을 가지게 되었던 신채호는 이때부터(1918), 아나키즘에 대한 사상적 이론을 본격적으로 습득하게 되는 것으로 본다.

(3) 신규식 주도의 新韓青年團신한청년단(1918. 8. 결성)에 참여하여 활동한다.

(4) 『朝鮮史通論조선사통론』, 『文化編문화편』, 『思想變遷編사상변천편』, 『疆域考강역고』, 『人物考인물고』 등 탈고(이호룡, 2013, 318에서 인용).

1919년(40세): 망명 9년째

(1) 국제적으로는 파리강화회의(1919. 1. 18.~6. 28.)가 개최되고 민족자결주의가 채택됨. 국내에서는 3·1 민족기의(3·1 운동)가 일어남.

(2) 무오독립선언서(대한독립선언서, 조소앙 작성)에 신채호가 이동휘, 이상룡, 문창범, 신규식 등 38명과 함께 서명한다(2월).

(3) 베이징에서 문철文撤, 서왈보徐日甫(1886~1928) 등과 군사행동을 목적으로 청년학생들로 大韓獨立靑年團대한독립청년단(1919. 3.)을 조직하고 단장에 선임됨(이호룡, 2013, 318에서 인용함).

[참고] 당시 대한독립청년단이라는 단체 명칭이 하나 있었다. 곧 단둥(丹東=安東縣)의 대한독립청년단(총재: 안병찬, 단장: 함석은)이다 이 단체는 3·1 민족기의의 행동대장 역할을 하였던 의인, 지사들(조재은趙在健, 함석은咸錫殷=함석헌 육촌 형, 오학수吳學洙, 지중진池仲振, 박영우朴永祐 등)이 국내에서 빠져나와 조직한 단체다.

(4) 상하이(上海)에서 대한민국임시정부 수립 준비 과정에 참여(3월)

(5) 3·1 민족기의 직후 서울에서 임시정부漢城政府 논의가 이교헌李敎憲, 윤이병尹履炳, 윤용주尹龍周, 최전구崔銓九, 이용규李容珪, 김규金奎 등이 이규갑李奎甲에게 임시정부의 수립을 제의하면서(3월 초) 이때 조각組閣이 논의되면서 4월 한성정부 수립 시 신채호를 평정관評政官(정책평가관)으로 선임함.

(6) 해외 망명인 사이 임시정부를 만들기 위해 출신도 별로 臨時議政院임시의정원 의원을 뽑았다. 이에 신채호도 충청도 대표로 참여하게 된다. 당시 임시의정원에 참석하였던 사람들은 민족해방투쟁세력(이동녕, 이시영, 이회영, 이동휘, 신채호 등)과 항일독립운동세력(안창호, 신규식, 김규식, 박용만, 신석우) 외 단순 부르주아 민족주의 세력(이광수, 현순, 조완구, 조성환, 김동삼, 조영진, 조소앙 등)이었다(윤병석, 『단재 신채호 전집』 총목차, 23). 이들 29인은 상하이 프랑스 조계지 지금의 상하이 진선푸로(金神父路)에서 사무소 설치와 함께 임시정부의 출발선을 이루는 임시의정원을 조직하고 제1회 회의를

개최하였다(1919. 4. 10.).

(7) 제1회 임시의정원 회의에서 이승만이 국무총리 후보에 추천되자, 신채호는 이승만 추천에 극구 반대하였다. 반대 이유는 3·1 민족기의 직전(1919. 2.)에 이승만이 미국 대통령 윌슨에게 "연합국들이 장차 한국독립을 보장한다는 조건하에 일본의 현 통치에서 한국을 해방시켜 국제연맹의 위임통치하에 두는 조치를 취할 수 있도록" 하는 내용의 '위임통치청원서'를 제출한 일이 있었다. 이는 곧 당시 대한제국 민족의 자주 독립 의지를 꺾고 반일反日 민족해방투쟁에 재를 뿌리는 민족 배반적 행위라고 생각하였다. 그러나 이동녕이 국무총리 대행을 하면서 신채호는 임시정부에서 활동을 계속하기로 한다. 그리하여 제5회 임시의정원(1919. 7. 9.)에서 각종 위원회가 설치되고 신채호는 자신의 의지와는 달리 전원위원회全院委員長 위원장 (1919. 4~9.)을 맡게 된다.

(8) 상하이 임시의정원 제6회 회의 때(1919. 8. 18.)에 이승만의 요청에 의하여, 의안으로 ① 국무총리제를 대통령제로 개편하는 안, ② 정부 개혁안과 임시정부 헌법 개정안이 올라왔다. 토의 끝에 원안대로 가결이 되고(1919. 9. 6, 2차 헌법개정) 대통령 선출에 들어갔다. 현 국무총리인 이승만을 대통령으로 승계시키자는 안에, 신채호는 격렬하게 반대하다가 의정원직(충청 대표)에서 해임된다(1919. 9. 6.). 그리고 임시정부와 완전히 결별한다(1919. 9. 11.).

(9) 아나키스트 신백우 등과 함께 신규식의 도움으로 상하이임시정부의 대변지 「독립신문」(사장: 이광수)에 대항하는 주간신문 「新大韓신대한」(1919. 10. 28. 국한문혼용)을 발간하게 된다. 신채호는 신대한의 주필을 맡는다. 신채호는 창간호의 창간사에서부터 임정의 독립운동 노선을 비판하기 시작한다.

⑩ 여운형呂運亨(1886~1947) 일행이 일본의 초청을 받아 일본(도쿄)을 방문하고 오자(1919. 11. 14.) 이에 상하이에 있던 독립운동가, 민족해방운동가들은 상하이(上海=留滬유호)에서 '유호임시국민대회留滬臨時國民大會'(이하, 국민대회)를 개최·기획하고, 신채호, 원세훈, 한위건 등이 선전위원宣傳委員이 되어 국민회의 명의로 여운형 일행들을 규탄하는 「宣佈文선포문」을 발표하게 된다(1919. 11. 17.).

이외 신채호가 1919년도에 국가사회주의당에 가입하고 대한독립단의 단장이 되고 신대한동맹단 부단주가 되었다고 하는 주장도 있다(이호룡, 2013, 319).

1920년(41세): 망명 10년째

⑴ 「신대한」 17호 발행하다(1920. 1. 20.). 1면에는 주로 국내·외 민족해방운동과 일제의 식민정책과 관련된 내용을 실었다. 2면에는 "언言과 행行을 일치一致하여라" 등이 실렸다. 18호를 발행하다(1920. 1. 23.). 18호에는 "신구인물新舊人物의 代謝"이라는 사설을 실음(이상 『단재 신채호 전집 5』, IV-VI).

⑵ 상하이에서 신대한과 독립신문이 갈등 대립이 있자. 임정의 이동휘의 주선으로 갈등을 봉합하려 했으나 임정의 타협론적 외교정책을 문제 삼는 신채호의 단호한 신념과 지조志操로 두 신문사의 갈등이 봉합되지 못하자. 임시정부와 독립신문사 측은 신대한신문을 인쇄하는 인쇄소에 압력을 가하여 신대한신문을 인쇄하지 못하게 하였다. 이 때문에 신대한신문은 18호를 끝으로 발행을 중단하지 않을 수 없었다(1920. 2. 18.). 이에 신채호는 더 이상 상하이에 머물 필요가 없었다. 하여, 다시 베이징으로 이동하게 된다(1920.4).

⑶ 베이징으로 거주지를 옮긴 신채호는 반反임시정부 사람들(박용만,

김창숙, 고일청 등 50여 명)과 모임을 하고, 일제를 우리 땅에서 몰아 내기 위해서는 군사통일운동이 필요하다는 데 의견일치를 본다. 그 래서 군사통일운동의 실효를 거두기 위해, 베이징(지금의 北京市 西 城区 翠花街 5号 일대)에서 第二回普合團제2회보합단('대한민국군정부'라 는 뜻)을 조직한다(1920. 4월 어느날). 신채호는 제2회보합단의 내임 장內任長(내무부장관격)을 맡게 된다.

(4) 신채호 첫 부인(풍양 조 씨)과 헤어지고 나서 당시 26세의 박자혜朴慈 惠(밀양 박 씨, 1895~1943)와 혼인을 하게 되다(1920, 4. 날짜 미상). 신 채호가 박자혜를 만나게 되는 것은 이회영의 부인 이은숙李恩淑의 중매가 계기가 되었다. 박자혜는 궁녀였던 간호사 출신으로 3 · 1 민족기의 직전 간우회看友會를 조직 3 · 1 민족기의에 참여(3. 10.)하 려는 계획을 세웠으나 밀고로 일경에 체포되었다가 풀려나면서, 서 울역에서 열차로 펑톈(奉天)행을 탔다. 여기서 다시 베이징(北京= 燕京)으로 와서 그리스도교 계통에서 설립한 옌칭대학(燕京大學校) 의예과에 입학(1919. 4.)하고 있었던 차에 신채호를 만났다.

(5) 신채호는 성토문을 쓰기 전에 박용만과 함께 연해주 포크라니치니 아로 건너가 연해주를 중심으로 민족해방운동을 벌이고 있는 지사 들(문창범, 유동열)과 반일민족해방전쟁의 전개 방향에 대하여 논의 를 벌인 적이 있다(1920. 6.). 연해주에 머무는 동안 지금의 중국 헤 이룽장성(黑龙江省)에 있는 헤이허(黑河) 근처에 세워진 한인청년 무관학교 생도들에게『클라우제비츠의 전쟁론』과 혁명이론을 번 역한 내용과 한국역사를 가르친 일이 있었다. 이 때문에 신채호는 일제에게 강제연행되어 미산密山으로 끌려가 심한 고문을 강제당하 였다(이호룡, 2013, 3129).

(6) 연해주에서 민족해방운동을 하는 인사들의 의견이 분분하여 연해

주에서 민족해방전쟁의 가망성을 찾지 못한 채, 신채호는 다시 베이징으로 오게 된다(1920. 9.).

(7) 베이징으로 돌아온 신채호는 민족해방전쟁의 방향을 잡기 위해 이회영, 신숙申肅, 박용만 등 9명과 함께 『軍事統一促成會군사통일촉성회』(군사통일준비회: 군사단체의 통일에 관한 협의회, 1920. 9 초)를 발기한다.

(8) 이동휘 김만겸金萬謙(1886~?), 김립金立(?~1922), 계봉우桂奉瑀(1880~1959) 등이 사회당社會黨을 조직하고 신채호, 박용만, 남형우 등이 연락책을 담당했다. 김립과 신채호는 막역한 사이였다.

(9) 신채호는 국민대표회의를 준비하는 동안 박숭병朴崇秉 집에서 순한문체(필진이 중국인인 경우는 백화문으로) 월간지 「天鼓천고」(텬고)를 발행 준비한다.

1921년(42세): 망명 11년째

(1) 박숭병 집에서 순한문 잡지 텬고(天鼓)를 발행하다(1921. 1. 1.). 김창숙, 이회영, 한영복 등이 함께 참여함.

(2) 신채호는 「天鼓」(제1권 2호)를 발간하고 여기에 "對於古魯巴特金之死之感想"(크로폿킨의 죽음에 대한 감상, 1921. 2. 1.)이라는 글을 발표한다. 여기서 신채호가 아나키즘으로 사상적 바탈로 삼는 시기를 가름해 볼 수 있다.

(3) 천고에 "朝鮮古代之社會主義"(조선 고대의 사회주의) 발표(천고 1권 제2호, 1921. 2. 1., 『단재 신채호 전집 5』, 119-121) 여기서 고대사회 토지제도가 마을공동체를 토대로 하는 정전법井田法이었음을 설명하고 있다.

(4) 맏아들 신수범申秀凡이 태어남(1921. 1. 15.).

(5) 신채호는 국민대표회의를 준비하는 가운데 상하이에서 신채호, 김창숙金昌淑(1879~1962), 박은식, 원세훈元世勳(1887~?) 등 임시정부의 요인 15인과 함께 "우리 동포에게 고함"이라는 격문檄文을 발표한다(1921. 2.,『단재 신채호 전집 8』, 806). 격문의 내용을 보면 "임시정부는 처음부터 잘못되었다. 국민대표회의를 통해서 전 국민의 의사에 기초한 통일적이고 강력한 정부수립이 필요하다"는 내용을 담고 있다.

(6) 제2회 보합단에서는 임정을 타도하는 성토문聲討文을 내게 된다(1921. 4. 19.). 성토문은 신채호가 작성하였다. 내용을 보면, ① 이승만, 정한경 등이 미국에 위임통치 청원서를 낸 것(1919. 3.)을 성토한다. 위임통치는 식민지가 되는 것을 뜻함으로 이를 주토誅討(죄를 물어 처벌함), 매장埋葬(땅에 묻음)하지 않을 수 없다. 따라서 위임통치 청원은 무효다. ② 민족자결주의를 제창한 미국의 윌슨은 한국의 독립에 냉담하다. ③ 위임통치청원서는, 매국적 이완용, 합방론자 송병준, 자치론자 민원식과 같이 나라를 그르치는 요물이다. ④ 칼과 총, 아니면 적수공권赤手空拳으로 혈전함이 조선 민족의 정신이다. ⑤ 친일, 친미, 친영, 친러는 저들 나라의 노예가 되는 일이다. ⑥ 在美國民會재미국민회 총회장인 안창호도 이승만, 정한경의 위임통치청원을 지지하니, 그 죄책을 용서할 수 없다. ⑦ 위임통치론을 주장하는 이승만을 대통령으로 추대한 것은 그 죄가 무거워, 임시정부와 임시의정원의 철저하지 못한 독립노선을 극렬하게 반대한다.

(7) 북경시 외곽의 산파이츠화원(三牌子=暢觀樓)에서 군사통일준비회(군사통일회의)가 열렸다(1921. 4. 20.). 이 모임에서 중국 동베이(東北) 지역의 군사적 통일을 합의하고 무장 항쟁을 다음과 같이 결의하였다. 일, 중국 동북 지역의 무장 독립군 부대를 통합한다. 이,

독립운동노선은 무장투쟁(유격전)으로 한다. 셋, 독립군 통솔문제를 논의한 끝에 상해 임시정부를 신임하지 않는다. 넷, 광범위한 지역에서 일제 타도를 위한 항일세력들을 하나로 묶는 '민족연합전선'을 수립하기 위해 국민대표회의를 소집한다 등이 결의되었다. 그리고 준비회의 결정에 따라 신성모申性模(1891~1960)를 상하이임시정부에 파견하여 임시정부와 임시의정원 불신임 결의문 전달과 함께 임정의 해산을 요구하였다(대동4호, 1921. 7. 19.;『단재 신채호 전집 8』, 726-730).

(8) 각 지역의 항일독립운동, 민족해방운동 단체와 인사들로부터 국민대표회의 소집건은 적극적인 호응으로 신채호의 꿈이었던 국민대표회의준비회가 결성되었다(1921. 8월경, 상하이).

(9) 신채호는 한국독립유일당 베이징촉성회 조직에 참여하는 김정묵金正默(1739~1799) 그리고 의병장 이범윤李範允(1863~?)이 이끌었던 항일무장단체, 의군부義軍府(1919. 4 설립)에 참가하였던 박봉래朴鳳來(1880~1950)와 함께, '대한민국임시정부'의 개혁을 촉구하기 위해 統一策進會통일책진회(1921. 5. 21.)를 발기하고「통일책진회발기취지서」를 작성 발표한다. 대동주보(1921. 7. 21자)에 실린「통일책진회발기취지문」을 보면, "① 진정한 독립정신 아래 통일적 광복 운동을 하고, ② 정부 문제를 근본적으로 해결하여 시국을 수습하고, ③ 군사단체를 완전히 통일해서 혈전을 꾀한다." 방침을 세웠다고 되어 있다(『단재 신채호 전집 8』, 735).

(10) 군사통일준비회의 결정대로 국민대표회의 선전 및 촉진을 위해 신채호를 주간主幹으로 하는 국한문체의 주보週報「大同대동」지를 발행하기로 했다(1921. 6. 25.).

(11) 신채호가 주도하는 "국민대표회의준비회"가 결성되었다(1921. 8월

경, 상하이).

1922년(43세): 망명 12년째

(1) 신채호는 베이징 망명지에서 극심한 빈곤에 시달려 고통을 이기지
못해 아내 박자혜와 갓난 아들 신수범을 국내로 돌아가게 함.

(2) 신채호의 꿈이었던 국민대표준비회가 결성됨(1922. 5. 10.).

(3) 신채호는 국민대표회의 준비를 위해 총력을 기울임. 이 기간 중에
신채호는 김원봉을 만나게 됨. 곧, 베이징을 찾았던 의열단 단장
김원봉이 유자명의 소개로 신채호와 상면하게 된다. 김원봉은 신채
호를 만난 자리에서 단재를 상하이로 초대한다. 김원봉과 함께 상
하이로 간 신채호는 그곳에서 의열단의 '폭탄제조소'(이종호 집을 개
조한)를 시찰하게 된다. 이 자리에서 김원봉은 단재에게 의열단의
"독립운동이념과 방략을 이론화"하는 「義烈團宣言 의열단선언」의 작
성을 부탁하게 된다(1922. 12.). 그리하여 신채호는 의열단선언문 작
성에 몰입을 하게 된다.

(4) 신채호가 한시(7언 절구) 〈秋夜述懷〉(추야술회, 1922, 가을)에서 자
신의 외로운 항일투쟁의 심정을 토로함. 그 일부를 보면, "방랑 생
활 10여 년에, 귀밑머리만 세었구나. 병으로 침상에 누웠는데, 삼
경의 달만 누각에 누운 나를 찾아주는구나(殊方十載霜侵鬢, 病枕三
更月入樓『단재 신채호 전집 7』, 455).

1923년(44세): 망명 13년째

(1) 의열단 선언을 「조선혁명선언」이라는 제목으로 의열단에 넘기다
(1923. 1.). 신채호는 의열단 선언서 = 「조선혁명선언」을 쓰면서 자신
이 지녀왔던 이제까지의 자주적 민족주의+민중적 민본주의 사상
에다 아나키즘을 이데올로기적으로 융합하여 자기 사상화한 것으

로 보인다.

(2) 국민대표회의가 개막·개최되었다(1923. 1. 3. 상하이, 74차례 회의가 있게 된다.). 이렇게 많은 반일독립운동, 반제反帝민족해방운동을 주도하는 인사들에 의하여 국민대표회의는 소집되고 신채호는 창조파(북경파)로 활약하게 된다. 국민대표회의는 상하이 프랑스 조계지 민궈로(民國路)에 있는 침례교회당에서 120여 단체, 125여 명이 모인 가운데 개최되었다. 회의는 참석자들이 임시정부 개편안을 논의하는 과정에서 세 파로 갈라져 의견이 분분하였다.

(3) 국민대표회의가 각 세력의 주장이 첨예하게 대립, 갈등하는 가운데, 성과 없이 63일 만에 토의는 종료가 된다(1923. 6. 7.). 신채호의 실망은 이만저만이 아니었다.

[참고] 신채호는 그가 황성신문 주필로 있을 때(1905)에 고토쿠 슈스이(幸德秋水)의 장광설을 읽고 사회주의 사상으로서 아나키즘을 인식은 하였지만, 이데올로기적으로 무장을 한 것은 아니었다고 본다. 그러다가 북경에서 중국 아나키스트들과 대화를 나누고 또 그들이 만든 잡지 「천의보」를 통하여 아나키즘 싹을 배양하였던 것으로 본다(1923). 그리고 러시아의 볼셰비키혁명에서 자극되고 국내의 3·1 민족기의를 보면서 역사철학 인식도 아나키즘으로 하게 되는 것으로 본다. 그 결과가 「조선혁명선언」에서 응집된 것으로 보인다.

1924년(45세): 망명 14년째

(1) 이회영의 동생 이호영을 묻으면서 「東亞日報동아일보」에 「朝鮮古來의 文字와 詩歌의 變遷"(조선 고래의 문자와 시가의 변천) 발표(1. 1.).

(2) 신채호는, 상하이에서 「조선혁명선언」을 발표한 후에, 두 가지 이
유로 베이징 근교의 관인사(觀音寺)로 들어간다(1924. 3. 11.). 하나는
「조선혁명선언」을 집필하고 나서 생활고를 해결하기 위하여 집필
에 열중해야 했던 점. 다른 하나는, 신채호의 노력으로 개최된 국민
대표회의(1923. 1. 3.~ 6. 17.)가 결론 없이 끝나면서, 심적 고통과 함
께 회심灰心(외부와 연락을 끊고 조용히 있고 싶은 마음)이 일면서 잠시
절에 들어갔던 것으로 보인다. 관인사에서 『朝鮮史조선사』「總論총론」
과 『前後三韓考전후삼한고』 집필을 계속함. 관인사에 머무는 동안 아
나키스트 이회영, 김창숙, 유자명 등을 만나, 반일反日민족해방전쟁
의 방략方略에 대하여 논의를 계속하였던 것으로 보인다.

(3) 관인사에서 한시 〈無題무제〉(1924. 5. 5. 음)를 짓다. 중국의 역사를
인용하여 조국의 현재는 어떠한가를 읊은 노래다(『단재 신채호 전집
7』, 451).

(4) 홍명희의 주선으로 「東亞日報동아일보」에 "問題문제 없는 論文논문",
"古史上고사상", "朝鮮歷史上一千來第一事件조선역사상일천래제일사건"을
10월 20일부터 집필 연재하다. 1924년은 신채호의 집필활동이 가
장 왕성한 시기로 보인다.

(5) 국내에서 時代日報社를 운영하는 최남선崔南善(1890~ 1957)이 귀국
을 요청하였으나 거절함(이호룡, 2013, 320).

1925년(46세): 망명 15년째

(1) 베이징의 관인사에 있으면서 허황되고 실속이 없는 사람이 새해에
생각 없이 쓴 글이라는 "浪客낭객의 新年漫筆신년만필"(1925. 1. 2, 동아
일보, 『단재 신채호 전집 6』, 200-203)을 발표한다.
계속하여, "『三國史記』中東西兩字相換考證삼국사기중동서양자상환고증",

"『三國志』東夷列傳校正삼국지동이열전교정", "平壤浿水考평양패수고" 등도 게재하였다. '낭객의 신년만필'은 자주적 민족주의+자유적 아나키즘+해방적 사회주의=혁신적 색채를 띤 수필이라 할 수 있다. 신채호는 이 글에서 "유산자보다 나은 무산자의 존재를 잊지마라"를 외친다.

(2) 베이징 관인사에서 나와(4월경) 이회영 집에서 기거를 하면서 김창숙, 김이년金怡然, 유자명 등과 자주 모임하고 토론함.

(3) 항일비밀결사단체인 多勿團다물단(1925. 4. 결성) 선언문을 기초해 주었다는 주장도 있으나, 그 기록은 찾을 수 없다. 후일 다시 살펴보기로 한다. 다물단은 뒤에 유자명의 권고로 의열단과 합류를 한 것으로 본다.

1926년(47세): 망명 16년째

(1) 「時代日報시대일보」에 홍명희(벽초)가 사장으로 취임을 하면서 사론 "父를 囚한 次大王"(아버지를 가둔 차대왕)을 시대일보에 게재함.

(2) 홍명희와 한기악韓基岳(1898~1941)의 주선으로, "高句麗와 新羅 建國年代에 對하여"(고구려와 신라의 건국연대에 대하여, 5.20~25.)를 시대일보에 연재하였다.

(3) 신채호는 1926년부터 본격적으로 아나키의 실천적 태도를 보임. 하여 在中國朝鮮無政府主義者聯盟재중국조선무정부주의자연맹(1924. 4. 조직)에 가입한다(8월).

(4) 이 시기에 "朝鮮史整理조선사 정리에 대한 私疑사의", "淵蓋蘇文연개소문의 死年사년", "朝鮮民族조선 민족의 全盛時代전성시대"라는 글들이 1926년경에 써진 것으로 본다.

1927년(48세): 망명 17년째

(1) 국내에서 조직되는 신간회新幹會(1927. 2. 창립)에도 신채호는 신석우申錫愚, 안재홍安在鴻, 문일평文一平, 홍명희洪命熹, 이관용李灌鎔, 한용운韓龍雲(1879~1944), 권동진權東鎭, 이상재李商在, 이승훈李昇薰, 조만식曺晚植, 한기악韓基岳, 이갑성李甲成 등과 함께 국외발기인으로 참여하게 된다. 신간회는 '민족유일당민족협동전선'이라는 표어 아래 민족주의 진영과 사회주의 진영이 제휴하여 창립한 민족운동단체이다. 신채호는 처음에 안재홍이 신간회 참여를 권유하였으나 거절하다가 홍명희의 간절한 부탁으로 가입을 하게 됨.

(2) 신채호는 중국 광둥廣東에서 중국인 슈지안(黍健)의 발의로 조직되는 無政府主義東方聯盟무정부주의동방연맹(1927. 9. 창립)에 이지영李志永과 함께 대한제국의 아나키스트 조선 대표로 참석한다. 무정부주의동방연맹은 당시 대한제국, 일제, 타이완, 베트남, 인도 등 6개국 대표 120여 명이 참가한 가운데 창립대회가 개최되었다.

1928년(49세): 망명 18년째, 감옥살이 1년

(1) 1928년(49세)은 신채호의 아나키즘 활동이 가장 활발하였던 시기로 보인다. 「조선혁명선언」을 쓴 이후, 아나키즘적 역사철학의 인식을 확고히 하는 것으로 나타난다. 곧 신채호는 1928년을 혁명 기원의 해로 보았다. 그래서 「조선혁명선언」을 쓴 이후, 「豫言家예언가가 본 戊辰무진」(1928. 1. 1.), 「宣言선언」(1928), 「龍과 龍의 大激戰」(용과 용의 대격전, 1928) 등 수필과 소설을 쓰게 된다. 이들 글에는 고토쿠 슈스이의 「기독말살론」에서 영향을 받은 내용들이 많이 들어있다. "예언가가 본 무진"에서는 "우리는 아무 소유所有가 없다. 소유가 있다면 오직 고통苦痛 그것뿐이라고 토로를 한다. 그리고 용

과용의 대격전, 선언 두 글에서, 역사를 통해 무진戊辰해의 의미를 추적하면서 1928년이 '조선 성년의 해'가 될 것으로 믿었다. 그리고 '조선 성년의 해'를 〈선언〉이라는 글에서는, "우리의 세계무산대중을 물고 깨물어 먹어온 자본주의 강도 제국의 야수군野獸君(짐승 무리)들은 배가 터지려 한다… 동방 식민지 민중은 음참陰慘(어둡고 비참한) '불생존不生存의 생존生存'(살 수 없는 환경에서 겨우 버티고 살고 있다는 뜻)을 가지고 있다… 저들은 수천 년 묵은 괴동물怪動物(도깨비 같은 짐승)이다… 강도적 야수다… 우리 민중은 깨달았다… 혁명의 북소리가… 포화를 개시하였다.

(2) 신채호는 독서와 집필로 청안靑眼이 점점 침침해지면서 안질眼疾에 걸리게 된다. 그러나 신채호는 국내에 가 있는 박자혜와 아들 범수가 보고 싶어 베이징으로 오게 하여 한 달 가량을 함께 지낸다.

(3) 가족을 다시 국내로 보낸 신채호는, 1924년부터 교류하고 있던 타이완(臺灣) 출신 청년 아나키스트 린빙원(林炳文) 그리고 일제 본토의 아나키스트 단체인 흑우회黑友會에서 활동을 하였던 대한제국 유학생 이필현李弼鉉(일명 李志永, 1902~1930)과 함께 텐진(天津)에서 열리는 無政府主義東方聯盟무정부주의동방연맹(無聯) 창립대회에 한인 대표로 참석한다(1928. 4.). 이때 신채호가 재중국조선무정부주의자연맹(無聯), 베이징 회의에서 작성, 발표한 「宣言文선언문」(북경선언문)을 채택한다(無政府主義運動史編纂委員會, 1978, 310). 그리고 다시 무정부주의동방연맹 조직을 국제적으로 확대하기 위하여 신채호는 난징[南京]에서 한국, 중국, 일본, 필리핀, 대만, 베트남 등 각국의 아나키스트들을 모아서 東方無政府主義者聯盟동방무정부주의자연맹을 결성한다(1928. 7.).

(4) 국제적인 아나키스트 단체 동방무정부주의자연맹이 결성되자, 신

채호 등은 독일 기술자를 고용하여 ① 폭탄, 총기공장의 설치, ② 일제 고관의 암살과 시설 및 기관의 파괴, ③ 항일선전문(1928. 4., 신채호가 작성)의 발송과 기관지(「東方동방」)의 발행을 결의하였다. 그리하여 신채호는 이 사업에 소요될 자금(당시 돈 6만 4천 원)을 조달할 계획으로 베이징 교통부 소속 우편사무관리국(郵務管理局)에서 외환업무계外國爲替係에 근무하던 대만인 린빙원과 비밀리 계획하여 화베이물산공사(華北物産公司)가 발행하는 외국환(린빙원이 劉文祥, 일명 劉孟源 앞으로 보내는 위조외국환)을 외국위체 200장을 위조 인쇄해 북경우편관리국을 통해 타이완(臺灣)의 타이베이(臺北) 지룽(基隆)과 타이중(臺中), 타이난(臺南), 가오슝(高雄), 뤼순(旅順), 다롄(大連), 일제 내륙, 연변의 관동조선주關東朝鮮州(중국 옌벤조선족자치주지역) 등 32개 우체국으로 유치위체留置爲替로 나누어 보냈다. 그리고 위조외국환의 현금화를 위해 린빙원은 관동조선주 지역을, 이필현은 일본 지역을, 신채호는 대만 지역을 담당키로 하였다. 그리고 실행을 위해 세 명이 베이징을 떠나 담당 지역으로 출발하였다(1928. 4. 25.). 대만지역을 담당한 신채호는 중국인 차림으로 베이징에서 배편橫濱(天津線)으로 톈진(天津) → 일제 본토(큐슈九州 지역의 모지코門司)로 갔다가 다시 배편으로 타이완에서 내려 타이베이 지룽우체국으로 가서 위조 외국환을 현금화하는 과정에서 일제의 지룽경찰에 억울하게 붙잡힌다(1928. 5. 8.). 이렇게 해서 신채호는 현재 타이베이 지룽시 방재대루(基隆市防災大樓)가 들어서 있는 당시 지룽경찰서(基隆警察署)로 강제로 끌려가 가혹한 심문審問을 당하게 된다(허원, 2019, 205-236). 이 사건으로 강제 연행된 사람은 린빙원과 신채호 외에 이필현, 이종원 그리고 중국인 양지칭楊吉慶 등 5명이다(『단재 신채호 전집 9』, 918-919). 이들은 만주괴뢰국 다롄

(大連)의 뤼순(旅順)감옥(關東廳大連刑務所)에 갇히게 된다.

(5) 신간회에서 뤼순감옥소로 이관용을 보내 신채호를 면회케 한다. 이관용은 신채호와 면회한 내용을 「朝鮮日報」에 발표한다.

1929년(50세): 망명 19년째 감옥살이 2년

(1) 뤼순감옥은 차디찬 시멘트 바닥에 깔고 자는 요도 형편없었고 덮는 이불도 아주 얇았다. 게다가 일제 감옥의 식사라고는 상상하기 어려울 정도로 열악하였다. 이러한 식음과 취침 환경에서 영하 20도를 오르내리는 혹독한 추위를 견뎌야 했다. 더구나 낮에는 추운 날씨에도 불구하고 노역이라는 중노동에 끌려나가야 했다.

(2) 일제의 다렌 지방 법원에서 제2차 공판이 열림(1929. 2. 7.). 여기서 재판장이 "사기행각이 나쁘다고 생각하지 않느냐"는 질문에 "우리 동포가 나라를 찾기 위해 취하는 수단은 모두 정당한 것이니 사기가 아니며, 민족을 위하여 도둑질을 할지라도 부끄러움이나 거리낌이 없다"라고 답변을 하였다(『단재 신채호 전집 9』, 444).

(3) "『三國史記』中東西兩字相換考證", "『三國志』東夷列傳校正", "前後三韓考", "朝鮮歷史上一千來第一事件" 등 총 6편을 한데 모아 뤼순(旅順) 감옥에서 『朝鮮史研究艸』 단행본으로 엮음(6월).

(4) 신채호는 4차례 재판을 받고 치안유지법治安維持法(오늘날 대한민국의 국가보안법) 위반과 유가증권 위조 등의 억지 죄목으로 10년형을 강제 선고를 받고(1930. 7. 9.) 뤼순감옥에서 옥살이를 당하게 된다(『단재 신채호 전집 8』, 906 및 911).

1931년(52세): 망명 20년째 감옥살이 3년

(1) 신채호는 옥살이 기간 중에 안재홍安在鴻과 연락이 되어 자신이 체포

되기 전 지인(朴龍泰, 1888~1938)에게 맡겨두었던 원고를 받아「朝鮮日報조선일보」(1931. 6. 10.~10. 14.)에 이를 연재한다. 이것이『朝鮮上古史조선상고사』다. 조선상고사는 원래 제목이 베이징 관인사에 거주하면서 쓴『朝鮮史』다.

(2) 신채호는『朝鮮上古文化史조선상고문화사』를 조선일보에 계속 연재(1931. 10. 15.~12. 3., 1932. 5. 27~31.)하지만 옥사로 미완성에 그치고 만다.

(3) 조선일보사 기자 신영우가 면회를 온다. 신채호는 신영우에게『국조보감』,『朝野輯要』, 에스페란트어 책과 자전을 차입해 줄 것을 요청, 조선사와 조선상고문화사의 연재를 중단해 줄 것을 요구. 그것은 민중 생활에 대한 내용을 늘리고 계급 투쟁의 관점에서 서술하기 위함을 말해줌.

1932년(53세): 망명 21년째, 감옥살이 4년째

(1) 신채호의『朝鮮上古文化史조선상고문화사』가 조선일보에 계속 연재됨(1931. 10. 15.~12. 3., 1932. 5. 27~31.).

(2) 신채호의 건강이 계속 악화됨

1933년: 감옥살이 5년째

1934년: 감옥살이 6년째

1935년(56세): 망명 24년째, 감옥살이 7년째

(1)「三千里」잡지에 1926년경에 써놓은 "朝鮮民族조선 민족의 全盛時代전성시대"를 발표하다(1월).

(2) 「新東方」 잡지에 "性質에 따라兒孩들을 가르칠 일"을 발표함(10월)

(3) 감옥소 측에서 신채호의 건강 상태가 악화되자, 보증인(친구 1인+친일파 부호 1인)을 서면 보석 출감을 시키겠다고 통보 이에 친일파 보증으로 보석 석방은 안 하겠다고 거절을 한 채(신채호의 변함없는 지조를 본다).

1936년(57세): 망명생활 25년째, 감옥살이 8년째

(1) 일제와 전면전을 전개해야 한다는 민족전선론 제기

(2) 추위와 건강 악화로 뇌일혈腦溢血(뇌출혈과 같은 말로 뇌 안에서 피가 흐르는 병세)이 일어나(1936. 2. 18.), 의식불명의 상태가 되었다. 일제 감옥소 측은 가족에게, "신채호 뇌일혈, 의식불명, 생명 위독"이라는 전보를 보냄. 전보를 받아든 부인 박자혜는 혼절하고 만다(1936. 2. 18.).

(3) 박자혜와 신수범과 친구 서세충徐世忠(1888~1957)이 뤼순으로 급히 갔으나(뤼순 도착 20일 오후 3시 20분), 신채호의 의식불명으로 면회가 안 됨.

(4) 이튿날(21일) 오전 9시경 면회를 신청하였으나 역시 신채호가 의식불명에서 깨어나지 못하여 면회를 못하였다. 신채호는 결국 오후 4시경 지친 몸을 스스로 깨우지 못하고 부인(朴慈惠)과 아들(신수범)의 얼굴조차 보지 못한 채 4년 전 이회영이 애달픈 삶살이를 마감했던 같은 차가운 감옥소의 철창 안에서 비운의 생을 마치게 된다(1936. 2. 21. 오후 4시 20분, 향년 57세).

(5) 박자혜는 감옥소 측에서 넘겨주는 유품을 받아들었다. 판결문 1통, 상아도장(유맹원이라 새겨진), 수첩 2권, 크로폿킨 사상집 1권, 안

재홍의 백두산등척기 1권, 이선근의 『조선최근세사』1권, 중국돈 1원, 10통의 편지와 유목 등이다. 박자혜는 비통한 울음을 터트리며 감옥소 밖으로 나왔다.

(6) 신채호의 주검은 뤼순 화장터에서 불에 활활 타올랐다. 강자의 압박이 없는 자유의 세계로 날아올랐다. 차디찬 뤼순감옥을 뒤로 하고 그는 연기가 되어 그리운 조국을 향해 구름을 타고 올랐다(1936. 2. 22. 오전 11시).

(7) 신채호의 유골은 박자혜, 신수범, 서세충에 의해 서울로 운구가 되었다. 기차로 서울역에 도착하였다(1936. 2. 24. 오후 2시 50분). 지체하지 않고 청주로 향하였다. 밤늦게 청주에 도착하였다. 밤이 늦어 신백우네 집에서 일박하고 이튿날 고두미로 향하였다. 그러나 일제 관활 행정부서는 조선민사령朝鮮民事令(조선민사령: 制令 제7호 1912. 3. 18., 관습 호족에 관한 법률) 공포 이전에 망명하여 식민지조선인의 호적에 등재된 사람이 아니라는 이유로 매장 못 하게 하였다. 오호, 애통하도다. 그리하여 신채호의 주검은 생전의 충북 청원의 옛 집터에 안치되게 되었다.

참고문헌

『단재 신채호 수필모음집』. 서울: 부크크, 2020.

『단재 신채호 전집』1~9. 서울: 독립기념관한국독립운동사연구소, 2008.

『독립운동사자료집 ─ 의열투쟁사 자료집』11권. 독립운동사편찬위원회, 1984.

「論語疏註」. 『四庫全書薈要 19』. 吉林人民出版社, 1997.

「孟子疏註」. 『四庫全書薈要 19』. 吉林人民出版社, 1997.

강덕상. 『現代史資料』 27-朝鮮Ⅲ. 東京: みすず書房, 1970.

강만길. 『韓國民族運動史論 125』. 서울: 한길사, 1985.

강재언. 『近代朝鮮の思想』. 일본: 紀伊國屋書房, 1971.

고토쿠슈스이/임경화 엮음. 『나는 사회주의자다』. 교양인, 2011.

구승회. 『한국 아나키즘 100년』. 이학사, 2004.

권문경. "고토쿠 슈스이幸德秋水의 '基督教抹殺論과 신채호의 아나키즘" 「日本語文學」 제58집(2012).

김명구. "1920년대 전반기 사회운동이념에 있어서의 농민운동론"『한국근대 농촌사회와 농민 운동』. 열음사, 1988.

김병민. 『신채호문학유고선집』『신채호전집』7권. 연변대학출판사, 1994. 재인용.

김삼수. 『한국에스페란토운동사』. 서울: 숙대출판부, 1976.

김영호. "단재의 사상"「나라사랑」3집. 정음사, 1971.

_____. "丹齋의 思想 ─ 愛國啓蒙思想을 中心으로" 나라사랑 3, 1971.

김용섭. "우리나라 근대역사학의 성립" 이우성/강만길 편.『한국의 역사인식』하. 창작과비평사, 1976.

김용하.『정치적 글쓰기의 멜랑콜리 - 신채호와 발터 벤야민을 중심으로』. 서강대학교 출판부, 2017.

金正明.『朝鮮獨立運動』Ⅱ. 東京: 原書房, 1967.

김종학. "신채호와 민중적 민족주의의 기원" 서울대학교국제문제 연구소. 「세계정치」Vol. 7(문화와 국제정치). 2007.

김주현.『신채호문학연구초』. 소명출판, 2012.

_____. "단재 신채호의『권업신문』활동시기에 대한 재검토" 독립기념관 한국독립운동사연구소.「한국독립운동사연구」51(2015. 8.)

_____. "신채호의 작품 발굴 및 원전 확정을 위한 연구 -『권업신문』을 중심으로" 우리말글학회.「우리말글」39(2007.4.)

金昌洙. "1920年代 民族運動의 一樣相"『日帝下植民地時代의 民族 運動』. 풀빛, 1981.

김학준 편집·해설/이정식 면담. "정화암"『혁명가들의 항일회상』. 서울: 민음사, 1988.

단재 신채호선생기념사업회 편.『단재 신채호의 민족사관』. 형설출판사, 1980.

丹齋申采浩全集編纂委員會.『丹齋申采浩全集』. 乙酉文化社, 1972.

_____.『丹齋申采浩先生殉國50周年追慕論集』. 1986.

_____.『丹齋申采浩先生誕辰100週年紀念論集』. 1980.

無政府主義運動史編纂委員會.『韓國아나키즘運動史』. 형설출판사, 1978.

민필호. "예관 신규식선생 전기"石源華·金俊燁 共編.『申圭植 · 閔弼鎬와 韓中關係』. 나남출판, 2003.

박걸순. "申采浩의 아나키즘 수용과 東方被壓迫民族連帶論"「한국 독립운동 사연구」제38집. 독립기념관 한국독립운동사연구소, 2011.

박경식.『재일조선인관계자료집성』. 한국학진흥원 1975.

박영석.『韓民族獨立運動史硏究』. 일조각, 1991.

박정심.『단재 신채호 - 조선의 我 非我와 마주서다』. 문사철, 2019.

朴泰遠.『若山과 義烈團』. 白楊堂, 1947.

반병률. "단재 신채호의 러시아 연해주 독립운동" 국민대학교한국학 연구소.「한국학논총」46(2016).

백영서. "대한제국기 한국언론의 중국인식"『동아시아의 귀환』. 창작과 비평사, 2000.

베네딕트 앤더슨/윤형숙.『민족주의의 기원과 전파』. 나남, 1991.

서민교.『1910년대 일제의 무단통치』. 독립기념관 한국독립운동사연구소, 2009.

수요역사 연구회.『일제의 식민지 지배정책과 매일신보: 1910년대』. 서울: 두리미디어, 2005.

송건호.『한국민족주의 탐구』. 한길사 1984.

申錫雨. "丹齋와 矣字"「新東亞」1936년 4월호.

신용하.『증보 신채호의 사회사상 연구』. 나남출판, 2004.

_____.『3.1운동과 독립운동의 사회사』. 서울대학교출판부, 2001.

_____. "구한말 輔安會의 창립과 민족 운동"「한국사회사연구회 논문집」
44(1994. 12.) 문학과지성사.

_____.『申采浩의 社會思想研究』. 한길사, 1984

_____. "신채호의 애국계몽사상"「한국학보」19 · 20(1980).

_____. "신채호의 무정부주의 독립사상"「東方學志」38집(1983).

_____. "신민회의 창건과 그 국권회복운동"『韓國民族獨立運動史 研究』.
을유문화사 1985.

_____.『申采浩의 社會思想研究』. 서울: 한길사, 1984.

_____. "申采浩의 愛國啓蒙思想"「韓國學報」19·20(1980).

_____. "신채호의 무정부주의 독립사상"『단재 신채호 연구』. 고려대학교출
판부.

신일철.『신채호의 역사사상 연구』. 고려대학교출판부, 1981.

_____. "단재 신채호의 민족사적 역사이론"「성곡총론」5(1974).

_____. "申采浩의 自强論的 國史像 — 淸末嚴復梁啓超의 變法自 强論의
西歐受容과 관련하여"「韓國思想」10(1972).

_____. "申采浩의 無政府主義思想 — 丹齋申采浩의 歷史思想研究의 第三部
로서"「韓國思想」15(1977).

신채호/박기봉 옮김.『조선상고사』. 비봉출판사, 2006.

안건호. "조선청년회연합회의 조직과 활동"「한국사연구」88호.

_____. "丹齋申采浩의 民族主義"「自由」106(1981).

안병직.『申采浩』. 한길사, 1983.

　　* 친일학자가 지은 글. 신채호가 통곡을 하리라 본다.

오세창. "신채호의 해외언론활동"丹齋申采浩先生記念事業會.『丹齋 申采浩
先生殉國50周年追慕 論集』, 1986.

오장환.『한국 아나키즘운동사 연구』. 國學資料院, 1998.

오진환. "1920년대 재중국한인무정부주의운동 – 무정부주의 이념의 수용과
독립투쟁이론을 중심으로" 국사편찬위원회. 「국사관 논총」
25(1991).

윌리엄 고드윈/강미경 옮김.『최초의 아나키스트』. 지식의 숲, 2006.

유길준/허경진 옮김.『서유견문』. 서해문집, 2004.

유자명.『한 혁명자의 회억록』. 독립기념관 한국독립운동사연구소, 1999.

윤경로.『105인사건과 신민회연구』. 서울: 한성대학교출판부, 2012.

윤병석. "해제 단제 신채호 전집" 독립기념관 한국독립운동사연구소.『단재 신채호 전집 8』. 독립기념관, 2008.

李光麟.『韓國開化思想硏究』. 一潮閣, 1979.

이광수.『도산 안창호』. 대성문화사, 1947.

李基白. "丹齋史學에서의 民族主義問題"「文藝振興」 48(1979).

이덕남.『마지막 고구려인 단재 신채호』. 동현, 1996.

이덕일.『잃혀진 근대, 다시 읽는 해방전사』. 역사의아침, 2013.

李東洵. "丹齋小說에 나타난 郞家思想" 국민대학교 어문학연구소.「어문논총」 12(1978).

이만열.『丹齋 申采浩의 歷史學 硏究』. 文學과知性社, 1990.

_____. "단재 신채호의 민족운동과 역사 연구" 충남대학교 충청문화 연구소.『단재 신채호의 사상과 민족운동』. 인천: 경인문화사, 2010.

_____.『해제 조선상고사』단재 신채호 전집 1. 독립기념관 한국독립운동연구소, 2007.

_____. "丹齋 申采浩의 古代史認識試考"「韓國史硏究」 15집(1977).

_____. "17, 18세기의 사서와 고대사인식"「韓國史硏究」 10집(1974).

_____. "조선후기의 고구려사연구"「東方學志」. 제43집(1984).

_____.『註譯 조선상고사』. 형설출판사, 1983.

_____. "丹齋史學의 배경과 구조"「創作과批評」 15-2(1980).

_____. "丹齋史學의 背景"「韓國史學」 1. 韓國精神文化硏究院, 1980.

_____. "丹齋 申采浩의 古代史認識試考"「韓國史硏究」 15(1977).

이연복. "초기의 대한민국임시정부"「경희사학」 2집(1970).

이우성.『한국의 역사상』. 창작과비평사, 1982.

이원규.『조봉암 평전』. 한길사, 2019.

李鍾春. "丹齋申采浩의 生涯와 思想"「淸州敎育大學論文集」 19(1983).

李乙奎.『是也金宗鎭先生傳』. 서울: 한흥인쇄소, 1963.

이정규/이관식.『우당 이회영 약전』. 을유문고, 1985.

이호룡. "신채호의 아나키즘"「역사학보」 제177집(2002); 충남대학교 충청

문화연구소.『단재 신채호의 사상과 민족운동』. 경인문화사, 2010.

_____.『신채호 다시 읽기』. 돌베개, 2013.

_____.『아나키스트들의 민족해방운동』. 독립기념관 한국독립운동사 편찬위원회, 2008.

_____.『한국의 아나키즘 - 사상편』. 지식산업사, 2001.

李勳求.『滿洲와 朝鮮人』. 평양: 숭실전문학교 경제학연구실, 1932.

이홍기.『신채호와 함석헌 - 역사의 길, 민족의 길』. 김영사, 2013.

임대식.『사회주의운동과 조선공산당』한국사 15. 한길사, 1994.

전명혁. "사회주의 사상의 도입과 조선공산당 창건"『역사 속의 미래 사회주의』. 현장에서 미래를, 2004.

정진석.『역사와 언론인』. 커뮤니케이션북스, 2001.

趙東杰. "大韓民國臨時政府의 組織" 國史編纂委員會.「韓國史論」10 (1981).

조세현.『동아시아 아나키스트의 국제교류와 연대 - 적자생존에서 상호부조로』. 창비, 2010.

조지훈.『한국민족운동사』한국문화사대계 1. 서울: 고대 민족문화연구소, 1979.

주요한.『秋丁 李甲』. 大成文化社, 1964.

_____.『安島山全書』. 서울: 三中堂, 1971.

최광식.『단재 신채호의 天鼓』. 서울: 아연출판사, 2004.

최기영. "단재 신채호의 삶과 투쟁, 현재적 의미"「단재 신채호 순국72주년 기념 심포지움자료집」. 한국언론재단 및 독립기념관 한국독립운동사연구소, 2008.

_____. "신채호의언론활동" 충남대학교충청문화연구소.『단재 신채호의 사상과 민족운동』. 인천: 경인문화사, 2010.

최옥산. "문학자 단재 신채호론" 인하대학교 박사학위논문, 2003.

최종고 편저.『우남 이승만』. 청아출판사, 2011.

崔洪奎.『丹齋 申采浩』. 太極出版社, 1980.

_____.『申采浩의 民族主義思想 - 生涯와 思想』. 丹齋申采浩先生紀 念事業會, 1983.

秋憲樹 編.『韓國獨立運動史』자료2. 國史編纂委員會, 1970.

크로폿킨/김영범 옮김.『만물은 서로 돕는다』. 르네상스, 2005.

布施辰治/강일석 옮김.『박열투쟁기』. 조양사, 1948.

피에르 조제프 프루동/이용재 옮김. 『소유란 무엇인가』. 이카넷, 2003.

한시준. "신채호의 중국에서의 독립운동" 충남대학교충청문화연구소. 『단재 신채호의 사상과 민족운동』. 경인문화사, 2010.

한영우. 「韓末에 있어서의 申采浩의 歷史認識」. 丹齋先生 誕辰100周年 紀念論集, 1980.

＿＿＿. "1910년대 신채호의 역사인식" 「사학논총」 한우근 박사 정년기념, 1981.

＿＿＿. "韓末에 있어서의 申采浩의 歷史認識" 「단재 신채호와 민족사관」 丹齋先生 誕辰100周年紀念論集, 1980.

허원. "단재 신채호의 체포·신문(臺灣 基隆) 관련 자료 발굴과 사실 고증" 한국외 국어대학교 역사문화연구소. 「역사문화연구」 69(2019).

洪以燮. "丹齋史學의 一面 ― 半島的 史觀의 批判과 高句麗舊疆論" 「白山學報」 3(1967).

＿＿＿. "丹齋史學의 理念" 國際文化研究所. 「世界」 제2권 4월호(1960).

＿＿＿. "단재 신채호" 「사상계」 10권 4호(1962), 사상계사.

황석우. "현 일본사상계의 특질과 그 주소, 현 일본사회운동의 그 수단" 「개벽」 (1923. 4).

황현식. 『新志操論』. 사람과사람, 1998.

황보윤식. "3.1 民衆起義 動因論과 그리스도교와 關係를 考察함" 한국신학연 구소. 『한국 개신교가 한국 근현대의 사회·문화적 변동에 끼친 영향 연구』, 2005.

＿＿＿. 『죽을 때까지 이 걸음으로』. 문사철, 2017.

＿＿＿. 『함석헌과 민본아나키스트, 그들의 역사적 기억』. 문사철, 2019.

＿＿＿. "미국이 우리에게 준 가장 큰 피해" 「씨올의소리」 269(2020. 9): 49-55.

村秀樹. 「義烈團と金元鳳」. 『朝鮮史の枠組と思想』. 日本: 研文出版, 1982.

梁啓超. 『飮冰室全集』. 臺灣: 文化圖書公司, 민국65년(1976).

＿＿＿. 『飮冰室全集』. 臺灣, 中華書局, 1911.

韓國史料研究所. 『朝鮮統治史料』 1, 2권. 東京: 宗高書房, 1970.

『新生活』 신채호전집 5. 신생활사, 1922. 재인용.

『한국사 15』. 서울: 한길사, 1994.

「東亞日報」. 1920. 5. 12~14, 1922. 12. 27, 마이크로 필름.

「한국학보」 제32집(1983년 가을호). 안산: 일지사.

「漢城旬報」. 국사편찬위원회, 한국사데이터베이스.

「아나키즘 연구」 창간호(1995). 자유사회운동연구회.

찾아보기

ㄱ